生活因阅读而精彩

生活因阅读而精彩

FENG FAN

有一种气场叫

风范

林伟宸◎编著

中国华侨出版社

图书在版编目(CIP)数据

有一种气场叫风范 / 林伟宸编著.—北京：
中国华侨出版社,2011.12

　ISBN 978-7-5113-1804-6

　Ⅰ.①有…　Ⅱ.①林…　Ⅲ.①领导学–通俗读物
Ⅳ.①C933–49

　中国版本图书馆 CIP 数据核字(2011)第204235 号

有一种气场叫风范

编　　著 / 林伟宸
责任编辑 / 李　晨
责任校对 / 孙　丽
经　　销 / 新华书店
开　　本 / 787×1092 毫米　1/16 开　印张/18　字数/275 千字
印　　刷 / 北京建泰印刷有限公司
版　　次 / 2011 年 12 月第 1 版　2011 年 12 月第 1 次印刷
书　　号 / ISBN 978-7-5113-1804-6
定　　价 / 32.00 元

中国华侨出版社　北京市朝阳区静安里 26 号通成达大厦 3 层　邮编:100028
法律顾问:陈鹰律师事务所
编辑部:(010)64443056　　64443979
发行部:(010)64443051　　传真:(010)64439708
网址:www.oveaschin.com
E-mail:oveaschin@sina.com

前言

为什么有的 让你感到震撼，有的人你却一看就反感。

为什么有些人一出场就和别人不一样？

为什么你会觉得具有某种风范的人肯定不一般？

为什么有些人比起其他人来，更能让你感到兴奋或充满力量？

……

有一句话说得非常好：性格决定命运，气度决定格局，格局决定结局。综观这些话语，我们可以说，这些积极的思想，这些与众不同的气度，表现出来的就是我们常感叹的"风范"。

一个人要想成就事业，要想带领好团队，除了天时、地利、人和因素外，最关键的还是要拥有成功者的气质与风范，否则，即使团队成员再优秀，碰到一个没有成功气质和领袖风范的领导，团队也很难形成凝聚力，当遇到外部强大压力时，团队便容易分崩离析，失败的结果在所难免。所以领袖风范对企业经营来说是至关重要的。一个让员工看到承担着大义的领导者，员工的忠诚度会更高，凝聚力会更强，生产力会更旺盛。

是不是只有领导者才需要这种风范呢？当然不是，风范不只是精英的特征，更是我们普通人日常工作必须践行的行为准则。孟子曾说："与善人居，如入芝兰之室，久而不闻其香，即与之化矣；与不善人居，如入鲍鱼之肆，久而不闻其臭，亦与之化矣。"有风范的人就是前者，让身边人乐于与之接触，乐于跟随。他们身上有一股迷人的吸引力，能够团聚越来越多的人气，获得越来越多的帮助和信任。这些人，能不成功吗？

本书从面对得失、面对给予、面对诱惑、面对责任、面对压力、面对抉择等诸多方面入手，总结出了坦然、舍得、定力、担当、从容、果断等二十几个成就卓越与非凡的气质风范。这些风范，不仅能让你散发独特的人格魅力，更能让你在日常的生活与工作中收获信任和拥护，从而让你更快走向成功。

目录

辑 1　在得失面前，坦然是一种风范

人生最痛苦的事情，莫过于得不到和已失去，但是我们要知道得与失并不是一成不变的，我们只有坦然面对一切，才能看到未来的光亮。不要因为错过而后悔，也许下一秒钟，你将会迎来一次更美丽的邂逅。

在得失面前，坦然是一种风范。风范来自于修炼，不以物喜，不以己悲，我们才会变得更加坦然。展现出坦然的风范，小得会变成大得，而失也会变成得。

辑 2　在名利面前，淡然是一种风范

当人们为名与利奔波劳碌之际，却忽视了这样一个事实：我们刚出生的时候，无名无利，去世之后，也是无名无利。与其为这些生不带来死不带去的名利争逐，何不淡然一些，多欣赏一下人生中的美景，而这些才是我们心灵所需要的。

在名利面前，淡然是一种风范。万事万物皆有其规律，强求不来，我们要做的就是随遇而安，随心而安。人生去留随天意，看淡名利，我们的心灵才会变得澄澈，才会变得清晰。视名利如浮云，淡然的风范才会溢满我们心田。

辑3 在给予面前，舍得是一种风范

《易经》有云："舍得舍得，不舍不得，小舍小得，大舍大得。"人生就是一个不断舍弃、不断获得的过程。如果我们不能舍弃一些不必要的负担，等到我们获得一些必要的东西时，就会发现，自己已经没有地方能容下了。

在给予面前，舍得是一种风范。懂得舍弃的人是有长远规划的人，他们不会为了眼前利益而牺牲掉自己的未来利益。舍弃的是过去，得到的是将来，只要我们用心去思考，一切都在意料之中。

辑4 在竞争面前，霸气是一种风范

物竞天择，适者生存。我们常常会听到这八个字，但是往往听得多，想得少。在变化万千的社会中，我们怎么样才能从竞争中脱颖而出？竞争中，我们凭什么和别人角力？答案当然就是霸气。

在竞争面前，霸气是一种风范。霸气是一种风范，更是一种气场，我们想要在竞争中不战而屈人之兵，想要让霸气充盈全身，就应该努力锤炼自己，只有这样，我们才能在竞争中先声夺人，迈出成功的第一步。

辑5 在责任面前，担当是一种风范

林则徐曾说："苟利国家生死以，岂因祸福避趋之。"当责任出现时，不管是小事还是大事，我们都应该学会担当。既然是我们许下的承诺，就应该认真履行，说出去的话，如泼出去的水，是无法挽回的。责任重于泰山，不管发生任何情况，我们都应该记得自己肩膀上的重任。

在责任面前，担当是一种风范。担当体现的是一种强大的风范气场，不管发生任何事，我们都应该勇敢承担起自己的责任，迎难而上。

辑6 在诱惑面前，定力是一种风范

人生中，会遇到无数的人，会走过无数的路，也会遇到形形色色的诱惑。很多人在诱惑面前把持不住，坠入了深渊，最终难以翻身。人世间，诱惑千千万万，但是我们真正需要的是诱惑还是未来的目标？我们不应因为走得太远，而忘记了当初为何而出发。

在诱惑面前，定力是一种风范，它能让我们找到自己真正需要的东西，能够让我们拨开浓雾见青天，更能让我们看到未来的成功。

辑 7　在抉择面前，果断是一种风范

当断不断，必受其乱。当我们面对选择的时候，就应该勇敢站出来。当我们犹豫不决时，就算有再多的机会也会从我们手中溜走，越是如此，我们就越应该快刀斩乱麻，这样，我们才能把机会留住。

在抉择面前，果断是一种风范。果断抉择，不要浪费一分一秒的时间，我们的风范才能展现出来。果断是一种风范，可以让我们在关键时刻凸显出自己的价值，而这样的风范会为我们在成功道路上留下绚烂的一笔。

辑 8　在冒险面前，魄力是一种风范

俗话说，撑死胆大的，饿死胆小的。我们每个人都渴望成功，但是很多人却又没有冒险的勇气，做事的时候总是瞻前顾后、束手束脚的话，只会让我们离成功越来越远。我们需要让自己有冒险的魄力。

在冒险面前，魄力是一种风范。敢于冒险，敢破敢立，我们才能离成功越来越近。如果我们每天只是守株待兔，只能让自己在时间中沉沦。我们要有冒险的魄力，只有这样，我们才能和成功来一次亲密接触，才能把命运掌握在自己手里。

辑9　在压力面前，从容是一种风范

我们看待压力，总是认为压力非常巨大，是我们难以逾越的大山。我们越强，压力就越强；我们越弱，压力也会越弱。我们不要太在意压力，越是在意，压力就会越影响我们。我们要做的就是淡定从容，忽视压力，这样，我们才能轻装上路。

在压力面前，从容是一种风范。从容看待压力，我们才能不被其影响，才能做好自己的事。在压力面前，我们要做的就是从容地展现自己，对压力不萦于怀，只有这样，我们便能摆脱压力，尽全力做最好的自己。让压力远离自己，展现出淡定从容的气场。

辑10　在原则面前，坚守是一种风范

人生天地间，就应该有属于自己的原则，这样的原则是我们的底线，我们只能选择坚守，而不能选择逾越。原则是我们对事对人选择的尺度，这是我们经过多年的经验而确定下来的，这不是一时的意气用事，而是人生长远发展的标杆，我们只有选择坚守才能看到光明的未来。

在原则面前，坚守是一种风范。我们需要有自我约束能力，我们只有学会自我约束，才能在原则面前，展现出坚守的风范，才能在不违背原则的基础上，展现出最强大的自己。

辑*11* 在过错面前，包容是一种风范

人生是一段旅程，我们无法保证旅程中处处都是坦途，也无法保证自己永远不会跌倒。人无完人，我们每个人都会犯错，强大如领袖般的成功者，也会有失手的时候，但是当我们犯错的时候，最应该做的就是接受事实，然后改正，只有如此，我们才能得到别人的包容，才能更好地继续前进。

在过错面前，包容是一种风范，这样的包容，不仅是包容别人，更是包容自己。学会包容，我们才能在漫漫人生路中不计对错地走下去，才能在人生中展现出别样的光芒。

辑*12* 在危机面前，淡定是一种风范

爱情没有永远的花前月下，工作没有永远的日日如新，这就注定危机之不可避免。不管是在工作还是生活中，我们都会遇到各种各样的危机。危机是不可避免的，但是我们却可以用良好的心态来让危机消失，遇到危机，我们要做的就是抬头挺胸，正视危机，这样，危机才会在我们的风范面前消失。

在危机面前，淡定是一种风范。遇事不慌不忙，遇危机淡定从容，我们才能把危机化解于无形之中，这样，我们才能以积极的心态把问题解决掉，才能展现出自己沉着冷静背后的风范。

辑 13　在败者面前，尊敬是一种风范

人生中，成功固然可喜，但是失败亦不可悲。失败不代表我们懦弱无能，而是给我们提供了一个新的起点。低姿态起步，正是败者无所无惧的一种体现，而对这样的败者，我们要做的就是给予最大的尊重。

在败者面前，尊敬是一种风范。我们尊敬败者就是尊敬自己，因为我们也会有低谷，也会失败。人生需要的就是改变能改变的，接受不能改变的，学会尊重别人的成果，不管是成功还是失败。

辑 14　在赢者面前，鼓掌是一种风范

我们取得成功时，总是希望收获到无数的鲜花和掌声。但是，在别人获得成功时，很多人往往会因为忌妒心理而选择回避。回避不是解决问题的方法，而是需要正视胜者，祝贺他们，这样，我们才能调整好心态，继续沿着自己的人生道路前进。

在胜者面前，鼓掌是一种风范。祝贺可以让我们的心态变得成熟，可以让我们的胸怀变得博大，只有如此，我们收拾好心情，在成功的路上继续前进，展现出自己大度的风范。

辑 *15*　在欺凌面前，血性是一种风范

欺软怕硬是人的劣根性之一，有的人遭受欺凌的时候，总是选择懦弱回避，之后，就会变得一蹶不振。其实，在欺凌面前，我们应学会展现出自己的血性。

在欺凌面前，血性是一种风范。但是血性不是毫无理智的，而是一种斗智斗勇的表现，不在乎时间长短，只要我们在那一刹那高调地站起来，只有这样，我们才能说，自己的血性风范淋漓尽致地展现了出来。

辑 *16*　在长者面前，谦恭是一种风范

一个人的成就取决于他的能力，更取决于他的阅历。长者是我们去时的路，他们身上有很多我们需要的经验，越是如此，就越需要我们表现出尊重，表现出谦恭，这样，他们才会愿意和我们交谈，我们才会聆听到更多的教诲。

在长者面前，谦恭是一种风范。谦恭地对待长者，是我们对长者的一种尊重，是一种对知识的渴望。长者的一言一行是我们的榜样，是我们走向成功的捷径，学会谦恭地对待长者，我们才能找到属于自己的最广阔天空。

辑 17 　在幼小面前，慈爱是一种风范

人之初，性本善。在幼小面前，我们都有慈爱的本能，因为他们的幼小会触碰到我们的敏感神经，会让我们心中自然产生一种怜爱心理。有的人在幼小面前，总是表现出一种恃强凌弱的姿态，但是我们要知道，我们也曾幼小过，也是从那个阶段走过来的。

在幼小面前，慈爱是一种风范。慈爱可以发挥出我们心中的善良，如果我们没有美德，就算学再多知识，取得再大的成功，又有什么用呢？

辑 18 　在同级面前，真诚是一种风范

我们和人交流时，总是存有芥蒂，总是喜欢藏着一些事情，不愿意公开，尤其是在同级面前，我们就更是如此了。我们总是认为同行是冤家，同级就更是了，每天都是尔虞我诈，生怕对方把我们超越了。

在同级面前，真诚是一种风范。将心比心，我们才能收获到真正的朋友，同级是朋友，只要我们愿意真诚对待同级，就能收获到对方的真诚，就能让自己的真诚走进对方的内心深处。

辑 *19*　在荣誉面前，谦让是一种风范

　　酸甜苦辣咸，人生中的这五种滋味，我们都会彻彻底底尝个遍。当我们失败的时候，要学会释怀；当我们成功的时候，要学会谦让。荣誉面前，我们都想当仁不让，但是我们要知道，荣誉不仅仅是你一个人的，是属于一个集体的。只有认清这一点，我们的风范才能展现出来。

　　在荣誉面前，谦让是一种风范。谦让是一种大度的表现，在这时，越是谦让，就越容易赢得人心，就越容易拉近彼此之间的关系，进而成就属于自己的一番伟业。

辑 *20*　在争执面前，大度是一种风范

　　人无常势，水无常形。有些时候，我们和人交往，会发生争执，有些是因为大事，而有些则是因为一些鸡毛蒜皮的小事。争执是不可避免的，但是我们可以选择处理争执时的态度，我们可以选择不去计较，让这件事自然而然地消失，这样，我们的气度、胸襟才能展现出来。

　　在争执面前，大度是一种风范。我们没有必要为了一些小事吹毛求疵，非要争出个面红耳赤才肯罢休。我们要做的就是学会大度，不去计较，这样，我们才能挣脱争执的囚笼，找到自己的新天地。

辑*21* 在强者面前，自信是一种风范

中国人常说，强中自有强中手。在强者面前，我们要做的就是不要自我贬低，我们无法预知明天的变化，强者只是暂时的。面对强者，我们要做的就是展现出自己淡定自信的一面，只有这样，我们才不会迷失方向。

在强者面前，自信是一种风范。强者不是遥不可及的，当我们摆正心态，把目光放远，就一定能做出一番成绩。

辑*22* 在弱者面前，谦卑是一种风范

人生无常，强弱自分。强者不可能永远都是强者，弱者也不可能永远都是弱者。当别人处于低谷，成为弱者时，我们要做的就是谦卑地对待弱者，帮助他们重塑信心，这样，他们才能从低谷中站起来，他们能继续发挥自己的光和热。

在弱者面前，谦卑是一种风范。我们无法预知自己未来的走向，这就说明强或者弱都会横亘在我们面前，我们要做的就是从容对待强者，谦卑对待弱者，只有这样，我们才能在人生旅途中，做最好的自己。

在得失面前,坦然是一种风范

人生最痛苦的事情,莫过于得不到和已失去,但是我们要知道得与失并不是一成不变的, 我们只有坦然面对一切,才能看到未来的光亮。不要因为错过而后悔,也许下一秒钟,你将会迎来一次更美丽的邂逅。

在得失面前,坦然是一种风范。风范来自于修炼,不以物喜,不以己悲,我们才会变得更加坦然。展现出坦然的风范,小得会变成大得,而失也会变成得。

学会认输，人生才能长胜不衰

人的一生中，没有永远的胜利者，也没有永远的失败者，任何事情都是暂时的，都是不断变化的。失败了并没有什么可怕的，不过是我们走错了一步，或者是摸到了一张烂牌，既然事情已经发生，多去在乎，也是枉然。

学会认输，就是一种风范，失败既然来临了，那就让它与我们同行一段。我们一生中可以遇到很多人，有过客，也有一生的朋友，失败就像是我们生命中的过客。没有任何事情是一成不变的。我们要以变化的观点来看待失败，失败总会过去，而成功的明天也终将会到来。

东汉时期，孟敏云游，来到了太原，有一次，他挑着甑（甑：古代一种瓦制炊器），没想到，不小心，甑就掉到了地上，碎了。孟敏头也不回地离开了。

郭泰看到了整个事件发生的过程，感到非常奇怪，就走过去问孟敏："你怎么不去检查甑的破损情况呢？"

孟敏笑："既然甑已经坏了，就算我去看了，也是于事无补，还不如不去想这件事，继续往前走！"

不管是否会袭来寒风冷雨，我们都要保持坚定的信念，笑对人生，就像孟敏一样，承认失败，继续前进。

人生需要把负面事情看淡一些，只有看淡，我们才能通过失败看到本质。有人说，未来很遥远，明天遥不可及，我们能把握的只有现在，但是未来就是不停到来的现在，如果你不能调整好心态，随时迎接新的挑战，那么，等到未来真正到来的时候，你将会在沮丧中度过一生。

印度著名诗人泰戈尔曾说："如果你因错过太阳而哭泣，那么你也会错过群星。"人生每时每刻都是机会，我们不要深陷失败的泥沼中无法自拔，我们要学会尽快抽身而退,认清形势,调整好自己,准备迎接新的挑战。

1968 年墨西哥奥运会上,美国选手吉姆·海因斯参加了百米赛跑,当指示灯显示出他的成绩是 9.95 秒时,全场为他起立鼓掌。你要知道,这是人类第一次在百米跑道上突破 10 秒大关。就在此时,海因斯摊开手掌说了一句话,因为他的身边没有话筒,所以人们都不知道他说了什么。上千名记者因为漏掉了这一新闻线索,纷纷表示遗憾。

直到 1984 年,一名记者找到了海因斯,他猜想,海因斯一定说了一句不同凡响的话。

海因斯想了想,说:"1936 年,欧文斯创下了 10.3 秒的百米世界纪录,在当时,医学界的权威们就纷纷断言说,人类的极限就是每秒钟 10 米,很多人都认同了这一想法。我心中就想,就算不能突破 10 秒,我也要尽全力跑到 10.1 秒。为此,我每天都会以最快的速度跑 50 公里,当我看到我在墨西哥奥运会上 9.95 秒成绩的时候,我惊呆了,原来 10 秒的这扇门不是紧锁着的,它是为我敞开着的。"

海因斯的成功说明,假如我们勇敢的向前跨上一步,就能找到解决问题的方法,摆脱悲观意识的那道门,取得成功。

很多人在生活中,不是不能成功,而是悲观的认为自己不能达到那个高度,但是等到成功的现实摆在眼前的时候,我们才会发现,原来,我们达不到的目标其实却是近在咫尺。

人要学会坦然一些,看淡一些,不管是挫折还是失败,这些都是我们生命中不可或缺的点缀。在古希腊帕尔索山的一块石碑上,刻着这样一句箴言:"你要认识你自己。"卢梭称这一碑铭"比伦理学家们的一切巨著都更为重要,更为深奥。"认识自己,认清失败,我们才会知道,下一步将要迈向何方。

人要学会坦然一些,看淡一些,不管是挫折还是失败,这些都是我们生命中不可或缺的点缀。在古希腊帕尔索山的一块石碑上,刻着这样一句箴言:"你要认识你自己。"卢梭称这一碑铭"比伦理学家们的一切巨著都更为重要,更为深奥"。认识自己,认清失败,我们才会知道,下一步将要迈向何方。

不要为自己的失败而悲伤流泪或者是怨天尤人,我们每个人都是独一无二的,当我们面对选择的时候,要学会透过表现去看待问题。失败是成功之母并不只是一句空谈,失败之后,我们要明白,怎么让失败生出成功这样的孩子。认输是失败之后的第一步,只有学会放下失败,才能迎接更好的成功。

我们要有一种精神,一种信仰:失败而不气馁,内疚而不失望,自责而不伤感,悔恨而不丧志。失败是一条走老了的路,而成功就是失败之后,我们走出来的新路。只有不断走出自己的新路,我们才能发现人生的美好。

现实生活中的很多人都是赢得起,输不起,正因为此,他们才会沦为普通人,悯然众人矣。成功者之所以会成功,并不是因为他们没有失败过,而是因为他们信奉:人生最重要的不是成功了多少次,而是失败之后爬起来多少次。

中国古话常说:"山不转,路转;路不转,人转。"挫折与失败并不可畏,重要的是我们心态的调整。上帝关上一扇门的同时,就会为我们打开一扇窗户。失败是成功的开始,不要在这个低潮中灭顶了,否则,我们将永远看不到这个低潮给我们带来的价值。

屡战屡败的一字之师

著名作家列夫·托尔斯泰曾说:"幸福的家庭大抵一样,不幸的家庭却各有不同。"成功与失败也如此,成功者大都有自己的独特风范,而失败者却各有各的不同。有的人失败之后走进死胡同,一蹶不振,而有的人则是失败之后,迷失了方向,更多的人则是没有了激情,被一次失败给打垮了……失败者就造就了形形色色的人。

人生因为相同而单调,却因为不同而精彩。失败之后,每个人的本能思维和做法都是不尽相同的,失败者和成功者的差别,就在于他们能够经得起失败的考验,如果没有坚强的一直和一贯的恒心,失败者是永远都不可能取得成功的。

清朝时期,曾国藩率兵打了败仗,幕僚写好了奏折,给曾国藩过目。曾国藩看到之后,对他说:"让我来帮你小小地改一下吧!"

接下来,曾国藩就拿起笔来抄了一份,只是把"屡战屡败"四个字改成了"屡败屡战",其他一切,皆未变化。幕僚重读一遍,惊为天人。

没过多久,幕僚把奏折呈了上去,皇上不仅没有处罚他,反而升了他的职。

人生就是如此,如果你屡战屡败之后,选择坚持,就证明你不是一个失败者,因为你还有斗志,你还有成功的信念,因为你需要的是屡败屡战。一字之差却改变了一个人的命运,如果我们单从字面上来看,我们看到的只是屡战屡败的消极,这是最表面一层的意思;反过来,如果我们看"屡败屡战"呢?我们看到的则是一种坚持,是一种不服输的风范。

元曲四大家之一的关汉卿在元曲《单刀会》中曾写道:"大江东去浪千叠,引着这数十人驾着这小舟一叶。又不比九重龙凤阙,可正是千丈虎狼穴。大丈夫心烈,我觑这单刀会似赛村社。"不管我们去往何方,经历了成功还是失败,我们都应该有关羽这种英雄风范。失败只是暂时的,没有过不去的火焰山,关键在于我们怎么看待失败,怎么去面对。

态度决定成败,当我们正在经历失败时,就要学会调整自己。我们要记住,失败只是暂时的。成功和失败,看起来是两个对立的极端,但是如果没有失败的积淀,成功就显得没那么伟大了。正因为有了失败的积淀,才使得成功变得更加耀眼。

把失败当做一种历练,是人生中无法省略的事情。如果没有失败的苦涩,我们怎么能品味到成功的甘甜呢?我们要做的就是保持住自己,不要被一时一事的得失所左右。

其实,人生没有多大的苦难,路都是人走出来的,经验都是人总结出来的,我们每个人都是非常强大的。而成功者就是因为拥有这样一种坦然心态,才会使得他们攀登上一座又一座高峰。

英国著名诗人雪莱在《西风颂》中说:"冬天来了,春天还会远吗?"是啊!失败都来了,成功还会遥远吗?如果我们相信自己能行,我们才会真的能行;如果我们相信自己能成功,我们才会真的能成功。

林肯是美国第16任总统,他是世界历史中最伟大的人物之一。他被称为"伟大的解放者",这绝不是偶然的,下面的故事可以让我们看到林肯正直、仁慈和坚强的个性:

林肯的人生非常坎坷,并不是一帆风顺的。他经历过无数的大风大浪,但是他从来没有对自己失去信心,他知道,风雨之后,必然会出现最绚烂的彩虹。

1832年,林肯下岗了,下岗之后的林肯就想要从政,但是他在竞选中又失败了。一年之中,林肯受到了两次这样的打击。但是林肯并没有气馁,他还是相信自己的人生不会就这么平庸度过,他相信自己会走向成功。

于是,在接下来的日子里,林肯自己创业了,但是他创办的公司经营还不到一年就倒闭了。公司倒闭还不是最坏的结果,最坏的是因为公司的倒闭而让他欠下了一屁股债。在此之后的17年里,林肯不得不努力打拼,为偿还这些债务而东奔西走。

在努力奋斗,偿还债务的同时,林肯又参加了州议员的选举,这一次,林肯终于成功了。这次成功让林肯看到了希望,他认为自己的人生终于有了转机,而此前的风风雨雨都是在为自己的成功做铺垫。

1835年,林肯就订婚了,订婚之后,本来想过几个月就结婚,但是好景不长,林肯的未婚妻去世了。这件事对林肯的打击非常大,在接下来的几个月里,林肯一直是忧郁万分。

1838年,林肯觉得自己已经调整了过来,于是他决定再一次竞选州会议长。但是,无情的失败再次出现了,林肯再次落选了。

1943年,林肯又竞选美国国会议员,但是天不遂人愿,林肯又失败了。

经历过各种各样打击的林肯已经看淡了失败,他认为多次失败过后,自己一定会有更大的成功。1846年,屡败屡战的林肯再次竞选了国会议员。这一次,命运没有再跟林肯开玩笑,林肯终于当选了。

两年任期结束之后,林肯决定继续竞选,争取连任。但是,命运又和林肯开了一个玩笑,林肯连任失败了。

从不向命运低头的林肯依然在不懈奋斗,但总是成功少,失败多。然而,林肯总能保持住激情,不会放弃,在前后9次失败之后,林肯终于成为美国第16任总统。他在任期内领导了美国南北战争,颁布了《解放黑人奴隶宣言》,维护了美联邦统一,为美国在19世纪跃居世界头号工业强国开辟了道路,使美国进入经济发展的黄金时代。

林肯的故事告诉我们:人往高处走,水往低处流,我们不能因为道路崎岖就止步不前,世界上没有免费的午餐,也没有不经历失败就能赢得的成功,要想取得成功,就要经历失败的洗礼。成功之所以让人心振奋,主要就是因为失败的惨痛,但风雨过后的彩虹才是最为绚丽的。

小不忍则乱大谋,正是因为心中有广阔的天空,我们才能容纳一切。因为梦想伟大,我们才会选择坚持。也许这一秒钟是失败的深渊,下一秒钟,我们就可以看到成功的光亮。

不要害怕失败,只要我们有韧劲,有意志,有信念,我们就能在屡战屡败之后看见成功的新天地。

失败之后,回到原点的路上

一首闽南歌曲《爱拼才会赢》传遍了大江南北,影响了很多人,让我们重拾信心,再次踏上了寻找梦想的征程。歌中唱道:"三分天注定,七分靠打拼,爱拼才会赢!"这首歌所要表达的意思,就是那种非凡的自信,认为自己只要肯拼搏,一切事情都在掌握之中。

　　失败了并不可怕，因为失败之后，我们还可以去打拼。没有任何危难能够阻挡成功者的步伐。人生能有几回搏，此时不搏何时搏？如果我们想要成功，就不要害怕失败，因为我们心中有信念，这就是我们不畏艰险的资本。我们要告诉自己，我们努力奋斗过了，就算失败了也会觉得无悔。相比于那些畏首畏尾的人，我们已经做得足够好了，至少我们去努力了，没有让我们的希望白白落空。

　　一个男孩站在心仪已久的女孩家门前，犹豫不决，不知道自己是否应该进去表白爱慕之情。这时，走过来一名长者，长者问他在做什么。他如实说了。长者很是奇怪，就问他，你怕什么？男孩说，我怕失败。长者问，你现在在哪里？男孩说，我在这里。长者又问，你表白之后在哪里？男孩说，还在这里。男孩恍然大悟。

　　对啊，失败后，我们还是会回到原来的那个地方，我们还用怕什么呢？我们最应该做的就是抛弃杂念，勇往直前，沿着成功的方向不断追求。这样我们才能展现出自己的风范，失败就会惧怕我们信念的力量，进而选择远离。因为失败的逃离，成功就会露出头来，而我们的梦想也就会在这一刻实现了。

　　对自己的不满足才会促使我们去挑战，信念是欲望最好的催化剂。有人总是会问，为什么我没有成功？难道你不觉得你的欲望还不够强烈吗？你不觉得信念筑起的堡垒还不够结实吗？成功者的信念是坚定异常大的，有着摧枯拉朽般的气势，他们知道自己需要什么，知道既然需要就要用生命去争取的道理。对于这样的人生，我们才可以说，没有虚度。

　　意大利人伦霍尔德·米什尼成功地登上了"世界屋脊"珠穆朗玛峰后，就有记者采访了他，米什尼欣然接受了采访。

　　记者问道："登山运动员称8000米为死亡高度，在没有氧气瓶的情况下，你怎么能在死亡高度上活下来，并且爬上峰顶呢？"

　　米什尼笑笑说："我的心肺功能和正常人的差不多，我做过检测，医生可以证明这一点。我之所以能够征服珠穆朗玛峰，是因为我认为8000米不是死亡高度，所以，我每向上爬一步就会停下来呼吸20次，这样，我身体中的氧气才会补充完整，然后，我才会继续向峰顶前进。虽然我没有超人的体魄，但是我却拥有聪明的头脑。"

记者说:"米什尼先生,你现在是人类第一个征服珠穆朗玛峰的人。每一位登上世界高峰的人都会带一面自己国家的国旗,为什么你没有带意大利国旗,而是带一方手帕,难道这方手帕比国旗更有意义吗?"

米什尼说:"这方手帕不是谁送的,而是我随意从一家商店买来的。这方手帕非常普通,就像我一样。其实,我登上了珠穆朗玛峰峰顶也是一件很普通的事情。我没有带意大利国旗,是因为我要告诉世界上的每一位登山爱好者,能够登上珠穆朗玛峰的不仅仅是意大利人,其实,你们也可以。"

登山莫畏难,无限风光在险峰。其实,别人能做到的事情,我们也可以。不要总是把成功者标榜到遥不可及的位置,因为我们也正在成功的路上行走。只要我们心中燃起奋斗的热情,我们的人生就会如同绚丽绽放的花朵一样美丽,而我们心中胜利的信念也会无休止地燃烧起来。

美国女诗人艾米·狄金森说:"从未成功者,方知成功甜。"如果我们没有在成功的路上坚持,半途而废了,等到事后,我们才会追悔莫及。人生最重要的事情就是我们一直在奋斗的路上,从未停歇过。

拥有超凡的信念会让我们看到人生的曙光,我们要做的就是在信念的基础上确定一个又一个属于自己的目标。人生的伟大在于奋斗,在于实现自我的价值,而我们要做的就是不断坚持。风范需要的就是不断坚持,才能无休止地燃烧,散发出激情的热度,最后,登上众人难以企及的峰顶。

新起点刷新在成功的路上

人生有代谢,往来成古今。其实,人生就是一个新陈代谢的过程,成功或者失败是一个往复循环的过程。成功或者失败只是我们人生路上的浮光掠影,这些事情,越是在乎,我们的情绪就会越受其影响。

我们要知道,不管是成功还是失败,我们都将会迎接一个崭新的开始。失败之后是一个新的起点,成功之后又何尝不是呢?新起点刷新在成功的路上,成功之后的我们会更有风范,会更有张力,能够让我们在成功的支持下,继续前进。

1984年,国际马拉松邀请赛在日本东京举办,在这次马拉松邀请赛中,最让人感到意外的是,一位日本名不见经传的选手山本夺得了最后的冠军。

他在分享他的成功秘诀时说:"在每次比赛之前,我都会乘车把比赛路线看一遍,然后把比赛线路中比较醒目的标志记下来。不管是银行还是红绿灯,抑或是有色彩突现的建筑物,我都会记下来,从起点到终点,每一段距离都有一个标志提醒我,我完成了一个小目标,我成功,就这样,我的动力才能延续下去。从第一个目标开始,我就开始拼命冲向小目标终点,成功之后,再以同样的速度冲击第二个,以此类推……最初的时候,我不知道小目标成功的心态影响,我只有一个目标,那就是40公里之外的终点,我看重的只有最后的成功,但是,没跑多久,我就没力气了,我被漫长的旅程吓倒了。我就再也不能继续了。"

小目标,小成功,刷新一次次新的开始,分解目标,学会按部就班地去努力,以小目标的成功为新的起点,然后再继续努力奋斗,这样我们才能赢得更大的成功。不断刷新成功,我们才能取得更大的成功,而我们成功者的风范也将会在这时全面展现出来。

世界潜能大师博恩·崔西曾说:"成功等于目标,其他都是这句话的注解。"崔西这句话说得很对,我们看重的就是成功的目标,就算是我们失败了,我们学会刷新,继续刷新出成功;当我们取得小成功之后,也要继续刷新,直到刷新出更大的成功。

有些人总是喜欢问诸如"为什么别人那么成功,而我们却不能"之类幼稚的问题,这些人往往只是问得多,做得少。只要我们愿意去努力,去不断刷新人生的精彩,就能发现不一样的人生,不一样的精彩。

人生道路如此漫长,何处才是我们的归宿?这就需要对机会的把握了。我们要知道,不是我们没有机会,而是我们不懂得把握机会。机会对于每个人都是平等的,但是有些人看到机会畏首畏尾,不敢向前;有的人则是迎难而上,让机会为己所用。事实上,把握机会的能力,直接决定了一个人未来的归属。成功之后不应自傲,应该把成功当做一个新的起点,这样,我们才能一步步取得更大的成功。

皮特读高中的时候,学习成绩非常不理想,在他高中还没有毕业的时候,校长就对他的母亲说:"皮特也许真的不适合读书,他对各门课程的理解能力非常差,他甚至到现在还无法明白每天课程上讲的是什么。"

皮特的母亲听到老师的话,非常伤心,就把皮特带回了家。这位母亲对皮特还是没有放弃,希望尽自己的力量让皮特学到更多的知识。但是,皮特对书本上的知识非常不感兴趣,无论怎么样学习,也无法把这些东西全部学会。

有一天,对课本提不起任何兴趣的皮特,闲来无事就到四下闲逛,当他经过一家正在装修的超市时,发现有人正在超市门前雕刻一件艺术品,皮特马上被正在雕刻的艺术品吸引住了,目不转睛地看着这个人的一举一动。

在此之后,母亲就发现了皮特的异常举动,不管皮特看到什么材料,比如石头、木头等,他就会表现出非常强烈的兴趣,就会耐心地打磨它们,直到自己满意为止。母亲看到皮特这样的举动,觉得他非常贪玩,非常生气。

在没有任何一所学校愿意收留皮特的情况下,无奈的母亲就对皮特说:"你去走你自己的路吧!我已经尽心尽力了,但还是于事无补!"皮特知道,自己在母亲眼中是一个失败者。他很痛苦,但是他就是不喜欢读书,就是喜欢打磨各种材料,无奈的皮特选择了远走他乡。

若干年之后,市政府为了纪念一位名人,想要在市政府门前的广场上放上一座这位名人的塑像,就举办了一场雕塑比赛。很多雕塑家都参与这项比赛,最后,一位远道而来的雕塑家获得了一致认可,他的作品被放到了广场的正中央。

这位雕塑家在发表获奖感言的时候说:"我想把这座雕塑献给我的母亲,因为我读书的时候,让母亲非常失望。现在,我到了这里,我要告诉我的母亲,虽然大学中没有我的位置,但是,上天既然让我降临到了这个世界上,就一定会有属于我的一个位置,而这个位置就是我所需要的,就是我迈向成功的新起点。人生最重要的就是清楚自己的位置,现在,我要对母亲说的就是,现在,您的儿子没有让您失望,我将会以自己的位置为起点,攀登上一个又一个顶峰!"

在围观的人群中,皮特的母亲喜极而泣,她现在才知道儿子一直有自己的梦想,她知道,找对人生位置的儿子绝对不会让她再次失望的!

成功就是找到自己成功的点,然后不断刷新成功,终有一天,我们也将以成功者的姿态站到众人面前。不管是成功者还是失败者,他们脚下的道路是自己选择的,但是当我们选择之后就应该坚定不移地走下去,失败之后要成功,成功之后还要大成功。

有人曾经这样说:"我很有激情,很多时候,我身边的人也会被我所感染,但是现实的残酷却让我看到了我的卑微,我再也无法前进了,现在的我变得非常迷茫,失去了原来的自己。"这样的人是可悲的!白云苍狗,世事如同浮云。如果我们能够确定自己的位置,清楚自己的目标,能够正确估计自己位置与梦想的距离,这样的话,我们才可以说,我们永远不会迷失自我,而梦想也终将会走进现实。

未来总是留给有准备的人,我们的起点每时每刻都在刷新,失败之后是新起点,成功之后也是新起点。路在脚下,做好自己,风范才会在我们不断刷新中形成。

在名利面前，淡然是一种风范

当人们为名与利奔波劳碌之际，却忽视了这样一个事实：我们刚出生的时候，无名无利，去世之后，也是无名无利。与其为这些生不带来死不带去的名利争逐，何不淡然一些，多欣赏一下人生中的美景，而这些才是我们心灵所需要的。

在名利面前，淡然是一种风范。万事万物皆有其规律，强求不来，我们要做的就是随遇而安，随心而安。人生去留随天意，看淡名利，我们的心灵才会变得澄澈，才会变得清晰。视名利如浮云，淡然的风范才会溢满我们心田。

名利如尘埃

　　人生而无钱、无名、无利,为何我们却要无休止地追求呢?有的人总是信奉,有了钱,有了权势就有了一切。但是我们要知道,这些名和利,是生不带来死不带去的。我们赤身裸体地来,也会赤身裸体地离开,就像佛家所云:"本来无一物,何处惹尘埃。"

　　人生越是淡然,快乐就会越多。道家学派代表人物老子曾说:"多则惑,少则得。"如果对名利不萦于怀,我们受到的牵绊就会越少。万事万物皆是如此,越是在乎,越会得不到,就像镜中花,水中月一样,太过于拘泥于得到,它们就会消失得越快。不以物喜,不以己悲,是一种风范,是一种大家风范。而这样的风范是我们走向成熟的一个重要标志。

　　卡莱尔是英国著名的史学家,他曾经因为一件意外事情而失望不已,但是等到时过境迁,他才发现,这些只不过是人生长路上的点缀。

　　他曾经创作完成了一部巨著《法国革命史》,这部巨著他花费了几十年的时间创作,几乎耗费掉了他的所有精力,但是正当他准备庆祝的时候,一个噩耗突然传来:他的女仆因为一时的疏忽,把这部巨著的手稿全部烧毁了。

　　卡莱尔听闻此事,万念俱灰,这可是他几十年的心血啊,无奈付诸东流。他好像听到了自己命运终结的声音。卡莱尔并没有就此心灰意冷,而是逐渐看淡这件事情,他选择坦然去面对这失去的成功。

　　几天之后,卡莱尔抖擞精神,重新开始投入写作中。由于有了之前一次工作的积累,这次,卡莱尔写作技巧更加成熟,很快就把书稿重写了一遍,而且,这一次比第一次还要好。现在,我们读到的《法国革命史》就是卡莱尔重新写过的。

　　淡然是一种心境,是一种风范。卡莱尔虽然遇到了挫折,本来所取得的辉煌成就，被仆人一烧，一切作古，但是卡莱尔没有放弃，而是淡然视之，正因为此，他才会取得别人难以取得的成就。人生需要的就是不断锤炼，如果我们心里装着的都是一些名利，都是一些悲观情绪，那么，我们就没有精神再去奋斗了，而当初的激情也会瞬间消散于无。

功名利禄是我们内心的枷锁，看得越重，枷锁就会越多，我们就越是会难以挣脱。有段偈语："天也空，地也空，人生渺渺在其中；日也空，月也空，东升西坠为谁功？金也空，银也空，死后何曾在手中！妻也空，子也空，黄泉路上不相逢！权也空，名也空，转眼荒郊土一封。"任何事情，都不曾掌握在我们手中，因为，我们只是人生中的过客，终有一天会归于尘土。

事实如此，我们就应该想得透彻一些，视名利如浮云，我们才能轻装上路。一切的一切不过是我们内心的执念，是我们追求的虚名而已。越是如此，我们的风范就会越淡化。学会释怀，学会淡然处世，我们才会看到更精彩的明天。

一位得道高僧自感年老体衰，决定从自己门下的两个得意弟子中选出一个衣钵传人。而高僧对两个徒弟的考核也很简单：各自出门去捡一片最完美的树叶，谁找到了谁就可以继承遗志。

两个徒弟听到师父的题目后，没有多想就领命而去，各自奔走。

没过多久，大徒弟拿着一片非常普通的树叶回来了。这片叶子看上去没有任何特别之处，更谈不上所谓的完美。

而后，又过了很长时间，小徒弟才回来。他两手空空，非常沮丧地对师父说："我看到外面有许多的叶子，但是按照您的要求，我看到这片叶子不如那片叶子好看，那片叶子又不如下一片完美；挑来挑去，我怎么也找不出一片最完美的树叶。"

高僧拿着大徒弟带回来的叶子，颇有深意地对他说："这片树叶虽然并不完美，但是它已经是我看到最完美的树叶，因为我已经从你的身上看到了我所需要的东西。"

结果不言自明，大徒弟继承了高僧的真传。对此，两个弟子的师父进一步向他们解释说："其实，世界上本来就没有绝对的完美。如果事物都完美了，又哪里还有喜怒哀乐，又哪里会有万千生态？我们每天的修行也就没有意义了。修行的目的就是为了去除心中的杂念，让自己的心境尽量达到完美。"

人生中，没有太过完美的事情，就像做选择题一样，当你选 A 之后，就注定无法再选择 B；当你选择 B 的时候，就注定无法选择 A。学会转换角度去看待问题，我们才能看到事情的另外一面。太过于强求，只会得不偿失。就像手中握着的沙一样，越是用力，沙子流失得就会越快。

一切有为法，如梦幻泡影，如露亦如电，应作如是观。一切的名利都是梦幻泡影，我们要做的就是守住自己本心的东西，因为，这才是我们人生的源头，人生的目标。我们的未来永远掌握在自己手上。

得不到的永远在追寻，得到的永远视若无物。人就是如此，永远认为别人有的才是好的，人永远都是要去比的，靠比下有余求生存，靠比上不足求动力，但是，越是如此，就越需要我们把眼睛擦亮，哪些是我们需要的，哪些是我们所不需要的，根据自身情况计算得失，我们才能展现风范，做好自己。

将心比心，何人知我心

大千世界，芸芸众生。我们不是谁的谁，别人也不是我的谁，我们总是在茫茫人海中追寻，但是，我们知道自己需要什么吗？当我们去追寻名利的时候，当我们一条路走到黑的时候，我们是否会发现，身边有些事情，有些人正在流失？

高朋满座，谁懂寂寞？我们的寂寞，我们的心思又有谁来懂呢？我们总是认为追求名利就是我们想要的，但是我们有没有想过，这其实就是虚名，就是我们想要展示给世人看的。我们要做的就是让世人看到你的成就，你原来不是池中之物，一遇风云变成龙。当我们茫然追寻的时候，是否会忽略朋友的感受，会失去一种朋友之谊的风范。过于看重名利，就会让友情变淡，就会让人情变浅，就会让风范随着时间远远遁去。

汉朝大将韩信在成名之前非常穷苦，经常没有饭吃，甚至要靠别人的接济才能生活。

韩信有一个亭长朋友，在南昌亭当差，平时的工作就是抓捕强盗，也喜欢舞刀弄棒。此人和韩信关系非常好，两人是无话不谈的朋友。韩信闲来无事，就去帮助亭长抓捕强盗。亭长为了表示感谢，就把韩信带到家里吃饭。但是，一天两天还可以，时间一长，亭长的妻子就看不下去了，觉得自己家平白无故多了一张嘴，感到很不舒服。

妻子觉得韩信这人落迫至此，给他饭吃，也是平白浪费粮食，于是，就每天给丈夫吹枕边风，亭长耳朵根子软，听着听着，就认同妻子的观点了，认为韩信这个朋友不可交，与其每天请他吃饭，不如节约开支，省下韩信的饭钱，改善自己生活。

说到不如做到，有一天，亭长和他的妻子就开始实施计划了，他们两个早早起床，做完早饭径自吃上了。等到韩信来了之后，发现已经没饭吃了。韩信当时并没有表现出任何的不满，只是默默地走开了。

第二天，韩信照常去亭长家，没想到，和昨天一样，这样，接二连三，过了几天，每天都是如此。韩信终于明白，亭长是不想交他这个朋友了，无奈之下，韩信只好和亭长断绝了往来。

自此之后，韩信开始了流浪的生活，但是他仍然在坚持，他相信，只要自己坚定信念，梦想就会实现。就是这样磕磕绊绊一路走来的韩信，在日后竟然成为了一代王朝的开国功臣，尊荣显贵。公元202年，汉朝建立，刘邦因韩信在追随自己南征北战时屡建奇功而封他为楚王。

韩信落魄的时候结交到的朋友都不是真正的朋友，虽然无人知他心，但是他却凭借自己的隐忍，坚持了下来，最终取得了常人难以取得的成功。遇人不淑，交友不慎，使得韩信学会了隐忍，这是这样的境遇，使得他成为了历史上赫赫有名的"淮阴侯"。

把心交给黑暗,我们就会失去光明。把心交给名利,我们就会失去朋友。人的内心是有容量的,杯满则溢,同样,心里越复杂,我们所要顾及的事越多,就会变得越不快乐。苏轼在《前赤壁赋》中曾说:"惟江上之清风,与山间之明月,耳得之而为声,目遇之而成色,取之无尽,用之不竭,是造物者之无尽藏也。"大自然的美好才是造物者对我们的恩赐,而那些名利,我们也只好随缘了。

我们不应因走了太久,而忘记了当初为什么而出发。我们需要的是朋友,是肝胆相照的朋友,是在危难当头,不需要任何寒暄,直接为我们提供帮助的朋友。

我们总是希望结交到真正的朋友,甚至愿意像桃园三结义那样说"此心天地可鉴,若违此誓,天诛地灭"之类的话。但是奈何落花有意,流水无情,朋友终归是朋友,终有一天也会因为种种原因离你远去。记得一位朋友说过这样一句话,"我交朋友不在多,但是交一个就是一个"。

古时有一个叫俞伯牙的人非常喜欢音乐,甚至到了痴迷的程度。他的琴弹得很好,但是那些听他弹琴的人却只知道他弹得好,没有人能真正了解他蕴涵在琴音中的意思。

有一年,晋王派俞伯牙出使楚国。八月十五那天,俞伯牙在汉阳江口遇到了大风浪,不得已只得在一座山下停船靠岸。等到晚上,天色转晴,俞伯牙心情大好,取出瑶琴,专心致志地弹奏起来。

正在俞伯牙物我两忘的时候,忽然看到一个人在岸边站着,正在专心致志地听自己弹琴。他心中一动,琴弦断了一根。

那人见自己离俞伯牙很远,大声说:"先生,我是这里的樵夫。今天路过此地,正好听见您弹琴,感觉弹得非常好,就停下脚步,听了起来,还请您不要介意。"

俞伯牙借着满月的月光看去,看到一个樵夫模样的人,而且还背着一担干柴,就问他:"既然你能听出我弹得好,那你说说,我弹的是什么曲子?"

樵夫说:"先生,您刚才弹的是孔子称赞弟子颜回的曲子。但是可惜的是,到第四句的时候,琴弦断了。"

俞伯牙听樵夫说得毫无差错，非常高兴，就请他上船来细谈。樵夫看见俞伯牙谈的琴，就说："这是传说中伏羲氏制造的瑶琴。"接着，樵夫又详细说明了一下瑶琴的来历，令俞伯牙大生知音之感。

俞伯牙接下来又弹奏了几曲，当琴声雄壮高亢的时候，樵夫就说："这是高山的声音啊！"当声音渐缓，透露出清新自然之意时，樵夫又说："这是河水在无穷无尽地流淌啊！"

俞伯牙非常开心，他终于在茫茫人海找到了知音。两个人相互通报了姓名，这个樵夫就是钟子期。两个人秉烛夜谈，大有相见恨晚之意。于是撮土为香，义结金兰，约定明年今日再在此处相会。

第二天，两人洒泪而别。

到了第二年中秋，俞伯牙如约赶来。但是过了好久，也不见钟子期的身影。于是，俞伯牙就去四处打听，有一位老者告诉他，钟子期已经得病亡故了。临终时，遗言上说，要把墓建在江边，为的就是等到今年的八月十五能够听到自己最好的朋友俞伯牙的琴声。

俞伯牙悲痛万分，走到钟子期的墓前，非常悲伤地弹奏了一曲《高山流水》。弹完之后，俞伯牙就挑断了琴弦，把那张非常名贵的瑶琴摔碎了，发誓从此再也不弹琴了。因为钟子期一死，这个世界上就再也没有能听懂自己琴音的人了，这琴还弹给谁听呢？

古人交友，贵在将心比心，而不是名利场上的相互利用。有人常说，没有永远的朋友，也没有永远的敌人，只有永远的利益。这就说明人们对于物质的追求要远远大于友情，这和古人的交友风范大相径庭。

万两黄金容易得，知音一个也难求。真心的朋友是交心的，无关利益，无关风月。名利只会让我们遗失掉风范，而真正的朋友则会增加我们举手投足间的气度，会增加我们的风范。

孟子说："人之相识，贵在相知；人之相知，贵在知心。"朋友不在乎贵贱，更不在乎长幼，只要知心，任何一个人都有可能成为朋友。元曲大家贯云石曾有曲云："弃微名去来心快哉，一笑白去外。知音三五人，痛饮何妨碍？醉袍袖舞嫌天地窄。"这样的"知音三五人"才是我们人生中最宝贵的财富。

风范需要有朋友之间的慷慨之气，而不是那种名利场上的铜臭之气。风范是一种发自内心的气度，是一种同类人中相互滋养，不断生长的气度。只有多和朋友相交，我们才能看淡名利，才能发现风范的精髓所在。

藏于笼中，不如放之穹庐

中国的武侠作品中，形容武功，常常说放之穹庐，收之太微。这就是说，武功要能放能收，能大能小，能够运用得圆润自如。无论在生活还是工作中，我们也要如此，名利并不是我们人生的单一目标，我们与其故步自封在名利的笼中，还不如让自己开阔视野，去追寻一些更有价值的东西。

人生不是单行道，如果我们每个人都为名利而活，就不会有不为五斗米折腰的陶渊明了，更不会有见秋风起，就卸任回家炖鲈鱼的季鹰了？人生说复杂也复杂，说简单也简单，关键在于我们怎么看。有些人追名逐利，每天只是守护着自己的弹丸之地，这样的人就如同在笼中，肯定不会快乐，更谈不上什么风范了；如果我们按照本心去活，天高海阔，就会任由我们驰骋。

人只有站得高才能看得远，看得远才能走得远，鼠目寸光，目不转睛地盯着名利，是永远都瞪不出所以然来的。所以，越是如此，就越需要我们收敛名利心，把目光放得更长远，这样，我们的风范才能淋漓尽致地展现出来。

一个年纪轻轻的男子事业初成，被所有人赞誉为"进取向上"。可他自己却感到生活越来越沉重，心脏的负荷越来越大。于是，便千里迢迢来见智者，寻求解脱之法。

智者给男子一个篓子，让他背在肩上，并指着一条沙砾路说："沿着这条路，你每走一步就捡一块石头放进去。回来后告诉我有什么感觉。"

过了一会儿，男子走到了头，对智者说："我每走一步就觉得后背的分量又重了一点，这使得我不得不把腰又往下弯了一截，胸又往里含了一些，所以感到心脏越来越憋得慌。"

智者笑笑，对年轻男子说："其实，你自己已经回答了你为什么感觉生活越来越沉重的原因。当我们来到这个世界上时，每个人都背着一个空篓子。随后，我们每走一步都要从生命的旅途中捡一样东西放进去，所以才有了越来越累的感觉。"

生活中，有太多比金钱更贵重的东西，如果我们把金钱看得太重，就会变成金钱的奴隶。人对物质要求越低，人的精神越自由。最好的办法就是看淡物质生活，寻求精神上的满足，这样简单的生活才是我们不断追求的目标。

王子涵是一个很简单的人，她从小就是一个好孩子，在母亲安排的人生中不断行走着。为了能够证明自己的价值，高考填志愿的时候，王子涵毅然决然地选择了金融专业，在当时，大学的各专业招生分数上，金融专业是最高的。在中国某大学待了一年之后，王子涵就来到了美国，成为了美国某大学经济系的一名学生，这所大学是美国一所非常著名的大学，但是，王子涵并没有感觉到有什么不同，继续按照自己的人生轨迹前进着。

毕业之后，王子涵来到了全球最负盛名的投资银行摩根斯坦利，这可是一所严格要求的投资银行，即便是全世界最有才华的学生来到这里，想要通过他们的层层面试，也是非常困难的，但是王子涵却成功了，她说："我认为我很聪明，并且有很好的适应能力，我想，这就是他们录用我的真正原因吧！"

在摩根斯坦利工作两年之后，王子涵说："我认为，工作两年是一个坎儿，大家都会产生两种截然不同的心理。第一种就是回去读书，而第二种则是继续工作或者跳槽。我不同，我很想家，然后我就决定离开纽约，调到了香港分部。"

又过了两年，王子涵感到了厌烦，她觉得工作太累了，她已经快要崩溃了。王子涵不想再按照别人的看法去生活了，她想要做回自己，她要过简单幸福的生活，而不是像现在这样，每天都要为工作来回奔波。

接下来，王子涵就打电话到美国总部，提出了辞职申请。美国总部那边再三挽留了她，但是王子涵却不为所动。老板劝说王子涵："年轻人总会有迷茫的时候，我相信，等你冷静下来之后，就一定会再回来的。"

王子涵非常坚定地说："我绝不再回来。"

接下来的四个月，王子涵开始放松自己，等到她放松够了，精神恢复了之后，她决定开始找一份自己真正喜欢的工作。

2005 年 8 月，王子涵在苏州找到了一份与摄影相关的工作，她觉得这才是她想要的工作，每天走走停停，拍下美好的东西，就这样，王子涵开始了简单而幸福的摄影师生活。

人生最快乐的事情是自然的活法，几十万英镑和几千块人民币相比，无异于地球和乒乓球的差别，但是有很多东西却是金钱买不到的，比如说身边美丽的风景，身边的知心朋友。一个朋友说："人这一辈子，我不知道我能赚多少钱，但是我却知道西藏的天空有多蓝，酥油茶有多香。"最接近于人本性的东西才是我们应该不断追求的，虽然大自然中没有更多的物质享受，但是，那里却可以洗涤我们的心灵。

撇下繁重的工作，我们可能会赚不到很多钱，但是我们可以不用加班，不用睡觉，更不会用有刺激性的化妆品，但是我们的皮肤却会变得很好。想要生活变得快乐，就应该展现出我们的本性，不用太刻意要求自己，越是刻意要求自己，我们就越会感觉到累。人生本来就是一个随性简单的过程，如果考虑得过于复杂，只会让我们自己作茧自缚，长此以往，我们就会变得越来越疲倦。

我们只有看低金钱名利，才能看到崭新美好的生活。有人总是夜以继日地追名逐利，等到人生老去，他们却一事无成，那么，这样的人生还有什么意义呢？淡然就好，恬静最佳，我们是在为自己而活，我们是自己的主导者。名利就是一个囚笼，当我们身处其中之后，就会发现我们只是在坐井观天。

人生不需要坐井观天，需要的是海阔凭鱼跃，天高任鸟飞。是鹰，就应该搏击长空；是鱼，就应该遨游海洋；是有风范的人，就应该活出真我精彩。

放手名利,得失寸心知

人常说,该放手时须放手,得饶人处且饶人。但是真正能做到对名利放手的人又有几个呢?我们总是不断赶路,但是走着走着,却忘记了出路在何方。有时候得与失,我们都知道,但是我们却不会选择放弃,因为我们认为,没有取得成功,就没有理由选择放手。

我们有没有想过,我们没有在名利场上取得成功,也许不是因为我们不够努力、不够好,而是因为我们根本就不适合名利场。如果我们走错路,总是一味追求名利,认为别人获得的,永远是自己追求的方向那就大错特错了。人生因为没有雷同,因为异样,才显得精彩,如果每个人都是成功者,那么,成功对我们而言还有什么意义呢?

不要太过于在意别人的看法,一切与我们有关的事情,不管如何,最终的决定权在我们手里。有些事情,与其紧握不放,不如放它自由,越是紧握,事情流失得越快,不如随心所欲,肆意驰骋。

奥托·瓦拉赫是诺贝尔化学奖的获得者,但是他的成名道路却没有想象的那么顺利,真可谓是一波三折。

最开始的时候,奥托·瓦拉赫学的是文学,但是奥托·瓦拉赫学得非常差,老师对他的评价是"朽木不可雕也",就算奥托·瓦拉赫再怎么努力,仍然是徒劳的。

之后,奥托·瓦拉赫就开始学习油画,但是奥托·瓦拉赫根本就没有绘画的天赋,不会构图,也不会润色,他画出的油画永远都是倒数第一名。

接下来,奥托·瓦拉赫又做了很多次的尝试,但是很多老师都认为这个学生很难成才。只有化学老师发现他做事一丝不苟,认为如果让他专攻化学,肯定会别有一番成就。于是,奥托·瓦拉赫的热情一下子就被点燃了,接下来,在化学领域的研究上，奥托·瓦拉赫发挥出了自己的潜能，成为化学领域的专家，并于1910 年获得了诺贝尔化学奖。

兴趣是最好的老师，如果我们让姚明去游泳，让刘翔去打乒乓球，那么，他们就取得不了现在的成就。名利场并不是每个人的表演场，与其去白耗光阴，不如先找对自己的位置，找到适合自己的，等到事后，我们就自然会功到自然成了。

我们要知道，快乐的人不是没有痛苦，而是不会被痛苦所左右。人生难免会有痛苦，会走弯路，关键在于我们会有一个怎样的心态。与其让自己的内心背叛自己，成为痛苦的帮凶，还不如游目骋怀，淡然视之。

著名作家德川家康说过："人生不过是一场带着行李的旅行，我们只能不断向前走，并且沿途不断抛弃沉重的包袱。"如果希望人生旅程是快乐的，就要尽快放下身上的包袱，丢弃那些多余的负担，减掉那些"不值得"背负的东西。天使之所以能够飞翔，是因为她有轻盈的翅膀；当给翅膀附带上了过多额外的重量时，她也就不能再飞向更远的地方了。

一个青年因终日郁郁寡欢，便想求教一个悟道之解。他背着一个大包裹，千里迢迢地跑来找慧能大师。他说："大师，我是那样的孤独、痛苦和寂寞。长期的跋涉使我疲倦到极点：我的鞋子破了，双脚被荆棘割伤了，手也流血不止，嗓子因为长久的呼喊而喑哑……"

大师看着他肩上背的大包裹，问："孩子，你的大包裹里装的是什么？"

青年说："它对我来说简直太重要了！里面是我每一次跌倒时的痛苦，每一次受伤后的哭泣，每一次孤寂时的烦恼……靠了它，我才能走到您这儿来。"

慧能大师没有直接对青年的话做出任何评判，只带着他来到河边，并坐船过了河。

上岸后，大师说："现在，你把船扛起来赶路吧！"

"什么，扛了船赶路？"青年很惊讶，"它那么沉，我能扛得动吗？"

"是的，孩子，你扛不动它。"大师微微一笑，说："过河时，船是有用的；但过了河，我们就要放下船赶路。否则，它会变成我们的包袱。痛苦、孤独、寂寞、灾难、眼泪，这些对人生都是有用的，它能使生命得到升华；但须臾不忘，就成了人生的包袱。放下它吧！孩子，生命不能太负重了。"

青年如醍醐灌顶，恍然大悟。他放下包袱继续赶路，发觉自己心情愉悦，步子也比以前轻快了许多。原来，生命是可以不必如此沉重的——只要敢于"减下"负担。

我们是否会经常查看自己的内心，查看自己的得失，看自己是否走错路或者是太过于执著名利。人活着，需要不断算计着生活，但是这并不是说明，我们应该每时每刻背起负担去上路。想要索取得多，就需要付出得多，人生没有单方向法则。

人生就是如此，当我们在某一方面拥有太多的时候，在另一方面可能就要付出相应的代价；当准备放弃某一方面时，往往冥冥中就已经注定了在另一方面将有所收获。人生最大的遗憾在于：轻易放弃了不该放弃的，却固执地坚持不该坚持的。

所以，从整个生命历程的长远角度来看，真正有益的事情并不是获取更多，而是有选择地剔除掉那些多余冗繁的事物。去冗除繁，风范才能从我们复杂的内心世界中脱颖而出。

辑 3

在给予面前，舍得是一种风范

《易经》有云："舍得舍得，不舍不得，小舍小得，大舍大得。"人生就是一个不断舍弃、不断获得的过程。如果我们不能舍弃一些不必要的负担，等到我们获得一些必要的东西时，就会发现，自己已经没有地方能容下了。

在给予面前，舍得是一种风范。懂得舍弃的人是有长远规划的人，他们不会为了眼前利益而牺牲掉自己的未来利益。舍弃的是过去，得到的是将来，只要我们用心去思考，一切都在意料之中。

舍弃方知天地宽

古话说得好:"欲先取之,必先予之。"这句话的意思就是说,想要索取,先要学会舍得。舍得舍得,不舍不得。小舍小得,大舍大得。有位哲人曾说:"我们的痛苦不是问题的本身带来的,而是我们对这些问题的看法模式而产生的。"这话很有道理,它告诉我们要懂得放下过去,别让现在宝贵的时间束缚在过去的纠结中。

学会舍弃就是要求我们舍弃掉一些多余的想法,我们想要收获快乐,就应该学会舍弃痛苦。任何时候,痛苦都只是暂时的。我们每天都能看到第一抹晨曦出现,都能看见陌生的人和风景,都能有一个新的心情,这样,就已经足够了。

舍弃痛苦,就是不再执著于过去,过去的已然成为历史,而未来依然在我们脚下,当我们找到脚下的路,认清前行方向之后,心中和眼中看到的是未来,而过去的痛苦早已经被我们抛到脑后。

著名国画艺术大师张大千先生蓄着长长的胡须。

一次,朋友无意间开了一句玩笑,问他晚上睡觉时胡须怎么放。结果那天晚上,他彻夜失眠了,不知道把胡须放到哪里才好。

就像张先生事后自己回忆时说:"平常都不会担心这方面的事,怎么一在意就出问题了。"

很多时候,过去的痛苦都是因为我们过于在意而引起的。像张先生一样的,有人稍一触及他的胡须,就会彻夜难眠,主要就是因为他不懂得舍弃别人强加的想法,如果别人不提及此事,他也不会注意到。

如此说来,要想获得身心的轻松,并实现内心真正的愉悦与安详,关键在于我们怀着怎样的方式去思考,抱着怎样的心态去生活。"九九归一",是一种返璞归真的卸载与清零。只有舍弃消极虚伪的思想、懦弱偏执的个性、自暴自弃的心态这些心灵包袱，并用善良的天性和积极的姿态去弥补某种空虚时，才能纯净而轻松地享受生活，而风范也会在这一刻，自然而然地出现了。

一位僧人看到农人插秧时曾说道："手把青秧插满田，低头便见水中天。心地清净方为道，退步原来是向前。"诗中的原意就是：农人手拿着青秧一步步往后退，退到田边，退到最后，就把所有的秧苗全部插好了。正因为倒退着插秧，才不至于踩坏秧苗，而迅速地插完。

人生正是如此，有时候，舍弃、退却并不是懦弱的表现，我们既然无法抓住，或者是无法抓得长久，不如就放手。一收一放，体现的正是人们良好的心态。

人生本来就不是尽善尽美的，记得一对夫妻在婚礼现场中，丈夫对妻子说："对不起，你要和我一起受苦了。"

丈夫说得很对，人生本来就是一个受苦的过程，呱呱坠地之后，我们要哭，学走路的时候要跌倒，工作的时候要忍受上级的苛责……回首人生，我们会发现，原来一切并不坦荡，但是我们却快乐地走了过来。这是因为什么呢？就是因为我们学会舍弃，学会忘记痛苦，忘记不愉快，等到消极情绪消失，积极情绪就会出现，而风范也就会自然出现了。

一位年轻妇人正在厨房里做饭，忽然听见从客厅里传来4岁儿子极度恐慌的声音："妈妈，妈妈，快来呀！"

年轻妇人闻声便下意识地跑到了客厅，才发现原来儿子的手卡在了一个花瓶中无法脱出，因此痛得连声直叫。

她想帮儿子将手从花瓶中拉出来，可试来试去也无济于事。看着儿子脸上挂满了泪水，年轻妇人心疼至极，便找来一个锤子，小心翼翼地把花瓶敲破了。

费了很大的劲，儿子的手终于出来了。

这时，儿子紧紧攥成一个拳头，怎么也不松开的小手吓坏了年轻妇人。她想，难道是孩子的手在花瓶里卡得太久而变形了？

等她将儿子的拳头小心地掰开时，一面彻底松了口气，一面让她哭笑不得：孩子的手没事，他的小手心里紧紧攥着的，是一枚 5 分钱硬币——而那个刚刚被她敲碎的，是一个价值 3 万元的古董花瓶。

原来，淘气的儿子不小心将几枚硬币扔进了花瓶，便想把它们取出来。可由于紧紧攥住硬币的拳头大过了瓶口，于是就怎么也出不来了。

年轻妇人不由问儿子："你怎么不放下硬币，把手松开呢？那样你的手就可以出来，妈妈也就不必砸烂这个花瓶了。"

儿子只回答了一句话："妈妈，花瓶那么深，我怕一松手，硬币就跑掉了。"

为一枚 5 分钱的硬币，砸烂了一个价值 3 万元的花瓶，这个故事听起来未免有些可笑。但是会心一笑之后，我们就会发现，生活中，已经长大的我们原来也是如此，有多少人正是由于将手中的东西抓得太紧，最后导致了因小失大，甚至导致悲剧？这些人手中紧抓的"硬币"，在他们看来都是十分重要的东西，比如利益、成就、权力、面子、学识……但也许从未有人帮他们点破：这些其实都只是那"5 分钱"，人生的"3 万元"和更有价值的追求，应该是感知幸福的能力。这决定了我们是否能有一颗平静而快乐的心，以及和谐而广阔的生命。

想来，人们之所以紧抓"硬币"不愿松手，可能是因为害怕一旦放手，这些本来已属于自己的东西就再也没有了。但假若我们再往下想，这种害怕失去的心理其实是因为内心的不安而造成的，至少现在的快乐还并不是那么充盈。

让痛苦的回忆随风而散，让快乐的记忆永存世间。我们就需要如此，舍弃痛苦，憧憬未来。因为未来有我们的"世外桃源"，有我们的期许，更是我们的风范所在。

有阴影的地方才会有阳光

人世间有着无穷无尽的选择，不管我们身处何职，在做什么，每时每刻都需要做出选择。我们所处的这个社会是一个并不完美的社会，因为它告诉我们，鱼和熊掌不可兼得。而我们只能两者相权取其轻，选择最适合自己的那一个，进而舍弃另外一个。

俄国作家车尔尼雪夫斯基曾说："既然太阳上也有黑点，人世间的事情就更不可能没有缺陷。"也就是说，缺陷体现了有血有肉的真实与自然，反倒彰显了事物本身的魅力。舍弃虽然让人感到痛心，但这也正展现出了我们与众不同的风范。

抱有完美的幻想，往往容易把简单的问题复杂化。最后只得沮丧、羞愧地承认自己达不到完美的标准，进而因受阻而感到无力与自卑。接受不完美的缺憾，才是客观和唯物的态度。如此，一切顺应规律，回归本初。

舍弃并不是放弃完美，而是让我们在完美的路上继续追寻。正因为人生有舍，我们才会有得，正因为人生有缺陷，我们才会不遗余力地追求完美。很多东西，不是直观去感受它的美，而是需要用心去体会。就像小说中所写的一样，写得很好，我们有想象空间，就会感到身临其境，等到影视剧上映之后，我们的心理就会产生落差，而那种美也就自然消失了。

有一个从小就双目失明的孩子，一直为这一缺陷而备感沮丧。他悲观地认为自己这两双"瞎了"的眼睛从一开始就是不完美的，且再也没有能力扭转。于是，他放弃了任何追求，浑浑噩噩地消度人生。

某日做梦，偶遇一位智者，开导他说："世上每一个人都是被上帝咬过一口的苹果，都是有缺陷的人。有的人缺陷比较大，是因为上帝特别喜欢他的芬芳。"

盲人突然从梦中惊醒，恍然大悟，心情顿觉开朗起来。从此，他把失明看做是上帝对自己的特殊偏爱，振作奋斗，不断向命运挑战。后来，他成为一名远近闻名的优秀按摩师，为许多人解除了病痛。他的事迹也被写进了当地的小学课本。

人类历史上有太多的天才俊杰都"被上帝咬过一口"：失明的文学家弥尔顿，失聪的大音乐家贝多芬，不会说话的天才小提琴演奏家帕格尼尼。也许，由于上帝的特别喜爱，他们都被狠狠地"咬了一大口"。

其实，追求完美本身并无可厚非，我们可以把它视作一种浪漫的憧憬与希望，或是生活的一个过程和体验。但如果把浪漫凌驾于现实之上，把幻想寄托于现实之外，一味地追求某种超越人生现实的终极完美，那么，自我人生悲剧的序曲也就开始奏响了，接下来的生活必将在一种虚无的痛苦中凌迟自己的生命之躯。

有缺陷，我们就要学会舍弃缺陷，是从内心中去舍弃，这时，我们才会发现生活的快乐。太过于执著，只会让我们深陷其中。鱼和熊掌不可兼得，又何尝不是这个道理呢？

断臂的维纳斯流芳至今，正是"美中不足"成就了它的经典。缺陷就是我们人生最好的体现，正因为美中不足，才会体现出舍弃的重要性。我们要知道，有阳光照耀的地方才会有阴影。任何事情都是相对存在的，所以，在追求完美的过程中，我们才会发现缺陷；在索取的过程中，我们才会发现舍得。认清现实，接受现实，就是风范的最完美体现。

有一个十几岁的小男孩，在一次车祸中，不幸失去了自己的左臂，但是他仍然坚持向一位老师学习柔道。

这个小男孩非常珍惜学习柔道的机会，但是 6 个月以来，小男孩只练了一个动作，他非常好奇地问老师："老师，这个动作我已经练好了，您能不能再教我一个其他动作？"

老师不慌不忙地说："你只要把这个动作练好就可以了。"

小男孩虽然想学习其他动作，虽然老师的话让他非常费解，但是他还是照做了，继续把这仅有的一个动作练得纯熟。

几个月弹指而过，老师带着小男孩参加了一个比赛。

比赛中，他熟练地运用着老师教给他的这一个动作，一路上过关斩将，杀进了决赛。决赛对手非常强大，小男孩几乎要失败了，但是他还是坚持住了，最后反败为胜，赢得了这次比赛的冠军。

比赛结束之后，小男孩非常奇怪，就问老师："为什么这么长时间，我只练一个动作就夺冠了呢？"

教练说："我教你的这个动作是柔道中最难的一个招式，你能把它运用自如非常好，这个动作的破解招式也只有一种，那就是要抓住你的左手，但是正因为你没有左手，这个招式在你身上就变得非常完美了，而你也因此取得了这次比赛的冠军。"

小男孩的缺陷却成为了他的优势所在，缺陷并不是我们的弱点，在很多情况下，缺陷也可以转变为我们的优势。这就像舍得一样，放弃的时候，我们才能追求更美好的东西。

对于我们所生存的这个世界来讲，提倡这种"美中不足"是符合自然规律的。从某种意义上讲，人是"没有完成"的动物。而未完成则是一种人生的常态，也是一种积极的心态。生活中有很多的遗憾和缺陷，如能以积极健康的心态来面对，也不失为人生的另一种完美。

舍得就是一种缺陷，但是我们不要忘了，也许舍得背后会有另一番风景呢？如果一个人只想一味索取的话，只会让他走向极端，人生需要不断打磨，打磨的过程就是不断锤炼、不断蜕变的过程。

不要太在乎一些东西，不要因为做事情有缺陷而懊恼，人世间没有十全十美的事情，任何事情都是有瑕疵的。

我们应该认识到，一个人若真的达到"完美"了，从某种意义上说，便是一个可怜的人。因为他永远无法体会有所追求、有所希望的感受；也永远无法体会接收到别人带给他一直梦寐以求的东西时的喜悦。

正所谓"水至清则无鱼，人至察则无徒"。就像在文物鉴赏领域，有这样一个普遍而简单的道理：鉴别一件宝物是真品还是赝品，其中一点就要看它有没有瑕疵；真正天然形成的宝物或多或少都要有点遗憾之处，而非人工仿制的那样完美无缺。我们只有做到这一点，我们的风范才能在无形中展现出来。

欲望总是得失的序章

曾国藩曾说："得失有定数，求而不得者多矣，纵求而得，亦是命所应有。安然则受，未必不得，自多营营耳。"正如曾国藩所说，人生中得失就像是有一种潜在规律在左右，所有事情就像是早就安排好了。正如我们本身的欲望一样，它出现之后，必然会有得失尾随其后。

其实，人生就是一个不断得而复失的过程，就其最终结果而言，失去比得到更为本质。随着整个生命的离去，我们所拥有的一切都将失去。世事无常，没有任何一样东西能够被真正占有。既如此，又何必患得患失？我们应该做，也是所能做到的，便是在得到时珍惜，失去时放手；安然于两者之间，心平而气和。

在一个雷电交加、大雨倾盆的夜晚，你开着车准备回家，在回家的途中，你看到3个人正在焦急地等待公共汽车的到来，这3个人分别是：一位是快要死亡的老人，他需要马上送往医院急救；一位是医生，他曾经救过你的命，你想报答他，但是一直没有机会；一位是你心仪的女孩（男孩），她（他）是你做梦都想要娶（嫁）的人，她（他）是你生命中最珍惜的人，如果错过了，以后就再也没有了。但是更为痛苦的是，你的车只能再坐下一个人，你应该如何进行取舍呢？

这是一家公司的面试题，几百名的应征者中，只有一个人的答案让面试官满意，并且录用了他。这个人只说了一句简简单单的话："把汽车和钥匙都给医生，让医生开车载着老人去医院，而我则留下来，陪我的梦中情人一起等公共汽车。"

人活着难免有取舍，就像这道选择题一样，我们都希望得到完美，但是完美往往是不存在的，如果医生不会开车怎么办，又或者接下来车坏了怎么办？正因为事情的不完美，我们才会选择珍惜。

人的欲望是无穷无尽的，当欲望出现的时候，我们就会执著地去追求，而且更多的时候是不见棺材不落泪。当欲望来临时，我们总认为得到本就理所当然，失去反而成了非常态。所以，每每失去，就不免感伤和追忆。

其实，当我们冷静下来，心中就会明白，在漫漫人生长河中，得失相伴随时。人生苦短的叹息，花开花落的无奈，即使诗画中也是风雨和阳光同在。这才是大自然的规律，也是普通人的平凡生活。

东晋大诗人陶渊明向来被世人奉为安贫乐道、高洁傲岸的精神典型，一段《五柳先生传》便足以为证：

"环堵萧然，不蔽风日；短褐穿结，箪瓢屡空，晏如也。常著文章自娱，颇示己志。忘怀得失，以此自终。"

想当初，那不为五斗米折腰的陶渊明，也曾有过报效天下之志，13年的仕宦生活是他为实现"大济苍生"的理想抱负而不断尝试、不断失望、终至绝望的13年。然而终究，赋《归去来兮辞》，挂印辞官，彻底与上层统治阶级决裂，毅然不与世俗同流合污。对于所谓的世事得失，怎一个潇洒了得。

回归故里后，陶渊明一直过着"夫耕于前，妻锄于后"的田亩生活。初时，生活尚可："方宅十余亩，草屋八九间""采菊东篱下，悠然见南山"，虽简朴，却乐在其中。

后住地失火，举家迁移，生活便逐渐困难起来。如逢丰收，还可以"欢会酌春酒，摘我园中蔬"。如遇灾年，则"夏日抱长饥，寒夜列被眠"。然而，其安然于得失的本色丝毫未改，稳于心中。

陶渊明的晚年生活愈加贫困,却始终保持着固穷守节的志趣,老而益坚。元嘉四年(427年)九月中旬,神志尚清时,他为自己写下了《挽歌诗》三首。在第三首诗中末两句说:"死去何所道,托体同山阿。"如此平淡自然的生死观,情也飘逸,意也洒脱。

或许,对于陶渊明的境界,我们一时无法企及,但至少能做到的,便是抱有一颗淡泊明志、从简修行的心。平静面对得失,执著于自身超脱;固然炎凉冷暖,又何碍于以冷眼旁观,泰然自若。

得到的并不一定是最好的,也并非是让我们刻骨铭心的,但这却是属于我们能够拥有的。得不到的就不要执迷于此,失去也未必不是一种简单和轻松。清风两袖间,更显得飘逸和潇洒。

诚然,我们做不到"买田一亩,买泉一眼"的闲适,我们都是有欲望的人,但是我们可以控制自己的欲望,不要让它无限制地膨胀。舍弃是为了给欲望减压,是为了更好地索取加重砝码,而舍弃正是人性光辉的另一种表达。

月亮的残缺并没有影响到它的皎洁,人生的遗憾也不该遮掩住它的美丽。不要再让担忧与焦虑消耗我们的精力,心态的调整只是一念之间的意识。安然于得失,简明的心性,而我们的风范就会在明媚之中凸显出来。

善思比取舍更可贵

中国棋道源远流长,其实,下棋本身就是一个思考的过程,所以,围棋术语里面就有"长考"和"大长考"这样的专业术语。下棋需要我们的就是善思,我们常常说,棋子落地生根,不许悔棋。这就好比人生,当我们选择取舍之后,又没有办法后悔的。我们只有多去思考,下好人生的每一步棋,才能让自己的人生变得光鲜亮丽起来。

我们想的不是自己的下一步，而是接下来的好几步，甚至更加长远，一失足成千古恨，再回首一百年身，这是我们谁都不愿看到的。遇事之前思一思，未尝不是一种很好的选择。

人生总是要经历风雨才会更有味道，才会体现出那种超凡的风范。人的智力有限，但是只要我们善于思考，多去思考，就不会让自己对做的事情后悔。千万不要在冲动情况下做决策，这样的话，我们对得失的判断将会变得非常理智，就会失去风范，最后，我们就会后悔自己当初所做的那个决定了。

古时候，一个农夫去田里耕作，当时正值春季，草长莺飞，蜂鸣蝶舞，一片生机盎然的景象。

这时，有一只兔子飞快地跑了过来，由于跑得太快，兔子根本来不及转弯，直接撞到前面的大树上了。农夫看到撞树而死的兔子，非常开心，认为自己捡了一个大便宜。农夫想，如果每天在这棵树旁边坐着，每天都能捡到撞树而死的兔子，这样多好，也不用每天早出晚归地耕作，每天还能收获兔子。

就这样，农夫开始了等待的人生，每天无所事事，就在这棵树旁坐着，等待兔子出现，然后捡起来回家。但是小概率事件很难发生第二次，就这样，农夫整个人逐渐消瘦了，田也开始荒了，而撞树而死的兔子再也没有出现过。

农夫不懂得思考，最后却闹出了大笑话。守株待兔，看似一劳永逸，实际上却是一种自欺欺人。不懂得思考，认为简简单单地获得是一种必然，但是实际上这只是巧合，天下没有免费的午餐，越是如此，就越需要我们分析思考。一天不思考，我们的思想就会生锈，在得失判断的过程中就会缺乏理性。

人生总要面临选择，当得与失出现的时候，我们的潜意识里往往会侧重在"得"上。诚然，我们每个人都想得，恨不得想要不劳而获，但是这些往往只停留在空想上，很难付诸于实践。当取舍出现在我们面前时，我们很容易就会被"得"的糖衣炮弹牵绊住，进而毫不犹豫地舍弃"失"。

很多时候，我们的选择要比能力更重要，思考并不是浪费时间，而是在为我们的选择增加力量。前中国国家女子排球队主教练陈忠和说过："在球场上，碰到传手不稳、守备疏忽的情况，我就会叫暂停，以求安定军心，鼓舞士气；遇到阵脚混乱，频频失分时，我也要叫暂停，为的是指导战略，稳定情绪。"停下来思考是一种风范，得失之间的取舍更是一种风范，不要因为"得"而忽略"失"，很多时候，"失"的后面有更美的风景。

很久很久以前，有两个饥饿的人，正当他们准备接受死亡召唤的时候，有一位神仙出现了，让他们选择一样东西离开，一个人要了一袋又大又鲜活的鱼，而另一个人则是要了一根鱼竿，接下来，这两个人就分道扬镳了。要了鱼的人就马上生火烤鱼，然后大快朵颐，没过多久，他的鱼就吃完了，接下来，他因为没有食物的供给，只能等待死亡的降临了。而另外的那个人则是苦苦找寻大海的踪影，但是因为饥饿，他的体力逐渐枯竭，最后死亡，直到死亡的那一刻，他也没有看见蔚蓝的大海。

两个饥饿的人死后，又有两个饥饿的人出现了，神仙同样让他们两人选择了东西，两个人也分别选择了一袋鱼和一根钓竿。接下来，两个人并没有分开，而是决定同进退，共同寻找大海，他们两人每次只吃一条鱼，从此踏上了寻找大海的艰辛之路。功夫不负有心人，最终，他们两个终于找到了大海，开始了钓鱼为生的日子，并且在海边盖起了房子，各自成立了属于自己的家庭，过上了幸福的生活。

第一组饥饿的人，看似他们都得到了自己需要的东西，一个是鱼，一个是钓竿，但是，实际上他们却失去了未来；第二组饥饿的人，看似他们都失去了，实际上他们却得到了未来。多去思考，不要拘泥于现在，要学会从长远去思考，因为未来才是左右我们人生的大方向。

人生不单单只需要一味奔跑，更需要按下你的"暂停键"，认真去思考，不管是过去、现在，还是未来，这些都是我们选择的最佳参考意见。得与失只有在冷静思考的前提下，才能显现得更加清晰。停下来思考，并不是让时间白白流失掉，而是在为我们的选择积蓄力量。

我们选择索取和获得之后，就会发现，这些选择就是一个错误，其实，舍弃会更加美好，会让我们摒弃一些琐碎的事情，进而让我们的内心更加清明。著名成功学大师卡耐基对他的学员们曾说："再回头看一遍那些曾经无比困扰过我们的事，就会发现竟然没有一件不是琐碎的小事。"

很多时候，取舍得失在经历它们的一刹那，我们分不清对错，但是，等到这件事过去了，我们就会发现，原来，得与失，获得和舍弃是那么清晰。得到在多数时候是陷阱，所以越是这时候，我们越要保持头脑清醒，这样，我们才不至于作出错误的决断，才能彰显出风范的独特魅力。

在竞争面前，霸气是一种风范

物竞天择，适者生存。我们常常会听到这八个字，但是往往听得多，想得少。在变化万千的社会中，我们怎么样才能从竞争中脱颖而出？竞争中，我们凭什么和别人角力？答案当然就是霸气。

在竞争面前，霸气是一种风范。霸气是一种风范，更是一种气场，我们想要在竞争中不战而屈人之兵，想要让霸气充盈全身，就应该努力锤炼自己，只有这样，我们才能在竞争中先声夺人，迈出成功的第一步。

霸气,征服成功者的角斗士

我们说的霸气不是蛮横不讲理,也不是横行霸道,而是有勇有谋。平凡人之所以永远平凡,就在于他们没有冲天的霸气。霸气,是征服成功者的角斗士,而霸气正是成功者所必备的品质。

著名史学家左丘明在《曹刿论战》中说:"夫战,勇气也,一鼓作气,再而衰,三而竭。彼竭我盈,故克之。"这就说明,古代两军对垒,最重要的就是气势,就是霸气。

魏晋南北朝时期,在宋国南阳,有一个名叫宗悫的人,他从小就非常喜欢武功,而且胆量过人。

有一次,叔叔宗炳问他:"你长大的志向是什么啊?"

宗悫不假思索地回答说:"我愿乘长风,破万里浪!"宗炳听了非常高兴,不住称赞宗悫的远大志向。

宗悫哥哥新婚之夜,他们家里来了十几个盗贼,由于所有人都在忙碌结婚事宜,只有宗悫一个人在家。盗贼们见只有一个人在家,觉得有利可图,但是没想到宗悫勇武过人,击退了这群盗贼。

等到宗悫长大了,果然干了一番大事业,宋文帝时,宗悫被封为振武将军,率兵攻打了林邑国。

宗悫从小就树立了远大的志向,而且志向说出来也是非常有霸气:"乘长风,破万里浪。"这才是成功者应具有的风范。

纵观古今中外历史,哪一朝的兴衰更替不是源于新统治者的霸气?正因为有霸气,秦始皇才能鞭笞天下,威举宇内,大败六国,完成一统天下的伟业;精卫之所以能够填海成功,就在于她有霸气,能够持之以恒进行填海;愚公年过九十,但是仍然挖山不止,靠的也是霸气……成就一番伟业的人,他们之所以成功,就是源自心中的那一腔霸气。

成功之路漫漫长,为什么有的人不畏艰险,勇往直前?主要就在于他们勇于挑战,就算困难近在咫尺,他们也会抬头挺胸直视困难。相比于畏畏缩缩,避重就轻,一见事情不妙就退缩的人,这些有霸气的人就显得非常突出了。霸气因为气势强烈,才能让成功无所遁形,才能扼住成功的喉咙,成就自己的一方霸业。

现在社会是一个竞争的社会,你不冲上前去,就会有人从后面冲上来。逆境之所以显得难以逾越,主要就是我们内心本能的恐惧,面对困难,谁都想暂避风头,躲过一时,但是你越是想逃避,现实就越残酷。如果你换一种方法,由内到外散发出一种霸气,那么,我们才有可能与风浪搏击,才有可能到达成功的彼岸。

老虎之所以能成为百兽之王,就在于在它的眼中所有动物都是猎物,这样的心理全部得益于它与生俱来的霸气。现实中也一样,如果我们和人争论,不拿出一点霸气来,就很容易被对方给压倒,进而成为对方的手下败将。

拿破仑曾经说过:"不想当将军的士兵不是好士兵。"这是为什么?想要当将军需要什么?想要当将军最需要的就是统帅者的霸气。

秦朝末年,有一个在政治军事上叱咤风云的人物,身高八尺、膀粗腰圆,四肢发达、力能扛鼎,这就是西楚霸王项羽。正是因为项羽从小就胸怀大志,所以才成就了他日后起兵反秦、威震天下的壮举。

公元前 221 年,秦始皇一统天下。秦王称帝后,抓捕其余六国贵胄遗民,项燕家族就在通缉名单中。项羽从小就死了父亲,由他的叔叔项梁照顾。他们隐姓埋名,在吴中避难。项梁叔侄心中暗藏报仇雪恨的决心,就等时机一到,一举推翻秦朝的统治。

项羽年幼时,项梁教他书法,项羽学得很没有耐心。成年后,项梁又教他剑术,项羽学了 3 天又不学了。项梁见项羽不学文也不学武,非常生气,就狠狠地训斥道:"你这么不学无术,怎么能报得了国仇家恨?"

不料项羽却不以为耻,他说:"学习读书写字,能记住姓名就可以了;学习剑术，也只能和几个人作战。我要学就学习兵法，指挥千军万马。"项梁听后非常惊喜，认为项羽胸有大志。于是，项梁就悉心教导项羽学习兵法。生性粗犷急躁的项羽虽然学得不是很深入，但却对排兵布阵很感兴趣，竭尽全力学习战略战术，总结以智取胜的诸多兵法。

正因为项羽从小就立志要报国仇、雪家恨，再加上他性格粗犷，力大无双，吴中子弟都十分钦佩他。项羽非常喜欢武术，在吴中结交了很多和自己年纪相仿的有志青年。他们受项羽影响，都喜欢使枪弄棒。待到项梁起义时，已有一批有志之士，整编起来足足有8000人。他们自称为江东子弟，成为日后项氏打天下的中坚力量。

秦始皇统一天下以后，为了巩固政权，就在全国各地巡游，炫耀自己的功绩，镇压反抗势力。战国末期，楚国在其余六国中最强大，抗秦也最坚决。秦始皇统一天下之后，对楚地实行高压统治，对此楚地人民非常不满。当时楚地流行一首民谣，其中两句是："楚虽三户，亡秦者必楚。"

公元前210年冬，秦始皇又一次出巡，重点到江浙一带巡查。秦始皇一队人马仪行严肃，场面十分壮观。吴中这次接待秦始皇的事宜就由项梁全权负责。当时，项羽已经22岁了，俨然一个勇武过人的青年。项梁把项羽放到最紧要处，以便能够随时观察到秦始皇。站在两旁的百姓看到这威风凛凛、华丽异常的车驾奔驰而来，都呆呆地站在旁边，连大气也不敢喘。

唯独项羽站在人群里，比别人高出一头，瞪着炯炯有神的大眼，不禁脱口而出："彼可取而代也。"站在项羽身后的项梁听到这话后，惊出一身冷汗，连忙用手捂住了项羽的嘴巴，小声说："不要胡说，这是要灭族的。"项梁虽然口头上责备了项羽，但心里却是一阵暗喜。他非常惊讶项羽竟有如此的胆识和壮志，竟然敢藐视秦始皇，想要取而代之。

这一年，秦始皇在回咸阳的路上得病死了。第二年，秦二世即位后没多久，陈胜、吴广就在大泽乡起义，项梁和项羽也起兵反秦。

后来，在行军打仗中，项羽骁勇善战，对秦兵视如无物，尽情展示了一代英豪的威风。

人生短短数十寒暑，如果我们想要活得辉煌、活得轰轰烈烈，就应该培养出一身的霸气，而人正是因为有了霸气，才会勇敢前进，才会永远执著于梦想，为了实现目标，锲而不舍地去努力奋斗。勇敢地去面对现实，因为我们没有逃避责任的义务，这样，我们的人生会因为霸气而变得精彩。

梦想之所以伟大，就在于实现它的人伟大；人生之所以精彩，就在于追求梦想的道路精彩。让霸气充盈于我们全身吧！让霸气成为我们无坚不摧的后盾吧！这样，我们才有勇气说，我们的人生一直都在成功的路上驰骋！

"生当作人杰，死亦为鬼雄"的王者之气

综观成功者，我们往往会从他们神情中发现一种霸气，一种舍我其谁的霸气，就算是失败，他们也会有那种威严存在。现代社会，物竞天择，弱肉强食，如果我们不能展现出王者之气，就会被别人吞噬掉。宋代女词人李清照描述项羽的气概时曾写道："生当作人杰，死亦为鬼雄。"这是怎样一种人生气概？正因为霸气充盈，成功者才会显得如此与众不同。

想要成就一番伟业，霸气是必不可少的风范。很多人默默无闻度过了一生，主要就是因为他们没有修炼出这样的王者霸气。就连李清照那样的弱女子，当祖国山河旁落、黎民疾苦之时，还能写出"欲将血泪寄山河，去洒东山一抔土"那样慷慨激昂的词句。可见，霸气是不分男女，不分年龄的，只要你有霸气，成功就会向你走来。

康多莉扎·赖斯的名字，相信所有人都不会陌生。这位美国历史上的首位黑人女国务卿，在成长的路上走出了一条令人无比钦佩的路：

赖斯的母亲是一位音乐教师，因此她自幼便学习音乐。在她16岁时，就考

入丹佛音乐学院。所有人都认为，赖斯未来一定会走出一条音乐之路。

然而，在一场音乐节上，赖斯突然感到，自己实际上并不具备音乐的天赋，因为那些十岁左右的孩子，只要看一眼曲谱就能够演奏得非常流畅，而那首曲子她却要练上一年。"我绝对不是学音乐的料！"赖斯自言自语道。

然而，赖斯毕竟已经进行了十几年的音乐学习，现在放弃可谓得不偿失。很多人也是如此劝她。毕竟，面对这样的现实，或许多半人会"将错就错"，继续沿着这条路走下去。

然而，经过了一番思索后，赖斯还是决定要走出另一条路。她果断地放弃了音乐生涯，开始学习国际政治概论。她的导师惊奇地发现，赖斯在这一领域很有潜质，于是细心地教导她，将她引向了国际关系和苏联政治学领域。老师的提拔与鼓励，让她积极投身新的领域。19 岁时，她获得了政治学学士学位；26 岁时，她获得博士学位。1987 年，她在一次晚宴上的致辞得到了时任国家安全事务助理的布伦特·斯考克罗夫特的注意。

凭借着自身的努力，赖斯终于在政坛越走越顺，赢得了"钢铁木兰"的称号。最终，她成为美国历史上第一位黑人女国务卿。

如果赖斯当年没有果断放弃音乐学习，那么世界上就会少了充满霸气的女性政治家，多的只是一个普通的钢琴师。赖斯的故事告诉我们：想要离成功越来越近，就要有不甘于平庸的心态，敢于做出改变，即使失败也不会悲悲切切。

"生当作人杰，死亦为鬼雄，"这是形容西楚霸王项羽的一句话。为什么这位悲情将军赢得了生前身后名，就在于他有王者霸气，而正是这种霸气，展现出了咄咄逼人的气质和永远打不垮的巨人精神。可以说，人类的一切创造和进步都是从志向开始的。风范是需要不断修炼才能取得的，古人常说："有志者立长志，无志者常立志。"而我们需要的就是这种长远的志向，来不断引导我们，让霸气逐渐积攒起来，最后，带领我们取得属于我们自己的一番霸业。

熟悉世界商业史的人，不会对本田宗一郎这个名字感到陌生。本田宗一郎能够从一名只有小学学历的汽车学徒，摇身一变成为一位拥有 100 多项专利、称霸世界摩托车行业几十年的工业巨子，这并不是偶然的。

本田宗一郎年轻时很激进，对生活有着各种各样的伟大憧憬。当其他同学们都在忙着玩乐时，他开始了自己的创业之路。他利用各种关系，买下了一批闲置的军用微型发动机，装在自行车上，制成机动自行车，结果这种车大受人们的欢迎。

初战告捷，让本田宗一郎获得了人生的第一桶金，而大名鼎鼎的本田摩托也从此开始了传奇的历史。

虽然改良版的自行车让本田宗一郎尝到了甜头，但是，他认定自己的帝国版图需要进一步扩大。他夜以继日地工作，与油污为伍，累了就睡在工厂里，期望早日把产品制造出来。为了求取更多的知识，本田宗一郎重回学校苦修两年，其间他经常由于自己的设计而被老师和同学嘲笑。

这些挫折，这些嘲讽，换作普通人早已溃败，但如虎一般坚定的本田宗一郎却没有在意，而是咬紧牙关朝目标前进，终于在两年之后取得了丰田公司的购买合约，完成了自己长久以来的心愿。

一转眼10年过去了。在这10年里，本田宗一郎历经坎坷但收获颇多，最终成立了属于自己的公司——本田技术研究工业股份有限公司。经过多年经营，本田摩托车的年平均生产突破了149万辆，其中出口6万辆，高居世界第一。从此，本田从街道工厂上升为世界性大企业，在行业内的地位举足轻重。

纵观古今中外，成功人士的履历表上，都会填写"壮怀激烈、志向高远"的字句。他们的成功，也正因为此。人生需要信条，当我们大踏步向前走的时候，就应该坚定不移朝着梦想的方向迈进，霸气也会跟随我们信念产生而壮大，

选择什么样的人生，就是选择什么样的气质。当我们选择成功，选择远大抱负的时候，我们选择的就是一种霸气。人生需要不断锤炼，而霸气正是我们在尘世中不断锤炼，所打造出的一种无坚不摧的气度风范。

超凡的霸气从心开始

我们失败的时候总是习惯说，重新开始，东山再起。但是霸气呢?也要重新开始吗?不，霸气需要从心开始。霸气，正藏匿于生活的各个细节中。一个人平时的一言一行，一举手、一投足都会折射出他的内心世界，影响到别人对他的看法：是渺小的，还是高大的;是小气的，还是大气的;是霸气十足，还是孱弱有余的……

每个人的小细节和小习惯，都会对霸气产生强烈的影响。所以，这正是那些成功人士永远彰显霸气的重要原因。那些强者无论出现在哪儿，立即就会成为众人瞩目的核心，即使他们不言语，就那儿站着或坐着，也带给人一种特别深刻的印象和威慑的感觉，甚至还能令人不由自主地对他产生依赖感和安全感。他们知道，自己此时该做什么事情，不能做什么事情。

有一年，日本的一个财团与美国一家公司进行业务谈判。不过，这次谈判并不顺利，因为双方对产品销售问题发生了意见分歧。

这时候，一个日本的年轻小伙子走了出来。他的头衔是副总裁，而美国公司参加谈判的是总经理，以及他挑选的一批精兵强将。当双方互报头衔时，美国公司总经理大惊失色，他没有料到一个副总裁会如此的年轻，而且这样的机智果断、能言善辩，在这次谈判中，他的魅力，征服了这家美国公司的总经理。由此他想到，这家日本企业实力一定雄厚无比!

谈判的结果，自然是以日方获胜而告终。因为，美方谈判代表已经被日方的气质所击败了。

日方能够取得谈判的胜利，就因为头衔带来了一种霸气，让本方谈判代表在他人心中提升到很高的地位，令对方肃然起敬，在潜意识里开始作出让步。

当今社会是一个竞争激烈的社会，更是强者生存的社会，在生活过程中，想要成功，就必须彰显霸气。霸气是与生俱来的一种气质，它是一种自信，是一种大气，是一种气势上的高屋建瓴，是一种自然而然的存在，是舍我其谁的豪气。

现实生活中，懂得展现霸气的人不在少数--有的人会用抖擞的精神、丰富的情感、自如的表情显示出超人的才干和霸气，博得的是人的喜爱和青睐；当然，也有的人则会显得窘迫不安、语无伦次或面部表情麻木，让人看到了会感觉到他内心的懦弱。这两种不同的现象，表现出两种截然不同的气质。虽然霸气与外貌漂亮与否并没有什么关系，可关键是看你能否通过你的面部表情、形体动作、语言等来展示你的霸气。

现实生活中，懂得展现霸气的人不在少数——有的人会用抖擞的精神、丰富的情感、自如的表情显示出超人的才干和霸气，博得的是人的喜爱和青睐；当然，也有的人则会显得窘迫不安、语无伦次或面部表情麻木，让人看到了会感觉到他内心的懦弱。这两种不同的现象，表现出两种截然不同的气质。虽然霸气与外貌漂亮与否并没有什么关系，可关键是看你能否通过你的面部表情、形体动作、语言等来展示你的霸气。

霸气需要我们由内而外进行锤炼，只有经得起内心的考验，我们才能从外表中展现出来，我们要学会打造自己。任何伟大的事情，都有一个卑微的开始。当我们憧憬未来的时候，就应该拿出霸气来，一种舍我其谁的霸气。接下来，我们要做的就是不断打磨自己，使得自己变成一个有深度、有内涵的人。

三国时期的建安十二年五月，曹操在官渡之战中以少胜多，大败袁绍。此后军威大振，曹操也更加雄心勃勃。

这年七月，曹操胸怀统一北方之志，统领大军出卢龙寨，日夜抄道疾进，远征乌桓。大军一到柳城即大败乌桓骑兵。袁绍的儿子袁尚、袁熙从柳城逃命至平州公孙康处。曹操手下的大将知道后，劝曹操乘胜出击，拿下平州，剿灭袁氏兄弟。曹操深知公孙康与二袁不和，如果急着去进攻平州，那么他们肯定会合伙抵抗。如果再等一段时间，等对方内部发生变动然后再伺机行动，定会收效更甚。

于是，毅然力排众议，下令收兵。果然没过几天，公孙康就把袁氏兄弟的头颅送了过来。这样曹操北征乌桓、统一北方的大业算是完成了。

中秋刚过，曹操便下令班师回朝。大军经过十多天的艰难跋涉，终于走出了满目荒凉的柳城，来到了河北昌黎。这里东临碣石，西邻沧海。曹操屹立山巅，眺望大海；夕阳西下，碧海金光；远处的岛屿若隐若现，近处的海浪又滚滚向前……眼见如此壮丽的景色，曹操不禁诗兴大发，脱口吟道："东临碣石，以观沧海。水何澹澹，山岛竦峙。树木丛生，百草丰茂。秋风萧瑟，洪波涌起。日月之行，若出其中。星汉灿烂，若出其里……"雄心壮志溢于言表。

返回军营之后，曹操仍心潮起伏，久久不能平静。他想：北方的袁绍、蹋顿虽然已经讨平，而南方的孙权、刘备却仍然各踞一方，祖国的统一大业尚未实现。这时的曹操已是53岁的人了，但自感重任在身，统一大业的使命仍在召唤着他。想着想着他激情难耐，豪情又起，大踏步跨至案前，挥笔写下："神龟虽寿，犹有竟时。腾蛇乘雾，终为土灰。老骥伏枥，志在千里。烈士暮年，壮心不已。"

有志不在年高，无志空活百岁。即使年老，霸气依然展露无遗。从曹操的诗歌就可以看出他的冲天霸气，正因为有了这种霸气，他才能够开疆拓土，他才能够青史留名。

人老志不衰，霸气是不分年龄，不论性别的。只要我们有一颗勇敢的心，有一颗霸气的心。从心开始，做一个有野心，有霸气的人，未来才会向你敞开怀抱，任由你驰骋。

担当，奏响霸气的最强音

作为阿里巴巴集团和淘宝网的创始人，马云是众多青年企业家的偶像。他曾说过这样一句话："我的口号是'成为最后一个倒下的人。即使跪着，我也得最后倒下。'而且，我那时候坚信一点，我困难有人比我更困难。我难过对手比我更难过，谁能熬得住谁就赢。"

作为企业家，作为成功人士，就应该有这样一种霸气，当众人倒下时，只有自己屹立不倒，为众人撑起一片天空。勇于担当的人，无形中就会给人一种霸气之感，让人被这种领袖的霸气所折服。

"我相信自由，也相信自由和责任是并行不悖的。"

"我相信世上每一个人都有义务去维护人类的尊严。"

"我相信帮助他人对社会有所贡献，是每一个人必要的承担。"

……

2005 年，李嘉诚在北京人民大会堂，勉励 300 多位即将从长江商学院毕业的 EMBA 和 MBA 学员。刚一开场，他就一口气用了八个"我相信"。在李嘉诚的带领下，这场原本庄重的毕业典礼，更像是一场企业家关于社会责任的集体宣言。

为什么要这么做？李嘉诚作出了解答：一个有使命感的企业家，在捍卫公司利益的同时，更应重视以努力正直的途径谋取良好的成就。这是对未来的一种承担，更是对社会的一种承担。

多年来，李嘉诚总是这样与长江商学院的学生们进行交流。他告诉这些中国企业界的精英，不仅要懂得"管理的艺术"与"赚钱的艺术"，更要学会对社会对人类应有的"奉献的艺术"。

不仅如此，李嘉诚更是亲力亲为，在古稀之年创建了"李嘉诚基金会"，称之为自己的"第三个儿子"。基金会自创立至今，已捐资公益事业超过 65 亿港元，主要在教育与医疗两大领域，长江商学院就是其中之一。

勇于担当，正是李嘉诚取得成功的信条，才使得他在这个行业做出了一番成绩。有担当的领导，会潜移默化形成一种领袖气质。有担当的领导会自然而然为公司企业注入一种新的活力，会为公司带来更多的赢利机会。担当就是一种霸气，当企业出现故障，发生危机时，我们更要勇敢站出来，展现出强者的风范。

综观企业中的领导，有担当，能够在关键时刻站出来的人是非常少的。很多领导者，总是在关键时刻推卸责任，恨不得找到无数条理由来推卸责任，把所有问题都推到别人身上。领导就应该有一种领袖气质，而这种气质，就是征服众人，为自己打造良好形象的关键。

我们一生中，会遇到各种各样的事情，做错事，需要承担责任的时候，我们往往会选择逃避。我们总是信奉："有人成为英雄，就必然会有人坐在路边，为英雄鼓掌。"正是因为这句话，很多人才会选择坐在路边鼓掌的人，虽然他们在路边鼓掌，但是责任重于泰山，当问题出现的时候，他们也需要承担起自己应该承担的责任。

谭嗣同敢于承担革命失败的结果，让他成为了大英雄；林肯敢于承担对美国发展的责任，让他开启了一段美国的全新历史。这些人的身上，"霸气"是他们共同的标签。

有人说，是"9·11"事件让全世界的人民都知道了纽约前市长鲁道夫·朱利安尼。

的确，朱利安尼很伟大，当世界贸易大厦倒塌的时候，他第一时间赶了过去，并且在短暂的时间里准确地下达了数百道命令，因为这个时候，半秒钟耽误就可能有不少生命死去，他亲自在现场指挥上千名的工作人员进行救援活动，抢救被摧毁的公共设施，并且亲自去慰问那些受伤者和罹难者的家属。他说："我是纽约市市长，我必须露面，我并且要告诉大家，我一直跟他们在一起，只有这样，纽约才不会更加不利。"

在那段时间里，在全国性媒体的电视画面和广播上经常可以看到他的身影，因为他需要不断地向大家提供消息，一方面是为了安抚人心，另一方面是号召大众进行遍及全市的反恐行动，澄清了外面那些流传在纽约市里化学武器的威胁，他还说："明天的纽约就会变得比从前更好，我们不仅要重建，而且我们也会变得更坚强……并且告诉所有的人，恐怖主义不会阻止我们的。"

最终，在朱利安尼果断、准确的带领下，纽约市民很快就从这场灾难的阴影里走了出来。"9·11"灾难处理事件可以说是朱利安尼生涯中最光辉的一刻，他临危不乱的领导能力获得了各方的赞美。从那之后，"美国市长"这一称号便一直伴随朱利安尼至今。

朱利安尼用他的霸气和果断，减少了大量不必要的损失，并且陪同着纽约市民一起渡过最困难的时间段，正是因为他这强大的使命感，获得了纽约、美国，乃至全世界的赞誉和尊重。敢于承担才能拥有霸气，尤其在领导阶层的你，更要掂掂自己肩头的重责，看轻自己的使命，提前做好防患准备。在风险或危机来临时，能真正地承担起这份责任感、使命感，并且将之贯彻到底。

当然，想要做到敢于承担，这不是空洞的一句话。这要求我们，必须拥有一个大局观。俗话说："不谋全局者不足以谋一域。"一个没有大局意识、大局观念的人，是不可能做到勇于担当的。责任是使命，责任是动力，一个具有强烈事业心、责任感，对工作高度负责的人，才可能有强烈的使命感和强大的内在动力。就像一只从来不愿意观察环境、不愿意维持领地安全的虎，是永远没有霸气可言的！

越是竞争，就越需要勇于承担责任。勇于承担责任就是一种霸气、一种风范。关键时刻，这种凛然不惧、迎难而上的人格魅力，会自然而然地影响到我们身边的人，会让我们无形之中产生一种气场。

在责任面前，担当是一种风范

林则徐曾说："苟利国家生死以，岂因祸福避趋之。"当责任出现时，不管是小事还是大事，我们都应该学会担当。既然是我们许下的承诺，就应该认真履行，说出去的话，如泼出去的水，是无法挽回的。责任重于泰山，不管发生任何情况，我们都应该记得自己肩膀上的重任。

在责任面前，担当是一种风范。担当体现的是一种强大的风范气场，不管发生任何事，我们都应该勇敢承担起自己的责任，迎难而上。

不怕去犯错，就怕不改正

人海茫茫，我们却无法找到一个完美的人，最主要的原因就是我们无法保证这一生永远不会犯错。其实，更多时候，犯错是一种必然，我们无法保证自己知晓天下事，更无法保证自己每时每刻都处于战斗状态，正因为这样，错误才会如影随形。犯错并不可怕，关键是我们要学会承认错误，去改正。

正因为我们做事总会出现波折，出现困难，等到我们成功之后，成功时的喜悦才会越发强烈，才会越发珍惜成功这个过程。我们每个人去努力，看到的不单单是结果，还有整个奋斗的过程，当错误出现时，我们勇于承担，及时改正，才能更好地向着成功迈进。

有一家餐厅，从经营初期开始，生意就好得一塌糊涂，经过一段时间的发展，餐厅生意变得更加红火了，餐厅上下的人都非常忙碌，以至于餐厅窗户的玻璃碎了一小块，都没有人发现。

窗户玻璃碎了一小块，非常惹眼，每一个人经过餐厅的时候，都会习惯性地向餐厅看一眼，但是没有人愿意管它。

有一天，餐厅快要关门的时候，一个淘气的小男孩从餐厅边上路过，看见玻璃坏了，就捡起地上的一块石头向玻璃砸去，这样一来，玻璃坏的一角变成了一片。

老板看见了，就打算把窗户玻璃换掉，但是因为餐厅的生意火暴，根本腾不出时间去修理玻璃，这件事就耽搁了下来。

没过几天，又有两个淘气的小男孩经过，捡起石头向玻璃砸去，这样一来，整块玻璃都被砸掉了。老板这才下定决心把玻璃换了，等到换完之后，老板怕孩子们继续搞破坏，就站在窗户后面守着，但是接连一个星期，都没有小孩砸玻璃了。

没过几天，又有两个淘气小男孩经过，捡起石头向玻璃砸去，这样一来，整块玻璃都被砸掉了。老板这才下定决心把玻璃换了，等到换完之后，老板怕孩子们继续搞破坏，就站在窗户后面守着，但是接连一个星期，都没有小孩砸玻璃了。

这就是著名的"破窗"理论：如果有一个人打破了建筑物的一扇窗户，但是却没有人修理，这就表明这个人是个"示范者"，他在引导其他人继续做这个动作，这样的纵容，随着时间的推移，会让这座建筑物地所有窗户全部坏掉，这样一来，生活就会变得无序，犯罪就会滋生。

玻璃碎了，没人修理，这就是小错误，但是时间一长，没人去管，小错误就会变成大错误，而我们需要做的就是，当小错误出现时，就应该主动承担起来，去改正。犯了错误就要承担，如果犯了错误，形若无事，那么，这个人一定是没有责任心的人，而他本来修炼出来的风范也将在这一刻消失殆尽。

玻璃碎了，没人修理，这就是小错误，但是时间一长，没人去管，小错误就会变成大错误，而我们需要做的就是，当小错误出现时，就应该主动承担起来，去改正。犯了错误就要承担，如果犯了错误，形若无事，那么，这个人一定是没有责任心的人，而他本来修炼出来的风范也将在这一刻消失殆尽。

职场中就更是如此了，员工犯了小错误，管理者不及时制止，就会在员工心里产生一种暗示，小错误可以被接受，那么大错误也当然可以容忍了，这样一来，公司的问题就会越来越严重。管理者应该防微杜渐，发现员工犯了错误，不管大小，都应该及时制止，不能让其他员工再犯同样的错误，更不能让小错误扩大化。

很多时候，大错的由来就是因为对小错的纵容。作为公司里的管理者应该重视员工，善于发现他们的错误，及时制止，这样，他们才能及时改正。对待员工的错误，如果公司管理者只是听之任之，就会让他们产生侥幸心理，认为自己投机取巧取得了成功，就算再这么做下去也不会被发现。

这样一来，员工的责任心就会下降，他们的担当心理就会消失，长此以往，他们就会纵容自己，消极心理就会不断滋生。然后，这些人就会沦为普通人，甚至有可能堕落。小错误就像一棵小草，当我们任由它滋长时，它就会越长越大，最后就会积重难返了。

中国道家创始人老子曾说："天下大事必作于细，天下难事必作于易。"伟大来自于平凡，如果我们不严格要求自己，只会让自己走向平庸的道路。细节决定成败，如果细节上犯了错误，最好的办法就是及时改正，让细节错误及时消散于无形，这样，工作才会避免磕磕绊绊，变得更加顺利。如果你是员工，一定要注重细节，一些微小的地方往往隐藏着巨大的危机；如果你是老板，就更应该注重细节，因为公司发展离不开细节，只有把简单的事情处理好，公司才会变得强大。

美国纽约，有一家工厂，虽然规模不大，但是平时纪律严格，很少有员工犯错误被解雇，这都得益于管理者的及时纠正，在错误发生的萌芽阶段，就及时把错误的苗头扼杀掉，这样就在公司内部形成了一个良性循环。

有一天，工厂的老车工皮特为了能在中午之前剩下的时间完成工作，就把切割刀前面的防护挡板卸下了一块，由于高度降低了，收取加工零件就变得非常方便了，但是由于少了上面的防护这样的操作就埋下了危险的隐患。

公司经理巡视的时候发现了皮特的违规做法，非常生气，命令他马上把防护板装上，并且扣了皮特当天的工资，具体事宜等老板来了之后再做定夺。

第二天，老板来了，经理把皮特的违规操作告诉了他，老板非常生气，当即下令把皮特解雇了。

从此之后，再也没有员工敢违规操作了，公司发展也变得非常顺利了。

没有规矩，不能成方圆。一家公司有一家公司的企业制度，公司允许员工犯错，但是却不允许员工一而再、再而三地犯错。承担责任是一名员工对公司负责的表现，只有你认可了这份工作，才会不计得失地去做好。

担当的是一种责任，但是体现的却是一个人的人格精神。一个人只有看重工作，看重自己，才能做好手上的工作。小错就像是杯子上的一个裂纹，如果我们不能马上修复，就会让裂纹逐渐扩大，最后，我们的胜利果实就会消散于无形。

我们都曾听过"木桶效应"，我们需要的不是哪一环的强大，而是每一环的均等发展。如果任何一环出现问题、出现错误，我们面临的将会是成功的流失。

短板出现,桶中的水就会流失。所以,当错误出现的时候,我们要做的就是,尽全力去弥补,这样木桶才能平衡,我们才能做得更好。

责任面前,忠诚更有可信度

人生天地间,我们每个人都有属于自己的位置的,我们选择了一份责任,就是选择了一个属于自己的位置。相比于能力,相对于责任来说,领导往往更看重忠诚。因为忠诚体现的正是一个人的诚信度,不管发生任何事,他都不会与公司利益相背离。

百善孝为先,万事诚为本。生活中,诚信很重要,它能为我们带来更多潜在的利益和潜在的人脉。职场中,领导更看重忠诚,因为,一个人的忠诚往往会在公司危急的时候体现出来,他会忘我地投入到工作中去,和公司站到同一条战线上。忠诚是一个人对企业负责的表现,是担当的另一种呈现。如果我们把忠诚培养成为一种习惯,它将会带领我们在职场的舞台上继续发光发热。

曾经有一个贵族,家里非常有钱,他雇佣了很多仆人,家里的很多事情都交给仆人去做。有一次,这个贵族有事要出趟远门。出发之前,他把家里的三个仆人召集起来,准备给他们分配工作,根据每个仆人的才干,贵族给了他们不同数量的银子,让他们按照自己的方法去经营,等他回来以后根据每个人的经营情况,论功行赏。

过了一段时间,贵族回来了,他把三个仆人叫到身边,询问他们各自的经营情况。第一个仆人说:"主人,您交给我5000两银子,我用这些钱拿去投资,做了很多买卖,而且这些买卖都很成功,我已用它赚了5000两。"贵族听了很高兴,赞赏他说:"聪明的仆人,你很有商业头脑,这么会赚钱,以后我要交给你更多的钱,让你做更多的买卖。"

第二个仆人接着说:"主人,您交给我 2000 两银子,我把这些钱,等到收回来以后,我已用它赚了 1000 两。"主人也很高兴,赞赏这个仆人说:"能干的仆人,你的能力也很好,以后我要把更多的事情交给你做。"

轮到第三个仆人汇报了,只见他打开包得整整齐齐的手绢,恭恭敬敬地对贵族说:"尊敬的主人,您交给我的 1000 两银子都在这里,一两也没有少。您走以后,我把它埋在地里,等您回来了,我又把它挖了出来。"

贵族听了第三个仆人的汇报以后长出了一口气:"我忠诚的仆人,我知道你没有他们两个的聪明才智,没有让财富增值,但是你把我交给你的银子保管得很好,一两都没有少,这说明你对我很忠心,不会用我的钱冒险去做自己没有把握的事,我决定让你做我的管家。"

一个人的能力是可以提高的,但是他的内在品质却是很难改变的,所以,企业选择员工的时候,往往会更青睐于后者。也许我们会认为老板会对我们有偏见,但是如果我们能把手上的工作做好,他们也会认为你们是可造之才;如果不能,那么,他们只能对你们失去信心。

良好的内在品质是风范展现的前提,而内在品质是需要我们由内而外去修炼的。在企业中,就更是要求我们如此。一个企业的生存和发展需要两个因素,一是少数员工的能力和智慧,二是绝大多数员工的忠诚和勤奋。能力是企业发展的动力,忠诚是公司生存的根本。你的老板在用人时不仅看重员工的能力,更看重的是员工的忠诚。因为对于老板来说,有能力的人好找,但要想真正找到一个对他死心塌地的人,就很难了。

在现在这个浮躁的社会当中,企业并不缺乏有能力的员工,而那种既有能力又踏实肯干的却是少数;在踏实肯干的员工中,那种爱岗敬业、能为企业献身,对老板死心塌地地效忠的员工更是少之又少。一个能力强的员工和一个忠诚度高的员工摆在领导面前,领导宁愿信任一个能力差一些但是又足够忠诚的人。

忠诚是我们每个人应该具备的基本品质,忠诚于自己的工作,忠诚于自己服务的公司,忠诚于领导,这是一名员工最主要的道德品质。

　　而那些不愿踏实工作的员工，工作的时候朝三暮四、视忠诚为无物。在公司老板的眼里，哪怕他有多么非凡的能力，哪怕他有如何令人惊艳的才华，老板都不会让他承担很大的责任，也不把那些最重要的，涉及企业核心机密的任务委托给他，因为他没有对工作的忠诚，没有对企业的忠诚，领导对他不能够百分之百的放心。

　　请记住一点，几乎在所有老板的心中，"谁是最忠诚的，谁就是最可靠的。"在工作当中，一旦老板发现你有不忠诚的现象，你就有可能失去老板的信任，有的老板也许会多给你一两次机会，假如你不能及时地挽回自己给老板造成的不良印象，一旦彻底失去老板的信任，那么就算你有惊世之才，也不会再给你发展的空间。

　　如果在自己的日常工作中做到忠诚于工作，忠诚于企业，这种工作作风就会给自己赢得很好的口碑。即使有一天不得不离开自己的企业，在寻找新工作的时候，你的忠诚度仍然是你强有力的竞争力。而这样的忠诚将会毫无保留地影射到生活中去，久而久之，那种气度就会展露出来。

　　克里丹·斯特是美国一家电子公司很出名的工程师。这家电子公司规模并不大，实力也不是很雄厚，时刻面临着规模较大的比利孚电子公司的压力，公司的处境很艰难。

　　有一天，比利孚电子公司的技术部经理邀请克里丹共进晚餐。吃饭的时候，这个经理说出了自己的真实目的："只要你把公司里最新产品的数据资料给我一份，我会给你很好的回报，怎么样？"

　　克里丹一向是个温雅的绅士，但这次却显得出奇地愤怒："不要再说了！我们公司目前的处境虽然不是很好，但我绝不会出卖自己的良心做这种见不得人的事，我是绝不会出卖自己的公司的！"

　　经理眼见克里丹的表情十分严肃，心知他是认真的。于是，他没有再提数据资料的事，反而拍了拍克里丹的肩膀，"好好好，别生气，这事当我没说过。来，干杯！"

　　没过多久，克里丹所在的公司真的破产了，克里丹也因此失业了。就在克里丹最沮丧的时候,他竟意外地接到比利孚公司总裁的电话,说是让他去一趟比利孚电子公司总部,有要事要与他面谈。

克里丹如约来到比利孚公司,接待他的竟然是比利孚公司的总裁本人。更让他感到意外的是,总裁拿出一张非常正规的聘任书——他们要聘请克里丹做"技术部经理"!

克里丹惊呆了,他喃喃地问:"您没有开玩笑吧,这么重要的工作交给我,您放心吗?"总裁哈哈一笑,说:"原来的技术部经理退休了,他向我说起了那件事,并特别推荐你。小伙子,你的技术非常过硬,你对于企业的忠诚更是让我佩服,你是值得我信任的那种人!"

作为一个企业的员工,很多时候并不理解领导的做法,那是因为他没有设身处地地站在领导的角度去想问题。企业的发展固然重要,而发展的前提是企业的稳定。那些能力出众、勇于开拓的员工可以为企业创造经济效益,推动企业的发展,但是有些人往往会恃才傲物,这山望着那山高,这样就给企业的稳定造成了隐患。

如果长此下去,这个人就会变得非常浮躁,进而产生不稳定情绪,想离开,想跳槽。年轻人很容易做出不冷静的决定,忠诚对于他们来说,只是一个附加词汇而已。这样的人,是很难在公司企业中立足的,忠诚就是一种习惯,一种良好的习惯,它能为我们带来很多潜在的利益。

那些对企业忠于职守的员工,哪怕他的能力在某些方面稍微欠缺一些,但是他们的忠诚可以给企业带来稳定。毫无疑问,任何一个企业更倾向于选择忠诚的员工。忠诚是一种态度,是一种风范,当我们选择忠诚的时候,实际上选择的就是一种工作态度。

直面应对，让错误无所遁形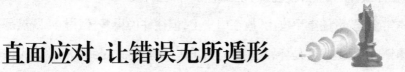

著名文学家鲁迅在《记念刘和珍君》一文中曾写道："真的猛士，敢于直面惨淡的人生，敢于正视淋漓的鲜血。"如果我们总是选择逃避，等待我们的，将会是现实最无情的打击；如果我们主动积极地面对问题，敢于正视自己，敢于正视世界，我们就是真正的勇者。

敢于站出来面对问题的人，就会产生强大的风范气场，而正是这样的气场将会让身边的人感到一种莫可逼视的凛然力量。就像金庸在《神雕侠侣》中描写的一样，全真教遭到围攻，激战正酣之时，断臂杨过冲了出来，保住了小龙女，两人旁若无人的谈情说爱，周围众人感觉到了一种大义凛然的气势，不敢前进半步。就在此时，众人才体会到什么叫做旁若无人。

无论是在生活还是工作中，当责任出现，当问题出现的时候，我们就要勇敢站出来，不是让我们害怕责任，而是让责任，让错误害怕我们。我们应该像弹簧，责任大的时候，我们有力量；责任小的时候，我们有韧性。错误越大，我们就越应该主动承担，展现出自己超然的风范。

康熙十二年春，康熙皇帝作出撤藩的决定，想要解决三藩（平西王吴三桂、平南王尚可喜、靖南王耿精忠）对自己的威胁。但是吴三桂却不买账，采取了极端的措施，准备和康熙大唱对手戏。一时间，吴三桂军队势如破竹，大清国半壁江山沦陷于吴三桂手中。康熙看到这样的局面，一时间想到了逃避，不想再做皇帝了。

孝庄太后对康熙说："想解决问题，最好的办法不是逃避，而是勇敢承担起自己的责任，这样，你才能打败自己的心魔，改变现在不利的局面！"

康熙顿时恍然大悟，大胆起用汉人，让他们作为征西的先锋。最后，历时 8 年的三藩之乱被平定，康熙巩固了自己的帝位。

我们每个人不管是在工作还是在生活中，都应该有担当，有勇气承担起自己的责任。在什么样的位置，就应该承担起什么样的责任。

我们常常会把"责任重于泰山"放在口头上，但往往说得多，做得少。既然是自己做的事情，不管是好还是坏，我们都应该勇于承担，这才是我们每个人应该做的。敢做敢当，并不仅仅停留在口头上，更应该是我们每一天应该身体力行去做的。而正是这种超强的责任感会让我们形成一种吸引力磁场，而这样的吸引力就会不断影响到我们，让我们明白，做了就要勇于担当。

儒家学派的创始人孔子说："知错能改，善莫大焉。"如果我们出了过错，总是搪塞、掩饰，这样只会让小错变成大错。犯了错误就要勇于承担，这样，别人不仅不会嘲笑你，反而会被你的精神所折服。很多成功人士皆是如此，当问题出现的时候，他们永远是第一个站出来的人。我们可以看到他们伟岸的脊梁和坚毅的目光，而正是这样的处世态度，才能让他们走在了众人的前列。

三国时期，马谡失了街亭导致蜀国兵力大减。无奈之下，诸葛亮只得转攻为守，把大批人马调回汉中，然后再作长远的打算。

当时，蜀军的粮草都屯在一个名叫西城的小县里。大军撤退时，诸葛亮不愿放弃这些粮草，于是亲自带了三千人马去西城，打算把粮草一并运回汉中。但是，天有不测风云，就在这时，司马懿亲率十五万大军兵临城下。三千对十五万，这仗怎么打？城内的兵将听闻这个消息后，都不寒而栗。

诸葛亮斟酌再三，果断下达命令："把城里的军旗放倒，所有士兵坚守城池。如果有人敢擅自出城，擅自喧哗，定斩不赦！"不仅如此，诸葛亮还吩咐兵士打开四面的城门，每一扇城门外都派二十名乔装成百姓的士兵，装作若无其事地扫街。

安排就绪，诸葛亮头戴方巾，身披鹤氅，带着两名琴童，背着琴登上了城头，摆出一副镇定自若的样子。一边抚琴，一边饮酒。

司马懿的先锋部队来到了城外，看到诸葛亮在城上从容地抚琴，城门外的百姓也非常镇定。先锋部队心里就开始打鼓，这是什么情况？因为害怕中了诸葛亮的埋伏，先锋部队便停在了城下，等待司马懿到达之后再做决断。

司马懿也并非等闲之辈，他同样是一位精通音律的大将。当他听到诸葛亮琴声中没有一丝慌乱，有的只是淡定和从容的时候，不由得心中大为惊讶。司马懿认为诸葛亮的援兵已经到了，就马上调转马头，退回了魏国。

诸葛亮看见司马懿大军退去，大笑一声，对手下解释道："司马懿平素非常谨慎，他知我也是如此。如今我安坐城上，从容抚琴。曲调悠扬，没有错误。他不知我们虚实，就只好退兵了。"

诸葛亮的空城计被国人传颂，一直流传到现在。如果我们换一种角度去思考，就会发现，诸葛亮本可以弃城离开的，但是他没有，他选择了留下来坚守，守住自己的强大责任。勇敢站出来，我们的人生才会变得豁达、变得精彩。如果我们总是不敢承认，不仅成功不会眷顾到我们，而我们的人生也将会因此变得苦涩。

一位伟人曾说："人生所有的履历，都必须排在勇于负责的精神之后。责任是使命，责任是动力，一个具有强烈事业心、责任感，对工作高度负责的人，才可能有强烈的使命感和强大的内在动力，才能做好本职工作，才能勇于担当；而一个没有事业心和责任感的人，是不可能勇于担当的。"

人生贵在担当，我们既然做了，就要对自己做过的事情负责，这样，我们豪迈的人生风范才会展现出来。虎门销烟的林则徐曾说："苟利国家生死以，岂因祸福避趋之。"不管事情如何，既然是你的责任，你就应该勇于承担起自己的责任。伟人之所以是伟人就是源于他们不断奋斗前行的精神和勇于担当的勇气。人生就是一个自我实现的过程，而我们要做的就是承担起自己所需要承担的责任，尽到自己应该尽的义务，这样，我们才能说，我们的人生没有荒芜。

冒险,增加担当的广度

不入虎穴,焉得虎子。这句古话,正是敢冒风险、勇于实践的最佳写照。市场就像险象丛生、波涛汹涌的大海,想在其中占有一席之地,并做出一定的成绩,必须具有敢于挑战自我的勇气。想创造财富,却不敢冒风险,那无异于天方夜谭。

人生中又何尝不是如此,处处波云诡谲,冒险可以扩大担当的广度。一个人担当之后要如何做,是要随波逐流,还是要小心翼翼,其实,这些都是普通人做的。我们可以纵览现在的商界,敢于冒险的人却少之又少。他们即使看到时机到来,也不敢马上抓住,总是怕担当风险。然而现代社会不需要这种怯懦的性格,没有冒险精神,那么世界商业如今就会如死水一般,让人看不到生机。

看看那些商场强者,他们哪一个不是让人敬仰的冒险家?倘若比尔·盖茨当年没有冒险退学,那么就没有现在的微软;倘若乔布斯当年没有冒险投资"苹果",那么现在人们一定不知道"苹果"为何物……的确,这些强者在奋斗之路上也会害怕过,但是他们会克服自身的恐惧,向不确定的世界迈进,而不像那些缺乏勇气的人,只能平庸地像蜗牛一般存活。稳健而保守,只能让你碌碌无为,让你守着蝇头小利度过一生。

史丹能够成为美国混合保险公司的创始人,绝不是靠运气成功的。从小到大,他都时刻记着母亲的一个行为习惯——立即就做!

妈妈的这个习惯,在史丹的身上得到了很好的遗传。有一年,在他还未发迹之时,史丹突然听说了这样一个消息:曾经生意兴隆的宾西法尼亚伤亡保险公司因为经济大萧条发生了危机,现在已经停业。这家公司,属于巴尔的摩商业信用公司所有,他们决定以160万美元将这家保险公司出售,以缓解经济压力。

　　这个消息，让史丹兴奋异常，因为他已经有了一个不花一分钱，就可以获得这家公司的妙招。虽然，他不能保证百分之百的成功，但是，他还是固执地认为有可行性。因此，只要放弃的念头一出现，他就马上对自己说："立即就做!"

　　几日之后，史丹开始行动了。他带着自己的律师，与巴尔的摩商业信用公司进行谈判。史丹没有过多犹豫，开门见山道："我想购买你们的保险公司。"

　　对方谈判人点头回答道："当然没有问题，只要你能拿出160万美元，它就属于你的了。请问，你有这么多的钱吗?"

　　史丹微笑着说："这笔钱暂时我没有。不过，我可以向你们借。"

　　对方瞪大了眼睛，惊讶道："你说什么?"

　　史丹没有着急，依旧心平气和地说："你们商业信用公司不是向外放款吗?我有把握将保险公司经营好，但我得向你们借钱来经营。"

　　在当时所有人看来，史丹的这个想法，无疑是非常荒谬的。商业信用公司出售自己的公司，不但拿不到钱，还得借钱给购买者经营。而购买者借钱的唯一理由，就是自己拥有一帮出色的保险推销员，一定能经营好这家保险公司。不过，对方并没有因此就武断否决，他们经过了一番调查后，渐渐对史丹产生了兴趣。

　　就这样，奇迹开始上演了：史丹果然没有花一分钱，就拥有了属于自己的保险公司!之后，他将公司经营得十分出色，成了美国很有名的保险公司之一。而他本人，也成为了显赫一时的大富豪。

　　史丹那种看似"疯狂"的思维，其实我们何尝没有想过?但是，我们空有冒险的决心，却没有冒险的行为。因此，当我们看到别人的成功时，只会无比后悔地说："其实我也想到了，只可惜我们没像他那样去做。"

　　史丹的冒险精神成就了他，正是因为有了他这种冒险精神，才使得幸运女神眷顾了他。如果你一次不敢冒险，两次不敢冒险，次次不敢冒险，那么，机会就会与你擦肩而过。机会不是等出来，美好未来也不会自动走到你的身边。

　　不敢冒险，就意味着一辈子的平庸。所以，哈默选择了冒险，哪怕最后真的失败了，输掉了现有的一切，他也会觉得此生无憾。

也许你会说：史丹这样的冒险家是天生的，很少有人有这样的魄力、这样的风范，但事实上，冒险精神并非是与生俱来的，它多半是经冒险、失败、再冒险、再失败，一步步锻炼出来的。"保证什么都不会出差错"的人，一般不能成什么大气候。那些一流的强者，只要认定值得，就会去冒险。这是一种强大的风范，舍我其谁，机遇与危险并存。只有拥有强大的风范气场，那些财富才会如风而至。

基麦克默朗银行是一家老牌银行。然而到了20世纪60年代，因为管理不善，它的生机十分渺茫，已到了倒闭边缘。为了让基麦克默朗银行重新振作，负责人来到李文正的住所，以朋友的身份请求李文正设法筹集和投资20万美元，并提供一笔额外的营业资金。

负责人的请求，让李文正也有了些动心。但是，他当时手头上仅有2000美元的积蓄，要他筹集20万美元谈何容易！因此，选择放弃是他必需的选择。

谁知，就当其他人以为李文正会推辞的时候，他却选了同意。因为经过一番思考后，李文正认为这是创业的重大机遇，于是当机立断，决定接受这一重大挑战。

可是，对于一个从未受过任何银行业务训练的人，想要经营好银行，这又谈何容易？不过，李文正却没有拘泥于此，而是想到了一点：基麦克默朗银行要想恢复生机，发展业务，必须打进其他银行家根本不会想到的市场中去。

李文正脑海中的市场，就是自行车行业。雅加达的自行车业，业主大多是福建籍人。于是，他通过自己的关系，在雅加达大拉福建籍华人中最有钱的人入股，并多方联络，广泛招股，很快就筹集了20万美元的资金。

资金准备妥善后，李文正成了这家银行的董事，并且拥有优先认购这家银行20%股份的权利。从此，他正式踏入银行界。一开始，他遇到了颇多的困难，但他虚心学习，逐渐熟悉了全部业务。由于他善于经营，在3年之内就使基麦克默朗银行获得了巨额的利润。

初战告捷，让李文正的信心十足、雄心勃勃，决心再扩大事业。1963年，他接受了即将倒闭的另一家银行——布安那银行。经过整顿之后，没几年工夫，布安那银行不仅被抢救了过来，而且获得了很大的业绩。

两家银行的起死回生，为李文正插上了腾飞的翅膀，事业突飞猛进，迅速扩展。1971 年，他担任了泛印银行的执行总裁。1975 年，他又经营了中亚银行。中亚银行与泛印银行相比，原不过是一家小银行，资产比后者低 33 倍，存款额比后者少 100 倍。但经过 10 年的苦心经营，中亚银行便成了东南亚最大的银行之一，而在印尼私人银行中则名列第一。

别人不敢做的，李文正敢做，这就是他取得创业成功的秘诀。李文正对自己的创业路，有一个中肯的评价，他说："你应该登上一匹好马，去捕捉另一匹更好的马。"夫之勇非真正的勇气，勇气其实就是智慧和眼光的结合体。在创业之前，先估量自己的分量，看准市场。有十足的把握后再下手，而李文正的成功，则恰恰印证了这一点。

风范之于冒险，就像是同气相求的两种精神，冒险精神的出现必然会带来风范，而风范的出现，就必然会让冒险精神更加纯粹。我们所提倡的冒险精神并不是急功近利，拔苗助长，冒失突进，而是冒险虽好，我们也要保持清晰的头脑。当我们头脑清醒之后再去冒险，风范才会与此同时，扬起风帆，带领我们驶向成功的彼岸。

在诱惑面前，定力是一种风范

人生中，会遇到无数的人，会走过无数的路，也会遇到形形色色的诱惑。很多人在诱惑面前把持不住，坠入了深渊，最终难以翻身。人世间，诱惑千千万万，但是我们真正需要的是诱惑还是未来的目标?我们不应因为走得太远，而忘记了当初为何而出发。

在诱惑面前，定力是一种风范，它能让我们找到自己真正需要的东西，能够让我们拨开浓雾见青天，更能让我们看到未来的成功。

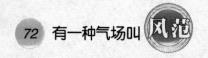
我的眼睛在你的眼中

地球是一个磁场,有南北两极,在宇宙中受影响而自转与公转,同时,磁场内部也存在相互之间的影响。我们人类也有磁场,而且每个人都有一个属于自己的磁场。人类的磁场除了具有生物学意义之外,更为引人注目的积极意义在于,这个磁场可以影响到我们所需要的目标和所有内心的想法,与此同时,它还会带领我们不断地向着自己需求的方向迈进。

当然,人类的磁场有强有弱,这就是说,我们之间的心理不同,这就导致我们的抗压能力、遇挫能力……各不相同。人的定力也各不相同,比如说,我们彼此之间对视的时候,就会发现,你的眼睛在我的眼中,而我的眼睛在你的眼中,当有一个人定力不够的时候,他就会闭起眼睛,再也看不到自己的眼睛了。

一个人的目光在哪儿,他的方向就在哪儿,当我们的目光纷繁杂乱,不知尽头在何方的时候,我们就会发现,我们的目标多而杂,很容易被外物所影响,这就说明我们定力很差。很多时候,我们认为别人是什么,自己就是什么,因为这些是我们感官反应到内心所产生的想法。当我们定力足够强大的时候,风范的气场就会形成,就会自然而然地影响到身边的人。

宋朝时期,唐宋八大家之一的苏轼非常喜欢和佛印禅师谈佛论道。有一天,苏轼在谈佛论道中问佛印:"你看我是什么?"

佛印淡然回答道:"在我的眼中,你是一尊佛。"苏轼听到之后,有些飘飘然了,既然是佛了,还有什么可不高兴的。

这时,佛印笑着问苏轼:"那你看我是什么?"

苏轼想为难一下佛印,就说:"我看你就是一坨屎。"佛印听完之后只是笑笑,未置一词。

苏轼非常得意地回到了家中,和苏小妹说了此事,脸上写满了得意。

苏小妹却不以为然地说:"哥哥,你错了,佛印心中有佛,看你才会是佛,而你的境界则太低了,正因为你心中有污秽,才会看人也是污秽。"

说到定力,我们不得不说到境界,佛印和苏轼的境界不同,进而产生的结果也不同。定力就是指人的本心,当我们内心澄澈,洞若空明,我们才能展现出那种大智慧的风范。定力就是指当我们面对诱惑时的表现,是否会丧失理智,是否还能保持一分清明。

诱惑只是我们看到的眼前利益,如果我们能够把目光放得更长远一些,我们就会发现,其实,这些都是陷阱。越是美好的东西,往往危险越大。就好比毒虫、毒物一般,越是外面光鲜亮丽的,它的毒性越强。这就要求我们时刻保持清醒,要知道自己需要的是什么,要做的是什么,唯有如此,我们才能坚守本我,活出最好的自己。

在一座寺庙的后院,稀稀落落地长了一些枯黄的杂草,寺庙的小徒弟看到了,就去买了一包草籽,打算回来播种。但是在播种过程中,草籽被风吹得到处都是。小徒弟眼看自己新买的草籽都被风吹散了,心里非常懊悔,就跑进屋里跟师父诉苦:"师父,我想在后院里种一些草籽,没想到,还没来得及种呢,草籽都被风吹跑了。"

师父淡然一笑:"没关系,草籽能被风吹走,说明草籽多半是空的,就算播种了,也不一定能长出来,你还有什么好担心的呢?随性吧!"

小徒弟回到寺庙的后院,随手捡起来一些草籽,又把它们播种到地里。就在这时,一群小鸟突然飞了过来,专挑饱满的草籽吃。小徒弟看到之后,非常气愤,就又马上跑到了师父跟前说:"师父,不好了,我刚播种下去的草籽都被小鸟吃光了,这下完了,明年这片土地肯定还是今年的这个样子。"

师父呷了一口茶,淡然说道:"没有关系,草籽有很多,小鸟就算再怎么吃都是吃不完的。你把心放到肚子里,过不了多久,小草就会长出来的,随缘吧!"

小徒弟对师父的回答很不满意,但是他也没有更好的办法,只好去睡觉了。

他辗转难眠,一直在想那些草籽。忽然,听到外面雷声大作,不一会儿,倾盆大雨从空中倾泻下来。小徒弟的心里更担心了。等到东方刚刚泛白,小徒弟冲出了睡觉的屋子,到后院一看,发现地上的草籽都被大雨冲得干干净净。无奈之下,小徒弟又垂头丧气地来找师父了。

小徒弟惶急地说:"师父师父,不好了,昨晚下的那场大雨,把草籽都给冲走了!"

师父依然非常淡定:"不用担心,不管草籽被冲到哪里,它的生命都在那里继续,随遇吧!"

没过多长时间,很多青翠的小草长了出来,小徒弟原来没有撒到的地方也长出了很多小草。

小徒弟非常开心,就找到了师父:"师父,我种的小草都长了出来!"

师父点了点头:"恩,不错,随喜吧!"

故事中"师父"是一个得道高僧,可谓参透世间万象了。人生需要的就是这种风范,坚守住本心,让一切都随风逝去,这样,我们才不会让自己被名利所左右。滚滚红尘中的我们就更应该如此了,当名利出现之后,我们要学会看淡一些,看淡一些,我们独特的风范魅力才能展现出来。

我们的眼睛是用来看未来的,眼前的诱惑只是浮光掠影,我们越在乎,目光就只会停留在表面,就很难看到长远的利益。丢了西瓜捡芝麻,这是我们缺少定力的表现。学会冷静看待问题,透过现象看本质,不要迷失自己,这样,我们才能展现出超凡的风范。

我们的眼睛是用来看未来的,眼前的诱惑只是浮光掠影,我们越在乎,目光就只会停留在表面,就很难看到长远的利益。捡了芝麻丢了西瓜,这是我们缺少定力的表现。学会冷静看待问题,透过现象看本质,不要迷失自己,这样,我们才能展现出超凡的风范。

冷静做事，勿让诱惑攀升

很多时候，我们因为自己太过于偏执，才会一条道走到黑，就算诱惑减小，我们也不死心，进而选择再坚持。诱惑的出现会让我们的野心膨胀，当我们的野心膨胀到无法抑制的时候，我们就会走上一条无法回头的路。更多的时候，诱惑更像是催化剂，当我们尝到一点甜头，想要摆脱的时候，就会发现，诱惑已经深入到我们骨子里了，就算它消失，我们也很难选择放弃。

当诱惑出现的时候，我们要记住，野心要适可而止，不要无限制地膨胀。如果膨胀到无限的时候，我们就会发现，我们的野心已经脱离了自己的掌控区域，到那时，我们就只能沦为野心的奴隶。越是这样，就越需要我们及时泼冷水，让自己冷静下来，只有这样，我们才能在正确的、理性的道路上越走越远。

有一家公司，在城市偏僻的地方买了一块地皮，由于价格低廉，公司老板非常满意。

老板买完地皮之后就开始投资建造一座豆奶加工厂，他认为这是一个低投入高回报的行业，自己一定能成功。但是事与愿违，公司从兴建伊始就开始亏损，远没有当初计划得那么好。但是公司老板不愿意放弃，继续投入了几十万资金，他相信，过不了多久，公司就会峰回路转，实现预计的赢利目标，可没想到几十万又打了水漂。

老板认为是公司设备不够先进，影响了生产效率和质量，又投入了80万元引进了德国的高端生产设备，但是理想和现实有巨大的差距，公司仍然在亏损。

其实豆奶市场在当地已经很饱和了，而他的公司又是一家新兴公司，根本没有品牌竞争力。但是公司已经投入了100多万元，管理者想要放弃，却又不甘心自己的努力付诸东流,于是又投入了 300 万元,希望可以置之死地而后生,但是投资依然是泥牛入海,一点成效都没有……

最后,老板为了豆奶公司倾家荡产,没有赚到一分钱,令人扼腕叹息。

诱惑攀升的时候,我们要的是冷静下来,要及时给自己降温,这样,我们才能保持冷静,才能定力非凡地去处理棘手的事情。

适当地放弃,体现的正是一种风范。不能果断放弃,只会让野心继续扩大,一直恶性循环下去。多数时候,我们是明知不可为,却偏要为之,结果只能是走向失败,我们每个人都会有这种逆反心理,总是认为越是相反,就越是要做,这是不足取的。

诱惑是双向的,很多时候,诱惑会打破我们的定力防线,让我们跟着诱惑走,就算是失败了,诱惑也会毫不留情地牵引着我们。美国著名心理学家威廉·詹姆斯曾说过:"承认既定事实,接受已经发生的事实,放弃应该放弃的,这是在困境中自救的先决条件。"认真分析诱惑,不管它是攀升还是下降,我们都应该适时地找回自己的定力,只有如此,我们才能抵挡住诱惑,在自己最清醒的时候做出关键决定。

在一条河的岸边,有几个人在钓鱼,还有几名游客在欣赏风景。这时,有一名垂钓者钓上来一条大鱼,足有一尺半的样子。但是垂钓者却不为所动,他把鱼嘴上的吊钩取了下来,接着做出了一个惊人的举动,他把大鱼扔进了海里。

围观者非常惊讶,他们认为这个垂钓者太贪心了,竟然连这么大的鱼都不要!过了一会儿,垂钓者钓上来一条一尺的鱼,钓鱼者又把鱼扔了下去。如此再三,垂钓者钓上来一只几寸长的小鱼。旁观者都觉得垂钓者会继续把鱼扔到河里,但这次出乎意料的是,垂钓者把鱼留了下来,放到了鱼篓中。

旁观者表示很不能理解,就问垂钓者为什么。垂钓者解释说:"我家里的盘子最大的也没有一尺长,太大的鱼钓上来,就算带回去,盘子也装不下。"

野心不管大小,能够根据自身情况进行判断,并且能够最终实现,这就代表野心起到了积极的作用。野心的大小，取决于它掌握在谁的手中。俄国著名作家列夫·托尔斯泰说过："正是自尊和野心时常激励着我去行动，让我回味无穷的经历是在杂志上阅读关于《马克尔的笔记》的评论。"托尔斯泰发现这些评论既能供人消遣又具实用价值，让他能从中发现野心的价值。

成功之所以伟大，是因为它切合实际，有一个限度，在这个限度之内，我们能尽最大能力取得成功。我们的野心也是如此，不管诱惑的强弱，我们的野心也需要一个限度，多一分不可，少一分不行。只有让野心在最正确的轨道上发挥作用，才能体现出它的价值。诱惑只是表面现象，我们要做的就是保持住自己的定力，然后在冷静情况下，对事情做出最合理的判断。

风范来源于气度，但是当我们失去定力，变得盲目时，就会发现，风范根本就不复存在了。我们需要做的就是时刻保持冷静，不管是面对问题，还是各种诱惑，冷静是必不可少的，种种事实表明，诱惑是我们走向成功的前提。风范的气场不是因为诱惑而彰显，而是因为定力而舒展。

物质的牵引是无底的黑洞

生活中，我们能够感受到的最直观诱惑就是物质，就是金钱，尘世中的我们总是习惯追求物质享受。我们常说："钱不是万能的，但是没有钱却是万万不能的。"但是物质只是我们所追求表象的东西，是能够在瞬间摧垮我们定力的。

很多人喜欢追名逐利，总是把金钱和权势看得很重，这样的人生活得很累，而且也获得不了多大的成就，这样的做法就会导致他们每天都在做无用功。钱财是身外之物，就算我们赚再多，也不会有满足的那一天。我们要做的就是把金钱看淡一些，这样，我们才会变得轻松。

过度在意金钱，就会让我们变得斤斤计较，变得非常吝啬、非常小气。当我们被金钱所操纵的时候，我们就会发现，风范的光芒就会被金钱盖住，而我们的人生也将会因此失掉色彩。

在每一家公司，都有这样一群人，他们不被人重视，每天生存在最底层，被人看不起，但是他们依然在默默忍受着，努力做好手上的本职工作，这些人就是公司的清洁工。

有一家公司，一天晚上被窃贼光顾了，保险箱被撬，但是就在此时，一名清洁工挺身而出，与小偷进行了殊死搏斗，最后，保全了公司利益。

事后，有记者采访这名清洁工，问到他为什么会挺身而出，与小偷英勇搏斗，清洁工回答说："我每天工作的时候，公司的总经理从我身边经过的时候，总会赞美我一句，'你扫的地真干净！'"这位清洁工被经理每天的这句话所感动，在公司有危难的时候，清洁工不假思索地挺身而出，保全了公司的利益。

女为悦己者容，士为知己者死。人都是有感情的动物，经理的一句话，不仅感动了清洁工，还让他在危难关头挺身而出，保全了公司的利益。金钱不是万能的，当我们面对物质诱惑时，要学会把握好自己，强大自己的定力，只有如此，我们才能冷静思考金钱和其他东西相比，孰轻孰重。

其实，除了金钱，我们的人生还有很多贵重的东西，比如亲情、友情、爱情等。我们不能被金钱所左右，我们要做的就是让金钱被自己所掌控，这样才能激起我们奋斗的决心，这时，我们的吸引力才会变得强大，生活才会变得美好。

金钱是身外之物，生不带来，死不带去，把金钱看淡的人，往往能获得更多的金钱；把金钱看得太重的人，反而会让金钱流失掉。其实，有些人在意的也不是真正的金钱，而是在意别人的看法，我们每个人都想赚到更多的金钱，这样，别人才会羡慕你，才会崇拜你。越是看重金钱，我们的风范就显得越单薄，等到被金钱腐蚀之后，我们的风范就会毫无征兆地消失了。

比尔·盖茨是微软总裁，他把自己所有的资产都捐给了社会。作为世界首富，比尔·盖茨认为："如果你认为拥有享用不尽的金钱，便可享受到常人无人能及的幸福，你就错了。其实，每当一个人拥有的金钱超过一定数量时，它就只是一种数字化的财产标志而已，简直毫无意义。"

过多地追求金钱反而会适得其反，因此，不如换个角度去看待金钱，让金钱成为我们前进的动力，这样，我们的人生才会变得精彩。过多的物质诱惑只会让我们深陷泥沼，难以抽身而退。金钱物质诱惑只能给我们带来暂时的安逸，但是我们情感的空白又需要什么来填补呢？把金钱看淡一些，让自己快乐一些，风范才会如影随形，才会和我们一起开创一个又一个新的奇迹。

IBM公司的前总裁汤玛士·化生，一直想要在美国商界呼风唤雨，想让公司百尺竿头，更进一步。每天，汤玛士·化生都在不知疲倦地工作。

一段时间之后，汤玛士·化生因为过度劳累，患上了心脏病。医生建议他要少工作，多花时间去休息，但是汤玛士·化生不听，依然废寝忘食地工作。他认为，现在是公司的关键时期，如果不努力工作，公司就会止步不前，而效益也就会成为一纸空谈。

正当汤玛士·化生废寝忘食投入工作的时候，他的心脏病复发了。医生检查之后发现，他的病情急剧恶化，如果再不住院治疗的话，就会有生命危险。医生强烈要求汤玛士·化生住院，但是汤玛士·化生却说不行，他解释说："我的公司现在正需要我，我每天都要忙工作，哪有时间住院啊！每天有那么多的员工等着我养活，我怎么可能安心住院治疗呢？"

医生看着汤玛士·化生，没有说话，而是叫他一起出去走走。当他们走到荒郊的一处墓地的时候，医生指了指身旁的坟墓说："躺在这里的就是一位亿万富翁。我曾劝说他无数次要住院，但是他总说自己要赚钱，他要等到赚够钱之后再来住院。但是等到他来住院的时候，我用了最先进的治疗设备，用了最好的药，但是于事无补，他还是去世了。"

汤玛士·化生沉默良久，他站在那里思索了很长时间，最后决定住院。在医生们的努力下,汤玛士·化生最终康复出院了。

出院之后的汤玛士·化生就辞职了,在乡下买下了一栋别墅,过起了闲云野鹤般的生活。这样闲适的生活让汤玛士·化生非常满意。他还热衷于慈善事业,希望能为更多的人解决生活问题。

有一句话说得很好:"当我们把金钱当成奴隶时,它是个好奴隶;而当我们把金钱当成主人时,它就是一个坏主人。"事实的确如此,除了金钱之外,还有很多有价值的东西值得我们去追求、去把握。

不要把金钱看得太重,如果看得太重的话,我们就会被金钱所累,而我们的吸引力就会变得非常薄弱;如果我们把金钱看淡一些,我们就会觉得自己身轻如燕,没有任何事情能够左右到你,而我们强大的风范气场也就会歇斯底里地展现了出来。

我们需要的不是金钱,而是快乐,是每天的幸福生活。只要我们生活有情趣,能够从心灵上发现温暖,感受到生活的灵动,即使没有太多的金钱,我们也会很快乐。尽情去享受生活吧!这样,我们才能更好地领悟到生活的真谛!

诱惑背后是对人性的反思

有一个观点,被现在社会的很多人认同,那就是:现在社会是一个浮躁的社会。正因为浮躁,很多人才会变得冲动,面对事情的时候,就会不假思索上手就去做,如果这样的话,只会把好事变成坏事,等到最后,我们就只能作茧自缚,就很难再取得一番成就了。

反思能让我们在面对诱惑时更加清醒,过多的诱惑只是阻挡我们前进的绊脚石。我们既想要得到,又没有足够大的能力,这就会导致我们在诱惑面前倒下。强大的风范气场需要反思的积淀,需要定力的沉淀,而不是需要诱惑,催促我们盲目地去做什么。越盲目，越着急，往往越会走向极端。

一只狐狸在信步走着，正在这时，它看到了一个绿色的葡萄架，葡萄架上面结满了各色各样的葡萄，狐狸看了口水直流，真想摘下一串来尝尝。

狐狸看着高高的葡萄架，纵身一跃，但是差了半尺，狐狸并没有放弃，仅仅是半尺而已。于是，狐狸又铆足劲，纵身跃去，没想到，越跳越退步，这样一来就差了一尺，狐狸又接连跳了几次，距离越差越远，每次狐狸都是无功而返，最后，狐狸跳不动了，就停下来喘着粗气。

这时，一阵风吹了过来，狐狸多希望这阵风能吹落下一串葡萄，没想到事与愿违，这阵风带来的仅仅是几片枯黄叶子的飘落，狐狸再次感到了失望。

狐狸眼见葡萄无望，索性在心里安慰自己："葡萄架上的葡萄肯定是生的，不仅如此，而且还很酸很涩，这种葡萄，白给我吃，我都不吃。"最后，狐狸一脸得意地离开了。

不懂得反思，就像狐狸一样，只有些阿Q精神，没吃到葡萄就说葡萄酸，贬低自己求而不得的目标来自慰，这样的想法是非常错误的。更多时候，我们需要做的，就是认识自己，不管是面对失败，还是面对诱惑，找到自己，才能相信自己，才能把握自己。

诱惑在很多时候都是一种考验，我们都曾看过吴承恩写的《西游记》，其中，有这样一段描写：猪八戒好吃懒做，取经念头逐渐减弱，为此，众菩萨下界，布了一个局，纷纷变作美女，来诱惑猪八戒，没想到，猪八戒经不住诱惑，最终受到了应有的惩罚。诚然，我们现实中的人，肯定是不愿做猪八戒的，那么，我们就要拿出自己的风范来，经得起诱惑，我们才能成就事业。

人性的反思，是对过去的追溯，是对未来的期许，是对现实的珍视。风范需要反思，因为只有不断反思，我们才能越发成熟，越发明白一些事，正因为此，我们才会展现出成熟稳重的风范，视金钱如粪土，正因为这样，我们才能重新找到洁净的自己。读过《红楼梦》的人，应该都曾见过林黛玉《葬花词》中的这两句："质本洁来还洁去，强于污淖陷渠沟。"对，我们本来就是高洁的，何必要给自己强加意志而与金钱为伍呢?

美国著名演员史泰龙在最开始的时候,屡屡碰壁,演艺生涯可谓处处受挫,但是他从没有放弃,他知道,自己再努力一次,下一秒钟也许就会成功。

最开始的时候,史泰龙为了在影视剧中出演角色,不辞辛苦地去拜访明星导演,但是理想很美感,现实却很骨感,一次次的努力换来的只是残酷的失败现实。

现实的无情并没有打垮史泰龙,史泰龙反思自己,决定先写剧本,两年多的求职失败经验就是最好的储备,他相信,自己一定能取得成功。

过了一年,史泰龙的剧本写出来了,他拿着手中的剧本到处寻找赏识的伯乐,没想到,遇到的一样是冷嘲热讽,接连碰壁成了史泰龙的家常便饭,史泰龙继续在演艺路上行走着,他相信,精诚所至,金石为开。

在史泰龙遭受到1300多次拒绝之后,一位拒绝过他20多次的导演被他的坚持折服了,决定采用他的剧本,给他一个机会,先拍一集他的剧本看看。从此之后,史泰龙开启了自己演艺生涯的新篇章。

为了梦想,不顾一切去努力的人是让人敬佩的。反思可以让我们不断发现前行的动力,我们很容易迷茫,但是越是如此,就越需要我们的定力。史泰龙的成功并不是偶然的,他确定好了自己的人生方向,他知道自己如果想要达成目标,就要有锲而不舍的精神,他知道,梦想其实并不遥远,只要我们愿意努力,愿意去奋斗,梦想总有一天就会变成现实。

这就是反思的力量,这就是反思的风范。面对诱惑,我们要做的就是按照自己的本心去选择,如果我们和别人一样,也是人云亦云的话,我们就会成为别人的复制品,就再也没有存在的意义了。正因为我们懂得思考,懂得应变,我们才有可能取得成功。

人生无常,就是因为我们一生中所要面对的选择太多,人生的变数太多。我们常常会听到这样一句话:"一个人是否能成功, 取决的往往不是他的能力,而是他每一次的选择。"正如这句话所说,人生中的每一次选择,都是一次崭新的开始，不管我们是选择诱惑，还是选择拒绝，这都是我们的选择，只要我们是在认真思考之后做出的选择，我们就不会后悔，而我们的风范也将会在这一刻，从幕后走到台前。

在抉择面前，果断是一种风范

当断不断，必受其乱。当我们面对选择的时候，就应该勇敢站出来。当我们犹豫不决时，就算有再多的机会也会从我们手中溜走，越是如此，我们就越应该快刀斩乱麻，这样，我们才能把机会留住。

在抉择面前，果断是一种风范。果断抉择，不要浪费一分一秒的时间，我们的风范才能展现出来。果断是一种风范，可以让我们在关键时刻凸显出自己的价值，而这样的风范会为我们在成功道路上留下绚烂的一笔。

敢破敢立，做命运的强者

人生就是要征服一座又一座山峰，如果我们望着远处高大的山峰而产生畏惧的话，那么我们就再也不能取得成功了。我们要有敢破敢立的精神，就像所有人的目标一样，最大的成功永远是下一个。

人生没有极限，只要我们敢于挑战，一切事情都在意料之中。更多的时候，我们需要的是果断抉择，当断不断，必受其乱。人生需要突破，需要找到自己的位置，而不是让习惯束缚住我们强大的思维。只有不被束缚，随心所欲，我们的风范才会产生强大的气场。习惯性思维是我们决断的大敌，更多时候，我们总是局限于自己的思维，而不敢突破，越是这样，我们所要走的道路就会越走越窄，就很难再有大的发展了。

有人把一只鲨鱼和一群热带鱼放在同一个池子里，池子中央放上一块强化玻璃将两种鱼隔开。最初的时候，鲨鱼每天都会拼命撞击那块强化玻璃，想到外面去觅食，但是换来的结果只是头破血流，而玻璃却毫发无损。

就这样日复一日，鲨鱼的斗志逐渐被消磨光了，即使玻璃出现了裂痕，也会有人马上补上一块更厚的玻璃。最后，强大的鲨鱼忌惮了，再也不去撞那块玻璃了，只是每天吃饲养员喂它的食物。

实验到了最后阶段，有人把强化玻璃取了出来。但这时的鲨鱼早已经没有了当初的激情，再也没有越过强化玻璃曾经所在的那个位置。

现实生活中，很多人都喜欢按套路出牌，总是习惯跟着别人走，走上别人的老路，或者是跟随自己的固定思维去走，不懂得求新求变。长此以往，我们的思维就会僵化，就会变得非常死板。我们需要的是不断接受新的思维，不断接受新的挑战，人生只有经过不断地淬炼，才能绽放出最闪亮的光芒。

人生没有绝对，所有的一切都是事在人为。如果我们有果断无比的气势，就能感染到身边的人，让他们听从我们的号令，最终取得一番成就。想要取得别人无法取得的成就，就应该拿出你的勇气来，没有什么人能够随随便便成功。树挪死，人挪活。当我们需要决断时，一是要保持清醒，二是要拿出足够的勇气，要有一种无人能挡的气势，这样，别人才会被你的风范所折服。

春秋战国时期，天下纷争四起，群雄逐鹿中原。当时秦国的势力最为强大，并且在战争中胜多负少。然而，因为秦国内部大权旁落、穰侯专权、常年征战、百姓不安，所以始终没能统一天下。

魏国的范雎来到秦国以后，有一天，他看到秦王的车马驶过来，故意视而不见。驾车的人看见范雎挡路，就大声呵斥："秦王来了，闲杂人等速速散开！"

范雎大声说："秦国只有太后和穰侯，哪里还有什么秦王？"秦王觉得范雎是一名能人异士，就让左右退去，向范雎请教。范雎却不理他，如此再三，范雎才问秦王："秦国兵强马壮、幅员辽阔，但是为什么秦国没能实现对外扩张，成就一番霸业呢？"

秦王虚心地说："还请先生不吝赐教。"

范雎回答说："我听说穰侯率领大军联合越国、魏国和韩国，千里迢迢去攻打齐国，这个策略是极其错误的。齐国和秦国相距甚远，如果千里迢迢去攻打，兵马劳顿，而且还不一定能取得胜利，反而加重了秦国的负担。就算取胜了，秦国距离齐国太远，肯定会被韩国和魏国坐收渔人之利。所以对于秦国来说，这场征战是有百害而无一利的。秦国现在最应该做的是和偏远的国家结交，而攻打自己的近邻，这样才能向外扩张。到那时，自己的土地不断推广，统一大业自然也就能完成了。"

后来，秦王完全采纳了范雎"远交近攻"的策略，罢免了穰侯，任命范雎为相国，开始了自己的霸业征程，为以后秦始皇统一六国打下了良好的基础。

成功者的突出特点就是性格果决、多谋善断。范雎面对秦王不卑不亢，能从大局入眼，分析天下形势，指出秦王的决策是舍近求远、劳民伤财；而且即使是攻陷齐国之后，也是在为别人作嫁衣。与其如此，不如远交别国，然后攻打邻近的国家。这样不仅不需要舟车劳顿，更不需要投入大批兵力进行前后夹攻，必然就能逐一战胜各个邻国。

反观秦王也是一位明君，能够知人善用，能够知人善断，最终，突破了自己，为今后的一统天下埋下了伏笔。古今成功人士，都有一个共同的特点，那就是能够运筹帷幄之中，决胜千里之外。他们能够在关键时刻，展现出常人不曾有的决断。

一个缺乏果断品质的人，遇事往往优柔寡断，做决定时常常犹豫不决，而在做出决定之后又不能坚决执行。这样缺乏迅速果敢和灵活应变能力的人，又怎能不错失良机呢？

而一个头脑清晰、判断力强的人，一定会有自己坚定的主张。他们绝不会糊里糊涂，更不会投机取巧；同时，更不可能永远处于徘徊当中，或是一遇挫折便赌气退出，使自己前功尽弃。拥有"决断"智慧的人，只要做出决策，对于计划好的事情，即使遭遇再大的挫折，他们也一定会勇往直前。最后，能够拔得胜利旗帜的人也往往只有他们，而他们的风范也将会因此延续下去，历久弥新。

墨守成规只会让风范凋零

老人们经常会跟我们说，他们走过的桥比我们走过的路还多，他们吃的盐比我们吃的饭还多。当我们听到这些话的时候，往往是一种顺从的样子。但是我们有没有想过，如果我们重走老路，听从他们的话，只会固定住我们的思维模式，再也难以有所突破了。

创新才是社会发展的动力，而墨守成规只会让社会变得断壁残垣，就再也无法与社会发展相适应了。风范需要我们不断变换思维，而因循守旧只会让风范凋零，再也不复昔日的光彩了。学会变通，穷则变，变则通，很多时候，我们需要的不是改变世界，而是改变自己。只有当我们思维没有定式的时候，我们才能看到更广阔的天空。

有一次，一艘远洋的海轮遭遇了大风浪，不幸在大海中触礁沉没，船上的成员只有9人幸存了下来，他们爬上了一座孤岛。

9个人把这座孤岛走了一遍，发现这座岛上只有石头，没有其他任何可以用来充饥的食物。不仅如此，岛上天气炎热，9人口干舌燥，但是可以饮用的只有海水。身为海员的他们知道，海水又咸又涩，根本不能用来解渴。于是，9个人就开始等，希望奇迹能够出现，有船只经过此岛，帮助他们脱离苦海。

但是等了好久，都没见有人来，8个人相继死亡，最后的一位船员在快要渴死的时候，实在是忍耐不住，就跳进了海里，拼命喝起了海水。这名船员喝完海水之后发现，海水不仅没有咸涩的味道，反而非常甘甜。

就这样，这名船员开始喝海水度日，没过几天，就等来了救援的船只。

后来，科学家来到这里，取了一些这里的海水进行化验，化验结果显示，这些海水根本不是海水，而是泉水，原来，这里的地上不断有地下泉水涌出，而正是这些泉水救活了最后一名船员。

现实生活中也会存在类似的事情，过于拘谨，墨守成规的话，就会拘泥于固有的看法，而没有通过自己的观察去分析，有时反而会和机会失之交臂。每个人都有自己的思维定式，比如看到红灯就会停，看到苍蝇就会厌恶……习惯成自然，但是有的时候，这是过分拘谨的一种体现，这样的人往往只一条道走到黑，不愿意去变通，最后的结果只能是被别人所遗忘。

风范因为视野广阔而宽广，不过分拘谨的人是懂得变通的，不会拘泥于自己的方寸之地，而是会把自己的目光放到更广阔的天空中。比如大象，如果把它放到无边的旷野中，它就会成长为强有力的"大力士"，能用鼻子钩起一吨重的物品；但如果从小把它放到马戏团里，大象却可以被拴在小小的木桩上，安安静静地站着，原因就是大象从小就被锁链锁住拴在木桩上，就算长大了铁链换成了绳子,出于思维定式的考虑,大象也不会再去挣扎分毫。社会每天都在发展变化,如果我们不跟随社会的发展而变通的话,就会让自己不断倒退,被社会所淘汰。

物竞天择,适者生存。如果我们总是闭门造车的话,我们就只能被这个社会所淘汰。我们每个人都有自己的梦想,或大或小,正因为这样,我们才需要跟随梦想的步伐,不断调整自己的频率,跟上梦想的脚步,这样,风范才会形成,梦想才会实现。

麦克和迪克的父亲是一位制鞋工人。当他们两人高中毕业的时候,正好赶上美国大萧条的时期,当时很多企业都面临着倒闭,两人的父亲也没能幸免。麦克和迪克无法继承父亲的公司,就出去寻找新的出路。

麦克和迪克经过不断了解,最后选择了经营一家汽车餐厅,在当时,美国餐厅采取的都是家庭经营方式,世代沿袭,没有什么新的突破。虽然两人没有经营餐厅的经验,但是他们两人觉得这是一条可行性道路,于是两兄弟的汽车餐厅就开张了。当时的美国,汽车已经比较普及了,开车的人总是喜欢停下来买个热狗再要杯饮料。

麦克和迪克的汽车餐厅越做越大,带动起了当地汽车餐厅的发展,很多人看到汽车餐厅有利可图就照猫画虎,和麦克和迪克抢起了生意。

麦克和迪克发现只要提起汽车餐厅,就会主观上认为这里是出售廉价食品的地方,如果因为竞争,让食品成本和劳动力成本上涨的话,生意就很难继续下去了。经过一番调查,麦克和迪克发现,汽车餐厅食物的收入60%来自汉堡,而不是里面所加的排骨,但是很多人还是乐此不疲地为排骨做着广告。

麦克和迪克发现这个特点之后,把汉堡包改为现场制作,并且根据每个人的喜好进行熟食的添加。就是这一简单的变革,让麦克和迪克再次站到了快餐行业的最顶端。

另辟蹊径很重要,墨守成规实在是不可取的。无独有偶,很多新员工刚走进职场的时候,总是听到老员工讲述公司里的各种禁忌,哪些人不能接触,哪些地方不能乱去……这就使得新来员工产生一种固定思维,认为老员工所说就是对的，而不去亲身实践，老员工怎么说，新员工就会怎么做，就连工作也是如此，跟着老员工的经验走，而自己却不去创新，这就是墨守成规的一种体现。

当老人教育我们的时候，你对他们的经验之谈就会奉若神明，认为那是一条黄金定律，是真理，根本不敢验证，更不敢打破。耳濡目染之下，我们就会认为话这么说，事情这么做是理所当然的事情，我们的心理就会被别人的意识所左右，而自己再想突破就会变得非常困难了。很多的时候，我们自己是想突破的，但是这时，别人的思维定式就会横加阻挠，把你的创新思维摧残得不成样子，最后，你可能会妥协，进而听之任之，不再变通了。

我们总是会认为老观念是正确的，进而摒弃新观念，这是因循守旧的外在体现。以前我们的先人认为天圆地方，这种想法持续了数千年，如果没有人愿意去打破，那么，我们到现在都会认为天圆地方。其实，很多时候，不是我们没有能力去做，而是我们被别人的这种思维束缚住了，自己的那些创新思维早已经被别人的旧思维代替了，再也没有创新的思想去实践、去变通了。长此以往，我们就会成为别人的复制品，就很难再活出真我精彩了。

勇敢迈出第一步，托起明天的太阳

成功者中流传着这样简单的一句话："靠勇气开路。"很多时候，想要做出决断也是需要勇气的。就像歌中唱的一样："爱真的需要勇气，来面对流言蜚语，只要你一个眼神肯定，我的爱就有意义。"不仅爱需要勇气，做出决定的时候，也一样需要勇气，勇敢跨出第一步，我们才能托起明天的太阳。

勇气可以让我们扬起风范的风帆，在浩瀚无垠的人生海洋中继续行驶下去。两军对垒，狭路相逢勇者胜；两人相斗，不要命的必胜……综观一切，有勇气的人永远能占据主导地位，取得最后成功。

李恒是一家公司的设计师，因为从小被父母娇生惯养，李恒的性格颇有点女性化，平时说话也是轻声细语的。

在公司的一次内部选举中，因为李恒设计的产品颇受顾客欢迎，为公司获得了很大的市场。所以李恒所在的小组推选李恒作为小组的代表角逐部门总设计师。

在选举的那一天，李恒有些胆颤心惊地坐在小组中，别的小组代表洪亮的声音、强大的气场、镇定的神态，让李恒立刻感觉到了压力。再想想自己平时的胆小、软弱，更是没了信心。

李恒的手心都是汗水，他问坐在身旁的同事："你觉得我能行吗？我感觉浑身都在发抖。"

同事回答："我昨晚听其他小组的设计师说，'在这次选举中，李恒的实力最强了，我们心里都没底。'你别看他们故作镇定，其实心里更加害怕你。"

李恒被同事的一番话说得浑身都是力量，李恒想，其实人与人之间并没有差别，差别在于你是否有勇气迈出人生的第一步。只有迈出了"勇气"这一步，以后的人生才能更加辉煌。

李恒正是靠着"勇气"，在那次选举上出尽了风头，占尽了上风。最后，成功升职。

当今世界，机遇是随处可在的；但同时，机遇也是转瞬即逝的。面对机遇，只有果断决策，勇敢而快速地去行动，才有可能取得成功。如果一味犹豫不决、思前想后，等下定决心的时候恐怕也就只能眼看别人的成功了。让自己养成果断的习惯，抢先一步抓住机会，成功便不再遥远。

勇气是果断行事的必要前提，因为勇气能让我们在最短的时间内，做出最正确的决定。人生的道路崎岖漫长，很多时候，都是需要勇气的扶持，我们才能坚定不移地走下去，并且越走越远的。

有些人解决问题总是思前想后犹犹豫豫，结果只能是什么都做不好。相反，有些人做事干脆利落，反倒能闯出一片天地。所以，我们做事情不能太优柔寡断，关键时候要能够拿出勇气和魄力来，这样才能成就一番事业。

李·艾柯卡曾经是美国福特汽车公司的总经理，之后，他又成为克莱斯勒汽车公司的总经理。虽然我们现在看到的都是他的成功，但是他也有过挫折失败。面对重重危难的考验，李·艾柯卡挺了过来。他曾说："奋力向前。即使时运不济，我也永不绝望，哪怕天崩地裂。"正是这种积极心态的指引，李·艾柯卡才不断向成功迈进。

想当年，李·艾柯卡刚刚年满21岁时，就到了福特汽车公司当了一名见习工程师，但是，当时的李·艾柯卡另有梦想，他想搞经销，他喜欢和人交流，对眼下这些烦琐的技术工作提不起半点兴趣。

李·艾柯卡坚信自己的梦想，并且一直努力坚持走下去。经过一段时间的努力，他终于从一名普通的推销员，做到了福特公司的总经理。但是，人生有高潮，就有低谷。1978年7月13日，当了8年福特汽车公司总经理的李·艾柯卡被解雇了。昨天的他还在被万人敬仰，但是今天的他却成为最最普通的一个人，他突然间就失业了。

李·艾柯卡心想，既然艰苦的日子已经来临，如果选择屈服，给自己带来的只能是灾难，而自己要做的就是做个深呼吸，勇敢地去面对生活的挑战，这样，自己才有可能在成功的道路上继续前进。

李·艾柯卡重拾了信心。他应聘到了濒临破产的克莱斯勒汽车公司担任总经理。临危受命的李·艾柯卡并没有因为公司濒临破产而倒下，而是想要依靠自己8年总经理的经验为濒临破产的公司铺平道路。

李·艾柯卡开始发挥自己的经验与智慧，对公司内部进行整顿、改革，又和国会议员进行了大规模的辩论，并由此获得了大笔贷款，让濒临破产的公司再次走上了良性发展的道路。

1983年8月15日，克莱斯勒汽车公司还清了所有的债务。恰恰是5年前的这一天，福特汽车公司把李·艾柯卡开除了，如果当初，李·艾柯卡选择放弃，对自己自暴自弃，最后的结果只能是让自己走向深渊。现在，李·艾柯卡从心理落差中缓了过来，走出了失败的阴影并且迅速找到了自己的人生方向，最后取得了成功。

对命运不屈服,找到属于自己的人生方向,我们的人生才会变得精彩。对消极思想持什么态度,关键要看我们自己,如果我们像李·艾柯卡一样及时调整自己,把消极思想抛之脑后,这样的话,我们的信心就会重新溢满心间,而成功也会在不远处等着我们的到来。

勇气需要的是当断则断,做好最真的自己,只有这样,我们才能在人生的道路上越走越远。成功或者失败,只是人生的一次历练,未来之所以让人着迷,是因为它的未知。人生没有坦途,有的只是把歧路变成坦途,以及让我们继续奋斗下去的勇气。人生是一个不断自我实现的过程,既然我们要实现自己的价值,就一定要把握好自己,不要让自己在人生旅途中掉队。

勇气是风范的催化剂,当勇气出现,我们的风范才会逐渐显露出来。很多人常说霸气外露,霸气的另一种表达,就是勇气膨胀到风范的极限,能够形成气场,影响到我们身边的人。做最好的自己,拿出勇气了,你永远是这个世界上的最强者。

分析有序,增加风范的内涵

很多人总是错误地认为,拿出勇气,快刀斩乱麻,是一种从前的做法,因为找不到更好的办法,才会去快速解决问题。但是事实却恰好相反,当我们快速决定之前,我们已经于电光火石之间分析过了,分析过后,才做出如此正确的决定。

虽然金庸在《笑傲江湖》中写道:"天下武功,唯快不破。"但是更多时候,快之前,我们需要做的就是积累经验,把各种问题、各种选择分析透彻,唯有如此,我们才能最大限度地提升自己,能够闻一以知十,这样,我们在面对危机,面对问题时,才能展现出领导者的风范,才能快速把问题解决好。

春秋战国时期，鲁国有一个非常聪明的人，他送给宋国国君两根结得非常巧妙的绳结。宋国国君仔细观察了这两个结，发现这两个结非常牢固很难解开。于是，国君就张贴了告示，遍访能人异士，承诺说："谁能解开这两个绳结，必有重赏。"

告示一出，天下能人异士纷纷来到宋国一试身手，但是他们都是盲目上手，没有一个人能够解开，众多人都是乘兴而来，败兴而归。

这时，倪说就向国君推举自己的弟子，国君深知倪说不仅学富五车，而且精通世理。于是，国君就同意了。

倪说弟子拿到这两个绳结之后，先是放到手里，分析了一会儿，接着，他就拿起绳结中的一个，双手上下翻飞，过了没多久，弟子就把一条绳结解开了。国君非常高兴，让他继续解第二个绳结，弟子却久久没有动作。

国君非常奇怪，就问弟子为什么不去解第二个绳结，弟子斩钉截铁地说："这是一个死结，根本就解不开，就算找遍天下的能人异士，也只能把它损坏，却不能解开。"

国君半信半疑，找来了设下绳结谜题的鲁国人。鲁国人听完国君的描述，非常惊讶："天下竟然有如此聪明之人，竟然能看出这个绳结是个死结，我真是自愧弗如啊！"

倪说弟子分析绳结，并不是盲目地上手，而是具体问题具体分析，理清头绪，按部就班地分析问题。很多事情难解决，不是因为事情本身有多么困难，而是因为有些人看到事情，不管难易，不是首先去理清思路，就马上着手去做，这样毫无头绪，眉毛胡子一把抓，只会把简单的事情复杂化，变得更难解决了。

勇敢做出决定的背后，是快速有效的分析，但是，有时候，分析之后，又错过了最佳时间。我们面对棘手问题时，既要有效率，又要有条理。在生活中缺乏条理，总是喜欢走一步算一步，这是人的本性在作怪，以为只要自己按顺序做了，认真做了，就一定能把问题处理好，但是现实往往是残酷的。理论是空的，真正解决问题的方法往往在实践中，解决问题的时候，不懂变通的人只会把简单问题复杂化,再想理顺就更难了。

快速有效解决问题,需要的是经验的积累。有序的分析,并不是拖延时间,而是在利用必要的时间做最正确的事情。强大的风范需要有效的分析和切身的实践,唯有如此,我们才能做出一番常人无法取得的成就。

公元前 140 年,霍去病出生在河东平阳(今山西临汾西南),是西汉时期的著名将领。他是汉朝大将军卫青的外甥,很得汉武帝刘彻的喜爱,18 岁就被汉武帝封为高官。霍去病擅长骑马射箭,跟着舅舅卫青多次与匈奴交战,连战连捷,战功卓著。

汉朝初年,匈奴成了汉朝边境上的大敌,双方交战多年,损失都非常惨重。汉武帝执政以后,西汉王朝的国力开始日渐强盛,兵强马壮、粮食充足,在与匈奴的战争中逐渐掌握了主动权。

公元前 123 年,汉武帝展开了一场对匈奴的大规模战役,也就是历史上的"漠南之战"。当时还不满 18 岁的霍去病主动请缨要求出战,得到批准,被封为骠骑校尉,随军出征。

霍去病初生牛犊不怕虎,率领八百名骑兵就出发了。他带着骑兵队伍在茫茫大漠里奔驰数百里,仔细地寻找匈奴人的踪迹。在此过程中,霍去病独创了"长途奔袭遭遇战"的战术,十分精绝。结果,霍去病杀死了两千多名匈奴兵,还把匈奴单于的两个叔叔一个杀死,一个活捉,而霍去病的军队却是毫发无损。汉武帝非常高兴,立即把霍去病封为"冠军侯"。

得到汉武帝的宠信后,霍去病更能经常带领汉军最精锐的士兵出征匈奴,而且每次都是凯旋。就这样,霍去病和舅舅卫青越来越得到汉武帝的信赖和支持。但树大招风,不可避免地就有人出言诋毁他们两人。

汉武帝为了排除众议,证明自己没有看错人,就在元狩二年(前 121 年)的春天,任命霍去病为骠骑将军,由他独自率领精兵一万出征匈奴,拉开了河西大战的序幕。

当时只有 19 岁的霍去病年轻气盛,所向披靡,真是将军一怒,千军辟易。霍去病带领部下在茫茫大漠中疾驰奔袭，六天内转战了匈奴的五个部落，还在皋兰山与匈奴卢侯王、折兰王打了一场遭遇战。在这场战斗中，霍去病和他的部下奋勇拼杀，杀死了匈奴的卢侯王和折兰王，活捉了浑邪王子及相国、都尉。匈奴军几乎全军覆没，匈奴人祭天的神像也被汉军收缴，成了战利品。河西大战之后，汉王朝中再也没有人质疑少年霍去病的统军能力了。霍去病成为了汉军的偶像，更成了让匈奴人闻风丧胆的战神。

单于听闻河西大战结果后十分愤怒，心里动了要杀掉浑邪王的念头。浑邪王得知消息，为了能够活命，就派使臣前往汉朝国都长安，向汉武帝请降。得知这一消息，汉武帝恐怕有诈，保险起见，他决定派霍去病率领大军前去接应。

大军很快赶到浑邪王的驻地，与匈奴军队遥遥相望。匈奴兵看见汉军的大队人马，也唯恐有变，那些不愿意投降的匈奴兵纷纷逃走了。

霍去病看见匈奴兵马一片混乱，立时明白匈奴军中发生了内乱。他当机立断，带着几名亲兵直奔浑邪王大营，和浑邪王相见，告知汉武帝的意见，让他安心，还派人镇压了那八千多名要逃跑的匈奴兵将。最后，霍去病统率着浑邪王手下的十万匈奴降兵，安全地回到了都城长安。

此次受降把河西走廊正式并入了中国的版图，这也是霍去病在历史上作出的最大贡献。

霍去病的成功来源于他认真的分析和果敢的精神，岂不闻"将军一怒，千军辟易"？更多时候风范的气场就是这样产生的。想要取得一番成就，完善自己，不断沉淀自己是必需的。社会越是浮躁，就越需要我们变得冷静，就越需要我们变得果敢，就越需要我们的风范由内而外展现出来。

认真分析，果断判断，我们才会增加风范的内涵，才会在竞争激烈的社会中谋得自己的一席之地。未来需要果敢的人去奋斗、去突破、去征服，而这样的人就是风范最青睐的人。风范与生俱来，却因为我们后天的经历而变得更有内涵。人生最快乐的事，莫过于为梦想而奋斗。未来就在脚下，在人生路上坚定地走下去，我们才能体会到风范的真正含义。

在冒险面前，魄力是一种风范

俗话说，撑死胆大的，饿死胆小的。我们每个人都渴望成功，但是很多人却又没有冒险的勇气，做事的时候总是瞻前顾后、束手束脚的话，只会让我们离成功越来越远。我们需要让自己有冒险的魄力。

在冒险面前，魄力是一种风范。敢于冒险，敢破敢立，我们才能离成功越来越近。如果我们每天只是守株待兔，只能让自己在时间中沉沦。我们要有冒险的魄力，只有这样，我们才能和成功来一次亲密接触，才能把命运掌握在自己手里。

远离胆怯，靠近成功

有句俗话："撑死胆大的，饿死胆小的。"在传统观念中，大胆的人就是勇者，因为他们富有开拓精神，敢于冲锋在前；而胆怯的人，他们总是畏畏缩缩，做事犹豫不决，最后也就只能失败了。

人的胆怯是因为自信心不足，比如有些人说话的时候都是战战兢兢的，每天的生活也只是得过且过，把所有的心里愿望和目标都抛之脑后，这样的生活你不觉得很没意思吗？如果每天只是重复，你不觉得人生失去色彩了吗？

其实，胆怯仿佛有毒，它会瞬间让我们的冒险精神消失。领导的风范在于我们敢于冒险，敢于不走寻常路。敢于冒险，就是要清除胆怯的毒，只有这样，我们才能找到自己的方向，迎难而上。

魔鬼曾经向人们出售他所有的工具，那些东西就摆在他的桌子上，明码标价。只要人们愿意付钱，就能够从魔鬼那里拿走憎恨、恶念、绝望、嫉妒、疾病等等，这些邪恶的武器，人们再熟悉不过。

在桌子的一角，有件商品与其他的东西隔开了，它看起来并不带有邪恶的品质，价签上写着它的名字：胆怯。虽然这件东西看似很破旧，可它的价格却远高于任何东西。

有人问魔鬼："这件东西为什么那么贵？"

魔鬼说："因为它能够给我带来方便，它比其他任何工具都好用。没有人知道它属于我，所以我能够用它打开任何一扇紧闭的大门。进了门之后，我便能够为所欲为。"

魔鬼的话值得反思，成功与失败之间的距离其实很小，不过是一个词语的距离，这个词语就是"胆怯"。面对困境，当你能够把胆怯丢调换为勇气的时候，你就能够显示出自己的强大的风范气场。

胆怯是阻碍一个人发展的劲敌，我们要做的就是及时把胆怯的思想从心中清除掉，为自己的未来积蓄力量。当机会出现的时候，我们需要的就是把冒险精神展现出来。不管我们处于哪个年龄段，都要拥有初生牛犊不怕虎的精神，冒险不是冲动，而是一种权衡之后的冲锋。

机会对于每个人都是平等的，很多时候，机会停留在每个人身上的时间只有几秒钟，我们要做的就是当别人胆怯、犹豫不决时，勇敢迈出第一步，只有这样，机会才会和我们来一次亲密接触。

胆怯的人不仅会让生活毫无意义，而且会让自身的吸引力丧失。如果一个人总是活在胆怯的阴影下，哪儿还有什么资本去谈论吸引力的价值？既然不能去实践，又谈什么印证梦想的勇气？

如果我们想要成功，就要有勇抗艰难、誓不回头的气概，世界上没有让人恐惧的东西，只有心怀恐惧的人。诚然，人生有顺境，也会有逆境，但人生恰恰因为经历了逆境而变得完整，如果酸甜苦辣咸少了一种，人生就会变得单调无味。如果我们再果敢一些，灾难也会望而却步，因为你的果敢恰恰吸引到了生命的眷顾，成功地把握住了生存的机会。

美国著名心理学家弗洛姆曾经做过这样一个实验，他找来几名学生，把他们带进一个伸手不见五指的神秘房间。这几名学生匆匆穿行而过，并没有感觉到有什么不妥。

过了一会儿，弗洛姆打开了房间的一盏灯，但是房间仍然显得比较昏暗。这时，学生们被身边的景象惊呆了。原来，这个房间的地面就是一个很大的水池，水池中有各种各样的毒蛇，有的毒蛇竟然昂起头，"嗤嗤"地吐着芯子。而弗洛姆和这几名学生就是从水池上面的木桥上走过来的。

弗洛姆问学生们："现在，你们还有谁愿意从这座桥上走过去？"

学生们面露恐惧，心生胆怯，面面相觑，很长时间都没人作声。

过了一会儿，有三名学生站了出来，他们两腿都在打战，好像桥下的毒蛇近在咫尺一样。第一名学生来到木桥上，然后小心地走着，速度非常缓慢；第二名学生走到一半的时候，就再也坚持不住，停下了；第三名学生一开始就不敢走动，他趴在桥上慢慢挪动，费了九牛二虎之力才爬到了对面。

过了一会儿，弗洛姆又打开了房间里的几盏灯，房间里顿时亮堂起来了。学生们再看桥下，他们发现，桥下不远的地方就放着一张安全网，因为网的颜色是黑色的，在昏暗的屋子里学生们都没有发现。

弗洛姆又问："现在，你们还有人敢通过这座桥吗？"

学生们再次默然不语。弗洛姆问学生们为什么，学生们反问："这张网的质量怎么样？能承受住我们所有人的重量吗？"

弗洛姆微笑着说："这座桥其实并不难走，只是桥下的毒蛇影响到了你们，让你们失去了信心，产生了胆怯心理，你们被这样胆怯的心理所影响，是很难通过这座桥的！"

其实，人生就是如此，太多的顾虑就会让我们的心灵戴上枷锁，在面对挑战的时候，失败的原因并不是因为我们力有不殆，也不是因为我们智商不够，更多的则是因为我们没有自信，面对困难而心生胆怯，根本无法吸引到成功，使失败成为必然。

所谓"无知者无畏"，在面对很多问题的时候，新人往往比较有魄力，他们初生牛犊不怕虎，敢于迎难而上，结果成为最终的胜利者。由此可见，只有不畏惧，我们才能展现出自己的魅力，才能吸引到正面思想；如果心生畏惧，早早给自己下了定义，到最后，我们就只能看到成功的背影了。

古希腊哲学家苏格拉底说："人失去了勇敢就失去了一切。"人只有战胜恐惧，才能活得勇敢。其实很多事情远没有想象中的那么复杂，就算是死亡也不过是另一种睡眠，我们的担心仅仅是在杞人忧天，不仅没有解决实际问题，反而会让我们的风范消失。

撤走扶梯，看看自己有多强大

　　很多人做事，喜欢瞻前顾后、优柔寡断，但这不能怪他们，因为现实生活中给他们的选择太多，正因为选择太多，我们才会无所适从。如果我们把后路堵死，只给自己一条路，这样，我们就很有可能把潜力逼出来，成就一番属于自己的事业。

　　生活中，我们会常常听到这样的语言："别把自己逼得太紧，让自己站在悬崖上，那样会太累的，反而没什么好效果！"的确，这句话说得没错，因为世界上没有绝对的事物，在没有结果之前，所有的可能都是存在的。但是，当千载难逢的机会降临到我们面前时，当某件事情发展到生死攸关的时刻，我们就应爆发出破釜沉舟、置之死地的精神。尤其是对于信息量巨大的商界，片刻的犹豫或胆怯，只能让这次挑战以失败告终。

　　不要以为破釜沉舟是不理智的，是伤害自己的。翻开财富的名人录，我们可以看到很多巨富都曾有相似的贫苦经历，同样他们也都有相同的破釜沉舟的精神。当机会摆在他们面前时，他们都会不惜一切代价抓住他，从而登上财富的殿堂。

　　如果你还有梦想，如果你不甘平庸，如果你意欲改变生命轨迹，那么，就应学会破釜沉舟、孤注一掷，努力去把机会变成成功。要有勇气不给自己留退路，去逼着自己必须成功。只有这样，你才会全身心地投入其中，全力以赴地建立属于自己的事业。

　　2004 年，成都姑娘庞海燕高考失利。之后，她拒绝了父母复读的要求，只身前往福建厦门打工，在一家贸易公司成为一名业务员。

　　几个月过去后，庞海燕的业绩在同事中名列前茅，因此被任命为业务经理。这一干，就是几年过去了。她在这个行业中站稳了脚跟，有了一份让别人美慕的生活。

2007年，同在厦门的一个成都的朋友来找庞海燕，想要和她一起回成都创业。思前考后，她毅然决定放弃现在的生活。她对老板这么说："老板，您当年也走过这样一条路，所以才有了今天的成绩。所以，现在的我，也要拥有那种破釜沉舟的勇气，打造一段属于我的人生！"庞海燕的话感动了老板，老板欣然让她回到了家乡。

回到成都，庞海燕开始寻找投资项目。经过分析，她认为保险公司是个不错的"前站"。她先进入保险公司当一名推销员，给客户写信，用真诚打动了不少人，两年时间，庞海燕如愿以偿地积累了十几万元资金，离自己的创业梦又近了一步。

2009年，在一名贵人的扶持下，庞海燕建立了一家网络传媒公司。她一边经营公司，一边在成都大学充电，主修广告学。美好的感觉还没出现，各种问题却接踵而来。几个月的时间，公司天天亏损，庞海燕也觉得筋疲力尽，甚至有了放弃的冲动。

经过半个月的调整和休息，那个打不垮的庞海燕又回来了。她想：既然自己喜欢广告这个行业，就应该不留退路地走下去！于是，她重新振作起来，先后到几家广告公司挂职学习。她倾尽所有家资，最终在2010年10月，再一次开办了一家广告传播有限公司，并在市场中渐渐站稳了脚跟。面对着朝气蓬勃的职员，她感叹道："要想真正地获得成功，你就应该破釜沉舟、不留退路地走下去！"

常言道，压力产生动力。破釜沉舟、不留退路，正是给自己施加压力，逼迫自己在财富的路上奋力前行。任何一个人，想成就一番事业，都必须一心一意、全神贯注地追逐既定的方向。因此，当我们产生惰性、害怕失败时，不妨自断退路，逼着自己全力以赴地寻找出路，如此才能赢得出路，走向成功，收获属于自己的灿烂事业。

也许，破釜沉舟、不留退路并不容易做到，因为它需要太多的勇气和智慧，因为一旦不成功，便可能永远都没有翻身的机会了。但这正是最能激励人、最能发掘一个人潜能的地方。当你发掘机会的时候，就需要这样破釜沉舟、孤注一掷，别让机会就这么溜走。

同样，甘于吃眼前亏，也是破釜沉舟的一种体现。这样的企业家，有着置之死地而获胜的勇气。正如格力电器总经理朱江洪，正是这类企业家的代表典范：

"置之死地而后生。"这是朱江洪的一个座右铭。在他的创业史中，他善于以暂时的损失赢得市场，灵活地把握市场的运行规律，从而收获成功。

20世纪70年代，朱江洪在广西百色某机械厂当厂长。有一年，他收到某水泥厂驻京办事处的一封求购函。丰富的商战经验告诉他，这只是一封试探性的求购函。他同时又意识到，此地是中国的一块特殊市场，如能在此市场有一定份额，不愁在其他发达地区没有市场。于是，他决定拿下这笔生意。

第二天一早，朱江洪就开始了行动。首先，他派销售科长动身进京，并明确表示即使经济上吃亏也要签下这笔供货合同。朱江洪的这一举动，使水泥厂的代表吃了一惊，马上签了合同。因为谁都知道，这个单子不挣钱，如果有闪失，甚至还会赔得干干净净！

接下来的事情如所有人预料的一样，朱江洪在这笔生意上并没有挣钱。但是为了履行合同，他号召工人们牺牲春节假期时间加班加点生产。时值隆冬，运输线路长，道路状况险恶，厂里派出5辆车直送，其中一辆车专门拉上所需汽油。这一来回就折腾了将近两个月，可以说是吃尽了苦头。

不过，虽然没有赚钱，但朱江洪的名气已经在行业内传开了，同行们纷纷谈论起这个不鸣则已、一鸣惊人的人物。后来，朱江洪入主格力电器，在他的掌管之下，格力空调的地位扶摇直上，一举夺得质量评价、市场占有率、售后服务3项全国第一，成为全国空调行业当仁不让的霸主。

朱江洪的经营哲学，可以用一句话来概括：该拼抢的时候就要拼抢，该破釜沉舟的时候绝不犹豫！这种破釜沉舟的精神，给了自己一个向生命巅峰冲刺的机会，给了自己一个成为虎的机会。所以，我们愈是身处于充满波折的商界之中，愈是要拥有破釜沉舟的决心和勇气，去迎接、去挑战未来的各种难题。这样的人生，才是一个完美而真正的人生，才是一个能够收获财富的人生！

自古华山一条路,很多时候,人生也是一条路,我们要做的就是把后路堵死,拿出破釜沉舟的勇气来。风范就是要求我们勇往直前地走下去,没有什么人能随随便便成功。勇敢去做,勇敢去追,梦想的大门才会永远为你敞开,而风范也将会在这一刹那出现。

言出必践,胜利的天平才会倾向于你

富兰克林曾说:"失足,你可以马上恢复站立;失信,你也许永难挽回。"言出必践是一个人立足于世的基本品格。如果我们说出去的话,就像空气一样,没有实质,只会让自己的话语变得空无用处,长此以往,就算我们有更优秀的品格,也无济于事。

曾经流传着这样的话:"光说不练假把式,光练不说真把式,连说带练全把式。"这就说明说并不能完全解决问题,还需要我们的实际行动。

所以,那些真正的强者,永远只用行动来表达自己的决心,这其中之一就有"雷厉风行"。光说不练,纸上谈兵,这样的人不仅难以达成目标,还会挫伤整个团队的积极性,更加削弱自身的领导力和影响力。所以你要记住:"行动才是化目标为现实的关键,行动才是风范到来的推动器,行动才是潜能的引爆器。"

几乎人人都有周游世界的梦想,但我们有几个人能不顾一切地去实现呢?目标有了,那么怎样才能实现呢?那就是要立即行动!这才是敢于挑战的行为表现!

所以,那些真正的强者,永远只用行动来表达自己的决心,这其中之一就有"雷厉风行"。光说不练,纸上谈兵,这样的人不仅难以达成目标,还会挫伤整个团队的积极性,更加削弱自身的领导力和影响力。所以你要记住:"行动才是化目标为现实的关键,行动才是风范到来的推动器,行动才是潜能的引爆器。"

有一只狐狸正在森林里优哉游哉地闲逛,这时,来了一群猎人,狐狸警惕性非常高，撒腿就跑，猎人们也是穷追不舍。

　　就在你追我赶的途中，狐狸遇到了一位樵夫，它请求樵夫把他藏起来，樵夫没考虑多久，就让狐狸去自己的屋子里躲着。

　　没过多久，猎人们就跑了过来，问樵夫："你看见一只狐狸从这里经过了吗？"

　　樵夫说："不知道。"虽然嘴上这么说，但是他的手却死死指着自己的屋里，樵夫手势上明显指的是狐狸藏身的地方，但是猎人们没有注意到。

　　猎人们相信了樵夫的话，就继续四下寻找了。狐狸看猎人们走远了，就蹑手蹑脚地从屋子里走出来，一句话都没有说就走了。

　　樵夫看到狐狸如此漠然，很是生气："我救了你一命，你怎么连句谢谢都没有？"

　　狐狸说："如果你的手势和你口中说的话一致，我就会谢谢你了，但是你表里不一，不是好人。"

　　樵夫属于多面性格人，嘴上说的是一套，背地里做的又是一套。生活中的很多人都是如此，刚开始的时候，非常热情，这样的热情很容易打消你的警惕性。表面热情，非常关心你的人，不一定是你的朋友，更有可能是你的敌人。

　　拿破仑说过："永远不要认为你的敌人是比你蠢笨的。"当我们决定做一件事的时候，就应该马上采取行动，努力去做。坐而论道，不如起而行之。只有努力去做，风范才会跟随你的行动而出现在你面前。

　　能够成为美国混合保险公司的创始人，史丹绝不是靠运气成功的。从小到大，他都时刻记着母亲的一个行为习惯——立即就做！

　　妈妈的这个习惯，在史丹的身上得到了很好的遗传。有一年，在他还未发迹之时，史丹突然听说了这样一个消息：曾经生意兴隆的宾夕法尼亚伤亡保险公司因为经济大萧条发生了危机，现在已经停业。这家公司，属于巴尔的摩商业信用公司所有，他们决定以 160 万美元将这家保险公司出售，以缓解经济压力。

　　这个消息，让史丹兴奋异常，因为他已经有了一个不花一分钱，就可以获得这家公司的妙招。虽然，他不能保证百分之百的成功，但是，他还是固执地认为有可行性。因此，只要放弃的念头一出现，他就马上对自己说："立即就做！"

几日之后，史丹开始行动了。他带着自己的律师，与巴尔的摩商业信用公司进行谈判。史丹没有过多犹豫，开门见山道："我想购买你们的保险公司。"

对方谈判人点头回答道："当然没有问题，只要你能拿出 160 万美元，它就属于你的了。请问，你有这么多的钱吗？"

史丹微笑着说："这笔钱暂时我没有。不过，我可以向你们借。"

对方瞪大了眼睛，惊讶道："你说什么？"

史丹没有着急，依旧心平气和地说："你们商业信用公司不是向外放款吗？我有把握将保险公司经营好，但我得向你们借钱来经营。"

在当时所有人看来，史丹的这个想法无疑是非常荒谬的。商业信用公司出售自己的公司，不但拿不到钱，还得借钱给购买者经营。而购买者借钱的唯一理由，就是自己拥有一帮出色的保险推销员，一定能经营好这家保险公司。不过，对方并没有因此就武断否决，他们经过了一番调查后，渐渐对史丹产生了兴趣。

就这样，奇迹开始上演了：史丹果然没有花一分钱，就拥有了属于自己的保险公司！之后，他将公司经营得十分出色，成了美国很有名的保险公司之一。而他本人，也成了显赫一时的大富豪。

史丹那种看似"疯狂"的思维，其实我们何尝没有想过？但是，我们空有挑战的决心，却没有挑战的行为。因此，当我们看到别人的成功时，只会无比后悔地说："其实我也想到了，只可惜我们没像他那样去做。"

这正是制约你取得成功的拦路虎。你不曾发现，各行业中首屈一指的成功人士，都有一个共同的特点——他们办事言出必行。"马上去做"、"亲自去做"，这恰恰正是我们所缺乏的。很多企业之所以能取得今天的成就，不是事先规划出来的，而是在行动中一步一步经过不断调整和实践出来的。

更重要的是，言出必行决定了你能否把握住机遇。俗话说："机不可失，失不再来。"在商界中，这句话显得尤为重要。商业精英的典范——美国钢铁大王安德鲁更是有一个十分经典的理论：机遇往往这样，它是意外突然地来临，就像浩渺夜空中的流星，又会像电光石火一样稍纵即逝。从某种意义上说，有时候几秒钟就是机遇的所在。如果你赢得了这几秒钟，那么你就抓住了机遇，也许就抓住了你想要的一切……

人生需要的是果敢，是言出必践的风范，只有主动出击，我们才能抓住机会。有些人总是怨天尤人，却不从自身找原因，正因为此，他们只能止步不前，难有大的成就。风范因言出必践而更有力量，而只有拥有这样的行动态度，胜利的天平才会向我们这边倾斜。

智慧是冒险背后的"军师"

常言道："巧干能捕雄狮，蛮干难捉蟋蟀。"人生亦是如此，有冒险精神，有魄力还是不够的，在这样的前提下，一个人想要取得成功，还必须要用智慧来武装自己。所谓的"巧干"，正是一种分析判断、发明创造和解决问题的能力，是强者敏锐机智、灵活精明的反映，更是风范活力的展现，财富的累积。

尤其是当我们需要展现魄力时，我们更应发挥智慧的力量。因为，一味地冒险是只会让我们走向死胡同，只有在实际工作中利用好自己的聪明才智，才能把问题解决掉。冒险精神固然值得提倡，但是如果没有智慧提供行之有效的参考，冒险就显得苍白无力了。

杰克和布莱克是两位求职者，同时被一家公司通知前来面试。杰克的能力很强，几乎什么问题都难不住他，这让他自己也感到了胜券在握。就在自我感觉良好之际，负责面试的考官递给他一把钥匙，并随手指了指室内的一扇小门，说："请你帮我到那间屋里拿只茶杯来。"

杰克小心翼翼地接过钥匙，走到了那个小门前。钥匙很容易就插进了锁孔，可无论他如何用力也拧不动、打不开。

　　过了好长时间，杰克显得有些着急了。他转过身子，很礼貌地问那位翻看材料的考官："请问，是这把钥匙吗？"

　　考官说："当然是了，不会有错的，当然就是那把！"说完，他低下头去，继续看杰克的材料。

　　杰克有些迷惑了，又试了试，但依旧失败。他回到考官的面前，很为难地说："门打不开，我也不渴……"

　　考官说："没有关系。那你回去等通知吧，一个星期之内如果接不到通知，就不用等了。"

　　没过多久，布莱克也开始了面试。尽管他的回答并非完全准确，但在拿茶杯这件事上，他却做得异常流利。考官为他倒了一杯水，高兴地告诉他："喝杯水，然后签个协议，你被录用了。"

　　原来，在那间屋子里，不止只有那一扇小门。除考官房间的那扇内门外，还有一扇与考官房门相邻的外门。布莱克在第一次尝试未能成功后，立刻打开了外边的那扇门，因此自然取出了那只让自己求职成功的茶杯。

　　强者之所以能够成为强者，就在于敢于挑战的同时，还懂得一些技巧，花很少的工夫，取得最大的利益。他们会换个角度，巧妙地思考问题，考虑其他的解决捷径，进而更加轻松地打开另一扇通向成功的大门。

　　在竞争激烈的市场环境中，我们不仅需要冒险精神，需要魄力，更需要智慧。冒险不是万能，它更需要一个良好的臂助——智慧。人生是勇敢者的游戏，更是拥有大智慧人的游戏，所以，有勇有谋，敢于冒险的人才会取得常人难以取得的成就。

　　表面上看，麦卡是一名成功的美国人，他在一家大公司任高级主管，从来不用为生计而发愁。不过，在他的心中，却存在着一个尖锐的矛盾：一方面，他非常喜欢自己的工作，也很喜欢跟随工作而来的丰厚薪水——他的位置使他的薪水只增不减。但在另一方面，他非常讨厌他的上司，经过多年的忍受，他发觉已经到了忍无可忍的地步了。再熬下去，他觉得自己就快崩溃了。

思前想后了很久，麦卡终于做出了决定：他要去猎头公司重新谋一个别的公司高级主管的职位。猎头公司告诉他，以他的条件，再找一个类似的职位并不费劲，很多公司都想招揽他这样的人才。

带着愉快的心情，麦卡刚一回家，就把这则消息告诉了妻子。不过，妻子却显得没那么兴奋。那天，她刚刚教学生如何重新界定问题，也就是把正在面对的问题换一个角度考虑，把正在面对的问题完全颠倒过来看——不仅要跟以往看这问题的角度不同，也要和其他人看这问题的角度不同。

妻子把这些原原本本地说给了麦卡听，让他重新考虑一下。麦卡是个聪明的人，一个大胆的创意在他脑中浮现了。第二天一早，他就来到猎头公司，这次他是请公司替他的上司找工作。

刚到中午，麦卡的上司就接到了猎头公司打来的电话。原来，有一家别的公司为他提供了更高的待遇。尽管他完全不知道这是他的下属和猎头公司共同努力的结果，但正好这位上司对于自己现在的工作也厌倦了，所以没有考虑多久，他就接受了这份新工作。

上司一走，位置自然就空了出来。麦卡急忙申请了这个位置，最终通过了一轮轮的考察，坐上了以前他上司的位置。

这则案例，在美国曾经真实发生过。麦克的本意，是想替自己找份新工作，以躲开令自己讨厌的上司。但他的妻子让他懂得了如何从不同的角度考虑问题，结果，他不仅仍然干着自己喜欢的工作，而且摆脱了令自己烦恼的上司，还得到了意外的升迁。所以说，强者做事时，在任何情况下都要按科学规律办事，自觉用理智战胜冲动，用巧干代替蛮干，这也是一种求实的态度和科学的精神。

冒险和智慧是不可分离的，它们就像是成功路上的引擎，我们只有加足马力，把它们一起运用好，才能展现出非凡的风范，做出一番成绩。有勇有谋，人生才会豪迈，风范才会自然来。

在压力面前，从容是一种风范

我们看待压力，总是认为压力非常巨大，是我们难以逾越的大山。我们越强，压力就越强；我们越弱，压力也会越弱。我们不要太在意压力，越是在意，压力就会越影响我们。我们要做的就是淡定从容，忽视压力，这样，我们才能轻装上路。

在压力面前，从容是一种风范。从容看待压力，我们才能不被其影响，才能做好自己的事。在压力面前，我们要做的就是从容地展现自己，对压力不萦于怀，只有这样，我们便能摆脱压力，尽全力做最好的自己。让压力远离自己，展现出淡定从容的气场。

压力面前,让我们对惯性思维说"不"

　　生活节奏快,社会发展快,正因为此,我们才会感觉到每天有做不完的工作,忙不完的事,每天承受着无数的压力,越是如此,我们就要学会调整思维,调整心态。压力太大,我们的思维就会变得非常局限,就会被惯性思维所左右。压力越多,我们感受到的压力就会更大,而且,还很有可能让压力以几何数增长。

　　学会摆脱惯性思维,学会从容,不去考虑压力,不去考虑世俗眼光,这样,我们才能在无形中把压力忽略掉,正因为此,惯性思维也将会离我们远去。从容是人生境界,就是要求我们万事不萦于怀,只有这样,我们才能形成风范,摆脱压力和惯性思维的束缚。

　　有这样两个朋友,分别是 A 和 B,A 对 B 说:"如果我去买一个鸟笼送给你,没有别的要求,只要求你挂在你家里最显眼的地方。我敢保证,用不了多长时间,你就会买一只鸟回来。"

　　B 非常惊讶 A 的逻辑:"我才不会去买鸟呢,养只鸟既要喂食还要喂水,并且还要时时照看,我才没这么多闲工夫呢!"

　　A 听了之后,就去买了一个漂亮的鸟笼,送给了 B,B 按照 A 说的,把鸟笼挂在了家中最显眼的地方。

　　B 的朋友、亲人,不管是谁来到 B 的家里,看到鸟笼之后就会问他,"你怎么只有鸟笼啊?鸟笼里的鸟呢?""你的鸟什么时候死的?"

　　B 就开始解释,但是朋友和亲人都不相信他的话,有的人甚至认为他有点精神失常,竟然会不养鸟,反而把鸟笼挂在家中。B 感到非常无奈,众口铄金,积毁销骨,无奈之下,B 只好去买了一只鸟养在了笼子里。

　　这就是著名的鸟笼逻辑,很多人往往会存在惯性思维,并且被这样的思维所操纵,因而在逻辑过程中就会条理不畅,不能正确有效地分析问题。当压力出现时,惯性思维就会自觉地产生,让我们在承担压力时更加迷茫。人要学会自我调节,只有学会调节,我们才能从压力中抽身而退。

很多时候,我们面对的是生活中的琐碎和工作中的琐碎,当所有事情掺杂到一起的时候,我们就会感觉到无穷无尽的压力,而这样的压力会严格束缚住我们灵活的思维。

其实,生活工作皆是一团乱麻,关键是要找出这堆麻绳的头来,不要被惯性思维所左右,这样我们做事的时候才会条理清晰、头头是道。在我们的工作生活中,很多人,包括我们自己,在很多时候都是先在自己的心里挂上这样一只"笼子",接着就不由自主地往里面填进一些丝毫没有用处的东西。而这些东西越填越多,也就成了压力。

人生需要不断历练,需要不断成长,压力只是暂时的,当我们习惯于在人生舞台展现自己的时候,压力也就成了可以忽略的东西。我们不要因为压力太大,而忘记了自己当初为什么而出发。惯性思维在很多时候会左右住我们前进的步伐。为此,我们就需要及时摒弃惯性思维,让强大的风范气场再次萦绕在我们周围。

1917 年,希尔顿怀揣着要成为一名银行家的梦想,筹集到了 5000 美元,准备开一家小银行,然后再另谋发展。但是,在当时,银行产业已经饱和了,希尔顿的第一笔投资就打了水漂儿。

希尔顿创业失败之后,心里非常苦闷,但是他没有气馁,他渴望成功,他觉得自己的斗志正在燃烧,他相信,在不远的将来,自己一定能闯出一片属于自己的天地。

就在希尔顿苦恼的时候,他听说得克萨斯州有石油,有很多人都跑去挖石油了,而且他们现在都因为挖石油而成为了富翁。但是,等希尔顿到了的时候他才发现,挖石油需要一大笔启动资金,对于刚受到创业失败打击的希尔顿来说,这笔大数目的启动资金简直就是一个天文数字。

无奈之下的希尔顿只好去了一家旅馆,他想休息一晚,等到明天再想办法,没想到，旅馆竟然没有空房。希尔顿从旅馆人员那里得知，现在挖石油的人很多，旅馆客房每天都会爆满。旅馆每天分成三个时间段，每个时间段 8 个小时。希尔顿敏锐地感觉到，以这样的方式来对外面的人出租客房，每 8 个小时的价钱和以前每一天的价钱相同，这就说明旅馆每天会多获得两倍的利润。

希尔顿看到了希望，他想把这家旅馆买下来。这个决定，为希尔顿今后酒店业的发展打下了坚实的基础。

经过一段时间的发展，1925 年，希尔顿在达拉斯建造出了自己的第一家希尔顿酒店。但是好景不长，1929 年，美国出现了经济危机。但是希尔顿没有气馁，他选择了继续坚持，最后，创造出了属于他的酒店王国。

如果希尔顿在压力面前被惯性思维所左右，那么，他就只能成为普通人了。但是希尔顿在压力面前选择了摒弃惯性思维，不走寻常路，正因为此，他才会取得属于自己的一番成就。

在现实生活中，梦想并不遥远，只要我们多一些渴望，不要被压力击垮，不要被惯性思维左右，不要让自己的脚步停下，坚持不懈，这时，我们的风范才会源源不断散发出来。我们每个人都希望自己过上美好的生活，都希望自己能实现梦想，所以，我们才会顶住压力，攻坚克难，但是，与此同时，惯性思维就会侵蚀我们的大脑。如果长期被其蚕食，我们就会迷失自己，被压力所左右，就再也找不到原有的激情了。

人生是一条不断前行的道路，面对压力，我们要选择坚持，面对惯性思维，我们还要选择坚持，因为心中有广阔的天空，我们才能靠自己的双手打造出属于自己的一片广阔的天空。

把压力关在门外，让它随风消失

　　很多时候，我们越是在意一件事情，这件事情对我们的影响就会越大。如果我们看淡一些，或者是遗忘，压力就会自然消失了。金庸武侠小说中有过这样一段描写：张三丰在传授张无忌太极剑法的时候，问张无忌还记得多少，张无忌说，还记得一大半；张三丰又问，张无忌说，还记得一小半；张三丰再问，张无忌回答说，全忘光了。这时，张三丰才说，好了，你可以去比试了。然后，张无忌大胜。

　　遗忘不仅可以摆脱伤痛，更可以摆脱压力。我们都希望能够过闲云野鹤的生活，都希望能够漫随天外云卷云舒，闲看庭前花开花落，但是无奈人生束缚太多，我们还是要世俗地生活。既然如此，我们就应该接受现实，活好自己。看淡压力，就是看淡一切，学会转换角度，会排解情绪，这样，我们才能一心一意过好自己的生活。

　　皮特是一家餐厅的经理，他每天都能拥有一份好心情，就算情况再糟糕，他也不会让自己的好心情消失。不管遇到什么样的人，不管发生什么样的事，皮特总是面带微笑。

　　很多人看到皮特每天如此乐观，非常不理解。有人就耐不住好奇地问："皮特，你每天那么快乐是因为什么呢？"

　　皮特微笑着回答说："每天早上，当我看到第一缕晨光出现的时候，我就告诉自己，今天，我有两种选择，可以选择好心情或者是坏心情。我总会选择好心情，就算有不好的事情发生，我也能从中学到经验。我总能看到别人的闪光点，这样，我就会非常快乐了。"

　　那人继续问："但是不是每件事都能轻易解决啊！我们每天遇到的事情，我们自己都不能左右，又怎么能时刻保持好心情呢？"

皮特解释说："我们不能选择每天将要发生的事，但是我们可以选择一份好心情啊！不管我们是选择好心情还是坏心情，一天不照样会过去吗？"

几年之后，皮特的餐厅遭到了抢劫，有三名抢劫犯冲了进来，他们用枪抵住皮特的头，让他打开保险箱。由于皮特过度紧张，弄错了一个号码，抢劫犯非常惊慌，就朝皮特开了一枪。邻居听到枪声，很快赶了过来，把皮特送到了医院。经过一昼夜的抢救，皮特终于保住性命了，但是仍然有块子弹皮留在了他的头上。

事情过去半年之后，那人再次遇到了皮特，问皮特最近怎么样，并且问了皮特那次抢劫的经过。

皮特微笑着说："我很幸运。抢劫犯闯进餐厅的时候，我第一反应就是忘记了锁后门。当抢劫犯朝我开枪之后，我可以有两个选择，一个是我可以死，另外一个就是我可以生。最后，我选择了要活下去。"

那人非常惊讶："你不害怕吗？"

皮特解释说："当我被推进急救室的时候，我看到医生和护士紧张忙碌表情的时候，我也感到了害怕。因为他们的脸上的表情明显是在说，我已经是一个死人了，所以，我知道，我应该采取一些行动了。"

那人问："你采取什么行动了？"

皮特回答说："当时，有一个身材高大的护士问我是否对什么东西过敏，其他人都在等待我的回答，我笑着回答说，'有。'接下来，我喘了一口气说，'子弹。'医生和护士在我身边都大笑了起来。这时，我告诉他们，我想活下去，请不要对我失去信心。最后，奇迹发生了，我真的活了下来。"

我们每个人都希望自己能拥有一份好心情，都希望压力被我们关在门外，但是，现实是残酷的，压力往往会背离我们的思想，如影随形，我们想摆脱，也摆脱不掉，这时，就需要我们及时调整心情，做快乐的自己，这样，压力才会背离我们。

的确，漫漫长路，人生舞台，会有各种各样的压力喷涌而来。越是有压力，我们就越需要学会在各种纷纭扰攘中"关门"，在贴着"情感"标签的房间充分享受情感，在贴着"工作"标签的房间充分展现工作能力，在贴着"休息"标签的房间安心休息。但是，享受每一刻纯粹生活的前提是，关上其他的房门。只有这样，我们才能找到属于自己的空间，然后悠闲惬意地生活下去。

这正如英国前首相劳合·乔治的一个生活习惯：平日里，他每走过一扇门，便随手把身后的门关上。对此，乔治向朋友们微笑着解释说："我这一生都在关身后的门。"我们要做的就是像乔治一样，学会关上门，把压力关在外面，这样，我们才能轻松工作，轻松生活。

我们每个人都有烦恼、都有压力，都有属于自己亟待解决的事情。正因为此，我们才需要关门，需要遗忘。压力就像泥沼，当我们与它接触时，我们就要学会冷静思考，而不是用力挣脱，因为越用力就会越在乎，我们就会陷得越深。我们应该学会转移角度，这样压力的束缚就会变松，我们才能成功摆脱掉压力。

学会关门，把压力关在门外，摆脱压力的我们才能轻装上阵，才能继续为了梦想而拼搏，才能实现人生价值，而我们也将会收获一份淡雅安宁的心志。

一个技工师傅被英国的一个农场主雇用来安装农舍的水管。可没想到开工的第一，竟是这样度过的：先是技工驾车驶往农舍的路上，因为轮胎爆裂而足足耽误了两个小时。满身大汗地到了农舍，刚要干活时，又发现电钻也坏了。最后，连他让别人开来的那辆载重一吨的老爷车也抛锚了。费尽周折，技工总算是没有误了工作。到了收工时，雇主为表示感谢而开车送他回家。

到了家门口，技工邀请雇主进屋去喝杯茶。就在两人一起走向单元门时，技工忽然停住了脚步，没有马上进去。只见他闭上了眼睛，深深地吸了几口气，再伸出双手抚摸了一下门口旁边一棵小树的枝丫。

进了家门后，技工仿佛在瞬间换了一个人似的，满脸笑容，充满活力地抱起两个孩子，再给迎上来的妻子一个深情的吻。然后，热情地把这位雇主介绍给家人，并盛情招待。

雇主就在这一家人其乐融融的氛围中度过了一个愉快的晚上。离开时，技工把他送出了院门口。临走时，雇主终于按捺不住好奇心，向技工问道："看起来今天一天的辛苦和倒霉事并没有影响到你回家后的心情，你刚才临进门口时做

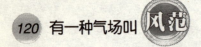

的那个动作,有什么特别的用意吗?"

技工笑笑,爽快地回答说:"是的,在外面工作总会遇到不顺心的事,可我不能把烦恼带进那个门,因为门里面有我的太太和孩子们。我就把一天的烦恼全都拎出来,暂时挂在树上,等到明天出门时再拿走——可奇怪的是,第二天出门时,我感到那些烦恼大半都已经不见了。"

当我们选择遗忘的时候,压力就会自然消失了。我们每个人都会有烦恼,都会有压力,但是我们可以发挥主观能动性,自己去调节。很多时候,我们看重什么,什么就会到来,比如,我们看重压力,压力就会出现。所以,我们要把注意力放到一些积极事情上,这样,我们才会变得快乐起来。

现实生活中,快乐是自找的,压力也是。如果我们心里想着快乐,快乐就会占据主导;如果我们心里想着烦恼,烦恼就会占据主导。把一切压力和烦恼都关在门外,我们才能悠然自得地生活。

学会分解压力,你就是强者

学过数学的人,都知道分解因式,就是把一个冗长的数学式分解成很多小的,这样,看起来就更加清晰明了,更好解决了。其实,对待压力又何尝不是如此呢,如果我们学会分解压力,压力就会变小,然后,我们再各个击破,这样,我们就会变得从容,而风范也会在这一刻展现出来。

拿破仑·希尔的格言是:"欲速则不达。"他主张采取分步的方法进行活动,而不是迈开大步向前走。他指导年轻人时说,可先采取初级步骤,不能急功近利地试图一蹴而就。分步、初级,实际上这些都只是让复杂的"链式结构"化解为简单的"一线排列"的行事方法。面对繁多的任务时,面对过多压力时,我们要做的就是分而简之,才能在最短的时间内把过多的压力分解,各个击破,最后,我们才能找回阳光快乐的生活。

曾经有一位73岁的老人从旧金山步行到了佛罗里达州的迈阿密市。经过长途跋涉，克服了重重困难，她终于到达了迈阿密市。

这位老人吸引了当地各大媒体的记者，大家都想去采访她。大家很好奇，她是如何鼓起勇气，徒步旅行的?这路途中的艰难又是否曾经吓倒过她?

"徒步这么遥远的路程，对于我们年轻人来说，几乎都是不敢想象的，我们觉得您就像一个奇迹，能告诉我们您是怎样达到的?"一位男记者抱着极大的好奇心问。

"事实上，这一路上我的计划从未有所变动过，那就是:前面下一个小镇。"老人回答说，"要知道，走一步路是不需要勇气的，我所做的就是这样。我先走了一步，接着再走一步，然后再一步，很容易就到达了前面的小镇。然后我再把上一个计划原封不动地简单重复一下，就可以了。"

正如老人所讲，做任何事，只要迈出了第一步，然后再一步步地走下去，就会逐渐靠近最终的目的地。学会分解，化整为零，一点点向前逼近。把途中的每一点连成一条直线，它的终点既是成百上千个"点"中的一个，更是那个终极目标的达成地。这成百上千个"点"就是众多的小目标，它自然而然地就会铺就成一条成功之路。

对待压力，我们就更要如此，虽然它很顽固、很强大，但是只要把它分解了，压力也会由整变为零，到那时，压力就可以忽略不计了。人生需要这种从容，越是大事情，越是大压力，我们就越应该保持清醒。我们每个人都有对未来宏伟蓝图的憧憬，但是越是坚持，收到的压力就会越大。罗马城不是一天就能建成的，压力也不是一天就产生的，压力是一点一点积攒起来的，而我们也需要一点一点把它清除掉。

高兰·克鲁普是一名瑞典人，他最爱做的事情，就是挑战各种极限。1991年，身在斯德哥尔摩的他，突然产生了一个想法:靠自己的力量越过大陆到达尼泊尔，然后，在完全没有帮助的情况下，不带氧气瓶征服珠穆朗玛峰，最后用同样的方法返回家乡。

很显然，高兰·克鲁普的这个计划无比宏大，想要实现的难度并不小。首先，他对整段路做了切实的研究，然后着手筹集旅行所需的 20 万英镑的赞助。为锻炼心血管能力，他开始和瑞典越野滑雪队一起体能训练。

1995 年 10 月 16 日，高兰·克鲁普正式开始了自己的行程。他跨上一辆自行车，朝着目标前行。因为这是一次完全没有后援的探险，他不得不随身带上全部装备，总重量高达 129 公斤。4 个月后，他到达了加德满都，在那儿开始把装备运往基地的帐篷。

这一次，他的负重更大了，每次只能运 73 公斤，行动不过 55 米，并且还要休息 10 分钟。头一次，他怀疑起自己完成计划的能力。终于在第三次，他成功了！下山后，他又骑上自行车，跋涉了 12000 公里回到了瑞典。

回到瑞典，此时距离他出发已经过了 1 年的时间。当人们问起他成功的原因时，他是这么说了如下一段话：

"其实，我何尝不知道这次挑战的困难性？因此，我想尽办法，让自己变得轻松一些。每次临行前，我都要把我自己前进的线路仔细看一遍，并画下沿途比较醒目的标志，然后以此为运行目标，这样就可以画到跋涉的终点。在攀登山顶时，我用最快的速度奋力向山顶冲去，就这样，我征服了珠穆朗玛峰。

"我的成功说明，每个人都有成功的机会。只要我们有目标，我们就能以辉煌的成就度过人生。想想那些英雄，想想那些勇往直前的英灵吧。他们手中没有地图，就去寻找那些未知的土地，他们知道自己将发现一个新世界，在旅途中我们也得具备同样的信心和激情来激励自己。"

勺水渐聚成沧海，分秒累积成整天。不管是成功还是失败，都是慢慢形成的，冰冻三尺，非一日之寒，这句话就是最好的诠释。大目标是逐渐分解，分解成小目标，按部就班地去实现的；大压力也是需要不断分解，然后攻破的。我们如果想要取得一番成就，分解压力，展现出从容的人生态度是必需的。

学会分解，就是学会控制我们的思绪，不要把任何事情都杂糅到一起。压力也是不断积累起来的，如果我们想一鼓作气把它排解掉，是非常困难的。就算缓解，我们也是需要一个缓冲期的，只有这样，我们才能把被压力掩盖住的风范挖掘出来。

所以说，人生无论是长久的计划，还是宏伟的目标，都绝非是一蹴而就的，而是一个不断积累的过程。而一个个量化的具体计划，就是人生成功旅途上的里程碑、停靠站，每一个"站点"都是一次评估、一次安慰和一次鼓励。是否能量化，是计划与空想的分水岭；只有把每一小段的目标都可视化，才不至于让自己的理想成为海市蜃楼。

丢掉冗长的思绪，轻松上路

这个世界远没有人们想象中那般复杂，它简单得很，复杂的只是人心罢了。其实，人心也不复杂，只要肯丢掉对生活无限的"构思"。越是构思，思绪越多，我们越会混乱，压力就会越大。

让自己保持清醒，少去思考一些不必要的事情，我们才能轻松上路。道家学派代表人物老子说："多则惑，少则得。"这句话的意思就是说，我们考虑得越多，就会越迷惑；我们考虑得越少，就会越清醒，而得到的东西也会越多。虽说我们的大脑潜能是很大的，但是它终究会有个限度，所以，我们更应该把思想放到更有用的地方，而不是压力上，这样，我们才会越从容，而风范也会展现得更自然。

刚走出校门的那段日子，他总是若有所思。告别了象牙塔，他不知道外面的世界究竟是什么样？很早以前就有人告诉过他："世界比想象中还要复杂"，从那时起，他便对社会产生了一种畏惧感，害怕自己无法适应这个"复杂"的社会。

后来，他依靠着自己的能力找到了一份工作，然而这种喜悦感很快就被他的担忧和恐惧感取代了。做事处处设防，总是害怕被人算计，整天小心谨慎地生活，不敢和周围的人靠得太近,他平生第一次被孤独和无助吞噬了……

我们的生命是有限的,如果时刻抱着这种谨慎入微、战战兢兢的心理活着,那么生命无疑会变得沉重,它不仅增加了许多无谓的时间成本,也间接地加大了事业的信誉成本,降低生命的质量。其实,我们无须想那么多,想那么远,没有必要让自己变成一个不停旋转的陀螺。只要静下心来,让思维跟着生活的脚步,有条理有节奏地进行,就能够在简单的生活中体会到惬意和满足。

想得越多,我们就会纠结越多,压力就会越多,等到那时,我们就会积重难返,就算曾经再从容的气度也会被掩盖下来。大千世界,芸芸众生。我们每天都在生活,都在工作,但是我们不是为了别人而生活、而工作,而是为了自己。我们不要总去和别人比,越是比,我们就会越乱,压力就会越大。更多时候,我们要的不是自己幸福,而是比别人幸福。

著名的战地记者兼作家西华·莱德先生曾这样描述他的写作过程:"当我推掉其他工作,开始写一本25万字的书时,一直不能定下心来,我差点放弃一直引以为荣的教授尊严,也就是说几乎不想干了。最后我强迫自己只去想下一个段落怎么写,而非下一页,当然更不是下一章。整整6个月的时间,除了一段一段不停地写以外,什么事情也没做,结果居然写成了。"

"几年以前,我接了一件每天写一个广播剧本的差事,到目前为止一共写了2000个。如果当时签一张'写作2000个剧本'的合同,一定会被这个庞大的数目吓倒,甚至把它推掉,好在只是写一个剧本接着又写一个,就这样日积月累,结果真的就写出了这么多。"

其实,很多事情看起来简单,做起来却很难,哥伦布发现新大陆,就有人认为很简单,但是结果呢?还是让我们看看哥伦布的口才和行动吧!

哥伦布发现新大陆返回英国后,受到英国皇室上下贵宾似的礼遇。而许多王公大臣、绅士名流对这个没有爵位头衔的人嗤之以鼻,不服之气频频。

一次,在英国女王为他接风洗的庆功宴上,名流大臣纷纷出言讥讽哥伦布:"没什么了不起的,我要出去航海,只要朝一个方向前进,照样也会有重大的发现！""太容易了！这种事谁碰上谁出名。哥伦布这家伙的运气真好！"

一次，在英国女王为他接风洗尘的庆功宴上，名流大臣纷纷出言讥讽哥伦布："没什么了不起的，我要出去航海，只要朝一个方向前进，照样也会有重大的发现！""太容易了！这种事谁碰上谁出名。哥伦布这家伙的运气真好！"

听到这样的讽刺和挖苦，哥伦布笑笑，起身说："各位尊敬的先生、女士，现在请大家做一个游戏——哪位能把鸡蛋在桌子上立起来？"

话音刚落，底下一片哄然。许多人跃跃欲试，但却没有一个人能够把椭圆形的鸡蛋立在桌子上。

终于，有人生气地发话了："别再愚弄我们了！大家立不起来，你也不能！"

这时，只见哥伦布拿起鸡蛋向桌子上轻轻一磕，鸡蛋的大头就凹了下去——哥伦布就这样从容地把鸡蛋立在了桌子上。

看到眼前的这一幕，所有人惊呆了并沉默了两秒钟。继而引发了一阵更大的骚乱："这也太简单了，谁不会呀！"大家嚷嚷道。

"是的，这方法的确很简单，可是我说过了，这仅仅只是一个小游戏而已。"哥伦布笑着说，"但问题是，在这之前，你们为什么都没有想到过这个方法呢？"

有些人复杂地安排自己的人生，计划制订得很详细，可是计划越多，顾虑也就越多，思想始终不能彻底地释放，反而被自己混乱的思绪困扰住；有的人简单地安排自己的人生，认准目标，一步一步慢慢积累，他们只认定努力会有回报的简单道理，而没有让思想陷入复杂的困境。

过多的规划，过多的考虑，只会让我们丧失掉本应有的激情，更会给我们的心理增加无数的压力。学会从容面对生活，展现出最淡然的风范，我们才能离成功更近一步。

世界上的真理永远都是朴素的、自然的、简单的。我们要做的就是简单地生活，从容地做事，只有立足现在，我们才能做好自己，才能轻松上路，而就在我们淡然的时候，风范才会不期而至。

在原则面前，坚守是一种风范

　　人生天地间，就应该有属于自己的原则，这样的原则是我们的底线，我们只能选择坚守，而不能选择逾越。原则是我们对事对人选择的尺度，这是我们经过多年的经验而确定下来的，这不是一时的意气用事，而是人生长远发展的标杆，我们只有选择坚守才能看到光明的未来。

　　在原则面前，坚守是一种风范。我们需要有自我约束能力，我们只有学会自我约束，才能在原则面前，展现出坚守的风范，才能在不违背原则的基础上，展现出最强大的自己。

坚守内心的光明，风雨过后自有彩虹

阿里巴巴总裁马云说："今天很残酷，明天更残酷，后天很美好，但是绝大多数人都死在明天晚上看不到后天的太阳。"正如马云所说，现实生活中的我们最需要的就是这种坚守，就是这种不达目的不罢休的精神。我们只有坚守光明，相信明天会更好，才能见到明天的太阳。

很多人内心是阴暗的，他们不相信一切，每天都是得过且过，像是行尸走肉一般，把自己的思想、信仰全都丢弃了，这样的恶人是可悲的。人不能失去信仰，因为这是我们未来的目标。人只有相信未来，才能创造未来。如果我们只相信黑暗，那么，我们内心就是一片黑暗，我们的未来也将会是一片黑暗。

在 20 世纪 20 年代之前，国际地理和地质界流传着这样一种说法，他们认为中国没有第四纪冰川。而我国著名的地质学家李四光认为，外国科学家没有来到中国做过这方面的实地考察，怎么可以直接说中国没有第四纪冰川呢？非常自信的李四光坚持自己的观点：中国这么大的地方，肯定有第四纪冰川。

1921 年，李四光来到河北太行山东麓进行考察，接着又到庐山、黄山等地考察。经过 10 余年的调查，李四光终于证实：在中国确实有第四纪冰川的存在！为此，李四光撰写了论文，论文指出在华北和长江流域确实有第四纪冰川存在。

1939 年，李四光这篇关于冰川的论文发表在世界地质学会上，论文所阐释的大量事实表明，中国确实有第四纪冰川的遗迹。李四光的这篇论文，对世界地质学和地理学都是一个很大的贡献。

20 世纪初期，美国的美孚石油公司来到中国西部，准备打井找石油，但是却没有发现一滴石油。于是就有一大批学者认为，中国的地下根本就没有石油。

李四光听到这个消息后非常愤怒，他不信石油只在西方的土地上，他坚信自己一定能在中国土地上找到石油。于是，在接下来的 30 多年时间里，李四光坚定地迈着脚步去寻找石油。

在艰苦的石油勘探生涯中，李四光利用地质沉降理论，相继发现了大港油田、华北油田、大庆油田等几处大储量油田。经过数十年的亲身实践和理论探索，李四光断言：中国的西北部还有石油！现如今，在新疆开发的新疆大油田，有力地验证了李四光当年的预测。

李四光之所以成功，就在于他坚守着自己的信念，相信自己，相信中国有石油。当然，他的信念来源于渊博的知识和认真有效的分析。如果他没有信念，就肯定会屈从于国外专家的论断。正因为他相信中国有石油，相信未来中国不用进口石油，他才会刻苦却发掘，功夫不负有心人，最后，李四光成功了，他用自己的实际行动鉴证了"坚守"的价值。

美国著名的励志大师拿破仑·希尔曾经做过一个实验：他调查了很多背景不同的人，这些人的背景千差万别，有的人受到过良好的教育，而有的人则是文盲，有的人贫穷，有的人则非常富有。他们从事着不同的职业，每天奔向不同的人生方向。虽然如此，但是这些人却很少有人是成功的。在这些人当中，有些人每天只是为了生活奔波，觉得每天能够解决温饱问题就足够了，他们不想打破这种平衡，他们只想每天过好自己的生活；有些人则是取得了成功，受到了别人的尊敬，展现出了强大的风范气场。

经过一番研究，拿破仑·希尔发现，那些成功者，他们内心不甘于平庸，他们有合理的人生规划，并且为之不断奋斗。而正因为如此，他们的风范才会帮助他们战胜一切，进而实现了自己的梦想。

通过拿破仑·希尔的描述我们知道，其中有这样一位，这个主人公的故事非常感人：

1949 年，有一个年轻人来到美国通用汽车公司应聘，当时，通用汽车公司只招聘一个人，而应聘者却很多。在面试的时候，面试官就对这些人说："我们招聘的这个职位非常重要，竞争非常激烈，希望你们都做好心理准备。"

年轻人看看周围的竞争者只是笑笑："没关系,竞争越强烈,就越能激起我的斗志。我相信,不管多么困难的工作,我都能胜任,并且能够把工作做好!"

经过层层筛选,面试官被年轻人的自信所折服,决定给他一个机会。面试官好像从年轻人身上看到了自己当年的影子,于是,就对身边的秘书阿特·韦斯特说:"我刚才招聘到了一个想成为通用汽车公司董事长的人。"

年轻人刚来公司上班,就认识了阿特·韦斯特,他对阿特·韦斯特说:"我将来一定能成为这家公司的董事长。"年轻人说的话和面试官说的话如出一辙,但是阿特·韦斯特不相信,他认为年轻人在吹牛。

弹指之间,32年就过去了,年轻人实现了当初自己许下的承诺,他真的成为了通用汽车公司的董事长。这个年轻人就是罗杰·史密斯。

我们每个人都有欲望,上学的想要获得好成绩,已经工作了的想要升职加薪,结了婚的想要爱情甜蜜……不同的欲望说明我们内心对自己不满足,有了更高的要求。如果我们没有欲望,只会让自己甘于平庸,到那时,我们的风范将会消失得无影无踪。

坚守内心的光明,才能调动起我们全身的奋斗细胞,而这些细胞也将会促使我们向着成功不断迈进。风范需要坚守的点缀,更需要我们不断地坚持。虽然相信明天美好,而明天不一定美好,但是我们的心里至少会有一种慰藉,而这种慰藉正是我们不断奋斗下去的动力。

原则面前,你没有拖延的理由

我们每个人都有做人的原则,这也就是我们的底线,我们做人的根本,我们的责任。我们没有任何理由可以违背,我们只能选择坚守。不管任何时代的战争,任何时代的士兵,都是坚守原则的典范,不管在什么时候,他们都不会选择退缩，因为责任重于泰山，命令在于执行。任何时候，我们都要无愧于心，因为这才是风范之根本，才是人之根本。

"机不可失，失不再来"。拖延不仅会让你失去对工作的积极性，更会让你与机会擦肩而过。人生不在于你拥有了什么，而是在于你追求什么，身体力行远胜于高谈阔论，与其滔滔不绝地去说，不如自己脚踏实地地去做。人生中的每一个细节都是需要我们反复打磨的，只有说到做到，我们才能展现出非凡的风范气场。

格兰特从西点军校的毕业生到林肯钦点的指挥官，他的仕途可谓是平步青云的，格兰特在战争中总是被委以重任，而他也总能不负众望，能够快而有效地完成任务。

每一次格兰特将军赢得战争胜利之后，就会有很多人问他取胜的秘籍。到了最后，格兰特成为美国的总统。有一次，他回到母校视察，一名西点军校的学生就问格兰特："总统先生，请问您是被西点军校什么精神鼓舞着，促使您一直勇往直前？"

格兰特淡淡地回答道："不拖延，因为没有任何借口。"

学生继续问："那如果您在战争中失败了，您肯定要为您的失败找一个借口，那时，您应该怎么做？"

格兰特笑笑："我唯一的借口就是没有任何借口。"

没有借口就是不去解释，不去找理由，全力以赴地去完成任务，就算力有不殆，只要坚持，任务就会被完成。

战争中，这是铁一般的纪律。战争只有两种结果：要么取胜，要么战败。总是为自己找借口的人，肯定是失败的士兵。总是为自己开脱的人，一定会被敌人所消灭。成王败寇，如果你失败了，不管你找什么样的借口，也改变不了悲惨的结果，再完美的借口也无法掩盖失败的事实。

不要去找借口就意味着不会去拖延，很多时候，人们的失败并不是因为他们多么蠢笨，更多的是因为他们的懒惰、拖延，总是为自己的失败找借口。习惯一旦成为自然，产生了惯性的懈怠心理，总是会想"明日复明日"，但是明天是永远不会到来的一天，"今日事今日毕"才是我们必须坚守的至理名言。

不要去等待奇迹，如果想要走向成功，现在就要起程。对于我们来说，不管是原则还是指责，我们都应该认真遵守，都应该按时有效完成自己的工作。如果我们总是把今天的事情推给明天，明天的事情推给后天，我们的内心就会被这种消极情绪所占领，就会认为，每天好好工作也是一天，不好好工作也是一天，自己为什么不让自己轻松一点呢？

一分耕耘，一分收获。生活中需要我们少说话，多做事。借口是拖延的温床，我们不要为自己找借口，"这件事可以缓一缓""这件事明天再做吧"……诸如此类的话，就是拖延的具体表现。如果你办事拖延，就会浪费掉大把的宝贵时间，再多的借口也解决不了实际问题。身体力行地去工作，这样才会让你的压力转化为动力，焕发激情，努力上进。而如果我们被拖延和借口所左右，我们坚守原则的气场就会瞬间消失。

张伟的老板给张伟布置了一个紧急任务，并且三天后老板就要亲自来验收。张伟很困惑，因为他现在正在做的工作也很紧急，并且就快要做完了，权衡之下，张伟决定先把手头的活干完再做新的工作。

三天时间转眼即过，老板如期而至，可是张伟前一天才开始做这个新工作，当然没有完成。

老板问他："这项工作三天前就布置给你了，时间并不紧迫，为什么没有完成？"

张伟辩解道："我先把手头的工作做完了，这项工作是昨天才开始做的，所以没做完，我原本手头的工作也很紧急啊！"

听了这话，老板大怒，骂道："手头有紧急工作你不早说？我给别人不就完了嘛！你这不是耽误事嘛！我还真是头一次碰见像你这样的员工！整个一闷嘴葫芦！算了，你不适合在我手下做，你还是回去另谋高就吧！"张伟就这样被"炒了鱿鱼。"

职场中，责任重于泰山，任何一个人都没有拖延的借口。事前，在任务安排给自己之前，张伟就应该先想好，自己是否能完成工作。如果自己权衡利弊之后，确信自己能够完成工作，那么，我们就要担当起自己的责任，就算是自己没有完成，也不要推脱，因为这是我们自己的选择。

不要去找借口就意味着不会去拖延，很多时候，人们的失败并不是因为他们的多么蠢笨，更多的是因为他们的懒惰、拖延，总是为自己的失败找借口。习惯一旦成为自然，产生了惯性的懈怠心理，总是会想"明日复明日"，但是明天是永远不会到来的一天，"今日事今日毕"才是我们必须坚守的至理名言。

公司有公司的规矩，谁也不能无视。如果工作没有按时完成就要勇于承认，这样就不会助长自己的拖延心理，下次才能按时完成工作，如果一旦为拖延找到借口，就会滋生侥幸心理，一次没事就会认为第二次也肯定没事，长此以往，自己的惰性心理就会非常强烈，很难纠正过来了。

多数时候，我们会有这样的心理，这件事情今天做不完没关系，我们可以明天做，但是我们要知道，我们都是有原则的人，正因为此，我们才需要今日事今日毕。一味地拖延，只会让我们培养起来的好习惯瞬间消散于无形。

著名作家塞万提斯曾经说过："如果我们每天荒疏一点点，最后的结果将是一事无成。"今天轻松过去了，明天也会如此浑浑噩噩过去，如此下去，没有尽头，自己不仅不会得到提高，反而会成为失败的典型，贻笑大方。

"明天"是失败者的座右铭。很多有能力的人就是因为信奉了这样的座右铭，做出的仅仅是一些未竟的工作和半途而废的计划。从另外一种层面来看，拖延更像是一种疾病，很多人都忍受着这种病痛的折磨，医治这种病最好的办法就是果断行事，不拖泥带水，这样一来，病痛自然就会消除，而你的工作积极性就会迅速被调动起来。

心动不如行动，现在就是人生最好的起点，不要为拖延找借口，更不要因为生活中的不愉快而拖延，抓住机会，迎难而上，梦想才会变成现实。

善待他人，与人为善

　　每个人都有每个人的为人处世原则，但是很多时候，我们的原则性过于强硬，进而让自己身上长出刺来，失去了很多朋友。善待他人，与人为善，是人际关系中的原则，我们都需要朋友，都知道朋友多了，路好走，正因为这样，我们才需要坚守住善待他人的原则，与人为善，这样，身边的朋友才会被我们善意的风范吸引过来。

　　美国前总统尼克松在书中写道："我所认识的所有伟大的领导人，在内心深处都有着丰富的感情。"换一种说法，这些伟大的领导人都很有人情味，很善于关心下属、理解下属。

　　善待他人，就是善待自己，很多时候，我们需要的是为自己定下一个"善"的原则，与人为善，才能展现出亲和力的风范，才能让身边人主动向我们靠近。

　　有一位哲学家带着他的学生们环游世界，10年时间里，他们走遍了世界上的所有国家。

　　归来的途中，路过一片草地，哲学家和弟子们就在这片草地上坐下来休息。哲学家就问学生们："10年来，我们的足迹踏遍了世界上的名山大川，现在我们回来了，就让我们来上最后一课吧！"

　　哲学家问道："我们现在坐的是什么地方？"

　　学生们回答说："草地。"

　　哲学家继续问道："草地上长着什么？"

　　学生们答道："杂草。"

　　哲学家继续说："对，这里长满了杂草，杂草是没有用处的，那么，我们用什么方法能把这些杂草除掉呢？"

　　学生们非常惊讶，不是因为问题太复杂，而是因为问题太简单，有的学生说用铲子，有的说用火烧，有的说斩草要除根，一定要连根拔出来……众说纷纭，没有得出一个最好的结论。

　　哲学家笑笑，并不予以评论，而是说："好了，我们今天的课就上到这里。你们这一年里就去用自己的方法除掉杂草，等到明年的今天，我们再来这里相聚。

　　一年之后，学生们都来到这里相聚，但是这里早已经没有了杂草，取而代之的则是一堆长满谷子的庄稼地。学生们等了好久，但是哲学家始终没有来。

　　过了十几年，哲学家去世了。学生在整理他的著作时，在他著作的最后的地方补了几句话："要想除去旷野里的杂草，方法只有一种，那就是在上面种上庄稼。同样，如果想让我们的灵魂没有烦恼，最好的办法就是让美好的品德占据它。"

　　如果没有这最后一课，学生们 10 年的修行又有什么用呢？我们要想变得强大，最简单的办法就是要拥有高尚的品德。中国传统文化中就非常讲究与人为善，乐善好施，独善其身……可见，"善"这个字在中国文化中的重要性。

　　著名音乐家贝多芬曾经说过："没有一个善良的灵魂，就没有美德可言。"善良是我们不可或缺的美德，善良的人多数都是感性的，这样的人可以听到内心的声音。有人会把善良归结为脆弱，其实不然，善良是一种高尚品德，与人为善，才能得到别人的"善"。

　　我们可以没有财富，没有权力，没有学历，但是我们必须拥有善良，我们可以用自己的善良感化别人。其实，在人际交往中，善良比关爱更重要，如果我们心存善念，社会中就不会出现那么多的悲剧了。善待他人是我们与人交往的第一步，是我们人际交往中要遵守的重要原则之一。

　　有一个穷凶极恶的劫匪，劫匪抢劫了一家小储蓄所，两名女员工拼命抵抗，劫匪杀了一个，把剩下的一个劫上了车。没过多久，警笛声就从后面响了起来，警车越来越近了，劫匪开车仓皇逃窜，丝毫没有顾及路上的行人。

　　劫匪劫持的女孩刚刚 21 周岁，女孩家庭很困难，很早的时候，父母就双双去世了，靠哥哥努力工作才勉强上了大学，为了哥哥，女孩拼命读书，几经辗转，才来到这家储蓄所上班。

最后，劫匪被警察团团围住了，劫匪几乎疯狂："我已经杀死很多人了，多杀一个也是死，没什么可怕的了！"说完，劫匪就在女孩脖颈上划了一刀，鲜血顿时涌出。

劫匪看着女孩，冷漠地问了一句："你害怕了？"

女孩摇头苦笑："没有，我只是觉得对不起我哥。"

劫匪非常惊讶："你哥？"

女孩继续说："我父母双亡，是我哥把我含辛茹苦养大的，他为了供我上学，努力工作。他今年都28了，但是还没有成家立业，我看你和我哥的年龄差不多。"

劫匪的遭遇和女孩差不多，也有这样一个妹妹，但是他不想让妹妹知道自己的哥哥竟然是一个杀人犯。女孩的话语引起了劫匪的遐思，他忽然觉得身边的警察已经不再重要，于是，就旁若无人地听女孩讲他哥哥的故事。

女孩边说边流眼泪，说到动情处，更是情难自已。劫匪被感动了，泪水夺眶而出，劫匪忽然觉得，其实人只要活着就好，但是无奈为时已晚。

劫匪掏出手机递给了女孩，说："你给你哥打个电话吧！"

女孩非常平静地拨通了哥哥的电话："哥，你在家呢？你先吃饭吧！我今天要加班，不能回去陪你一起吃饭了……"

劫匪仿佛听到了自己的妹妹曾经和自己说过这些话，对眼前的女孩心生好感："你走吧！"

女孩愣了半天，劫匪忙道："你快走！不然我就后悔了！"

女孩没走多远，劫匪就开枪自尽了。

不管是什么人，心底都会有最脆弱的一根弦，稍一触及，就会被感动得一塌糊涂。女孩的一番平常话语却让劫匪联想到了自己的身世，感同身受，不由泪水盈眶，难以自持，最后，本性中的善良被激发了出来，放了女孩。

我们每个人本性都是善良的，我们希望别人也能善待自己。人都希望把自己善的情感与人分享，这样的分享将会给我们带来无穷多的人脉关系。

善良是我们存于心底的一种情感，善待他人更是一种为人处世原则，这样的善，虽然看不见摸不着，但是哪怕有小小的感动，我们就会流泪，就会感同身受，感受到善良的质感。

很多时候，我们会因为现实的忙碌而变得情感麻木，而善良也就成了我们生命中的过客，有人甚至生出一副铁石心肠，做出一副淡然看破红尘的姿态。善良的本质是相通的，每个人都有敏感神经，只是很少有人愿意去触及罢了。看到世界的善良，我们才会激发出心底的善良，才会看到世间的美好。世间美好出现，我们才能展现出更加有内涵的风范，而正是因为拥有这样的风范气场，我们才能收获到更多的朋友。

职场原则，不要让跳槽成为习惯

职场中，我们每个人都希望拥有强大的风范气场，希望能够左右逢源，积累人脉，还希望能够每天升职加薪，再或者就是跳槽换工作，找到一份更好的。

职场中的年轻人，总是会有很多不安分因素，比如，我们工作一个月或者更长时间之后，我们就会感觉烦躁不安，悸动心理就会萌发出来，这时，我们就会想到跳槽。但是，我们真的适合跳槽吗？跳槽真的是最好的选择吗？我们可以看一下身边的老员工，他们不正是因为一直在坚守，才能平步青云，取得现在的成绩吗？

职场中，我们是选择坚持，还是选择跳槽，这是一个亟待解决的问题。就算我们选择跳槽，也不要让跳槽成为习惯。人如果经常跳槽的话，就算你再有能力，你的价值也永远不能体现出来。人生需要积淀，当我们面临选择，面对机会的时候，我们可以选择离开。我们之所以能够成功，不是在于他们的能力，而是在于他们每一次的选择。只有在不违背职场原则和做人原则的前提下，做好每一次选择，我们的风范才会随之出现，进而帮助我们做出正确的决定。

在一个富翁的桌上摆着一块光彩夺目的钻石，墙角的火炉边并放有一些煤炭。

煤炭们唉声叹气：“唉！为什么我们天生身体黑？天生没价值？天生这副德

性?唉!"

钻石听了很不忍,便开口安慰道:"同胞们,别难过了吗!"

煤炭们一听,七嘴八舌地回答:"同胞?不会吧!我们是同胞?"

"我们可不像你天生好命,材质非凡呢!别挖苦我们了!"

"就是啊,我们怎么可能是同胞!"

钻石回答:"真的,我没骗你们,我们可是远房亲戚呢!咱们的成分都是'碳',难道不是同胞吗?"

煤炭们叹惋道:"天啊!老天真是不公平!为什么我们的命运差那么多?"

钻石慢慢地说:"这是因为——我在地底时承受到了很大的压力,再者,我没有像各位那么早出土,我选择在地下多待了好几千年,所以我们后来的样子会不同。"同样都是碳构成的,差异却如此之大!

如果你是煤炭,你是否会像它一样,选择背离自己的轨道,继续潜伏,等到数千年之后,再破土而出,成为真正的钻石呢,还是想直接破土而出,做一块普通的木炭呢?职场中的我们,往往会面对这样的选择,是选择继续在岗位上留守,还是选择离开,开启一段新的工作旅程呢?

当选择出现的时候,我们需要在坚守原则的基础上,做出合理判断,唯有如此,我们才能把跳槽和留守区分开,认真分析之后,才能做出最正确的判断。当然,这需要我们根据切身情况进行分析,如果我们已经在现在的这家公司学到了足够多的东西,并且在这里已经没有适合我们的提升空间了,这时,我们可以再三考虑,确定自己是否需要离开。当然,你想要跳槽,就需要事先为自己找好方向,比如说自己下一步的归宿,自己下一步的计划,等等,只有思之再三,思之周全之后,我们才能把跳槽的思想付诸实践。

在一家公司,我们还没有学到全部东西,如果我们这时就想要跳槽,就会像煤炭一样,就会和坚持下来,忍受几千年考验的钻石的价值相去甚远。想要在一个行业取得成功就要善于分析,善于自作主张,爱强出头是非常不可取的,为你的人生下一步积蓄力量,努力奋斗,我们将看到人生的美好。

　　有很多毕业生，每当他们感叹工作难找的同时，依然在上演着频繁跳槽的好戏。我们不否认，跳槽是一个人对自己人生的一种新的选择，跳槽就是要选择最适合自己的。中国人常说，旧的不去，新的不来，人生的每一步只有通过选择，才能找到真正适合自己的职场定位。当然，盲目选择，是职场工作中的大忌，想要成为钻石，就要有钻石的隐忍和坚持。

　　王明轩大学毕业后在一家公关公司工作了两年。两年中，王明轩非常努力，业绩也很出色。只不过经常加班、出差、超强的工作压力让他觉得自己虽然成长得非常快，但得到的回报却严重不足。而且，王明轩感觉自己身体状况每况愈下，他真的有些吃不消了。因此，他决定跳槽，重新找一份相对压力较小，而且得到的回报能够与付出成正比的工作。

　　王明轩在公关公司服务的客户全部是外资企业，因此对外企相对比较了解。王明轩很羡慕外企员工的工作环境、企业文化与高薪，觉得自己完全能够承担与外企员工相同的工作，或者比他们做得更好。于是，他把外企确定为自己跳槽的最佳落脚点。

　　考虑清楚之后，王明轩开始按照通常的跳槽方式去找工作。他精心制作简历，把自己的背景及做过的项目都列了出来，然后，他把简历放在网上，并通过几个国内主要的招聘网站四处散发。过了一段时间，虽然王明轩也得到了一些面试机会，但大部分简历还是石沉大海了。

　　而且，就算是这些面试，也是问题频发，和王明轩所设想的面试场景大相径庭。有的面试官根本不会正视你，还会用有色眼镜审视你，这让王明轩非常难过，很多时候，他要辗转很多地方，但却没有任何收获。

　　跳槽进展不顺利让王明轩倍感郁闷。于是，他决定改变应聘策略，首先把他所感兴趣的本行业的外资企业进行了梳理，找出企业文化或者说管理方式他最认可的几家企业。其次，他把通过工作关系认识的企业员工都梳理了一遍，找出几个最有可能帮助他的人，分别约他们出来吃饭，通过他们了解企业的职位空缺，并帮助他把简历递给公司的人力资源经理。同时，在自己现在的工作中，也更注意与客户公司的人建立起私人关系。

终于，功夫不负有心人，在朋友的介绍下，王明轩成功地跳槽到了一家世界500强企业做市场推广专员，专门负责与他以前工作过的那一类公关公司进行业务联络。对于自己精心选择的这份新工作，王明轩非常满意。

"给我，给我一双慧眼吧，让我把这世界看得清清楚楚明明白白真真切切"，我们很多人都听过那英的这首歌，都希望自己能够拥有一双慧眼，看清这个世界，看清自己的每一次选择。王明轩就是这样的人，他的跳槽取得了成功，他的成功之处就在于他非常清楚自己需要什么，需要提升自己哪方面能力，找新工作的侧重点在哪……我们只有认真分析之后，再做出选择，才能把风险降到最低。

跳槽不跳槽，是我们职场生涯要面临的选择，而这样的选择，是要放在不违背原则的前提下。有的人喜欢偏安一隅，工作为的就是安稳，但是有的人则喜欢挑战，认为所有的事情只有不断尝试，才能找到适合自己的，才能找到最好的，进而，他们不断选择跳槽。我们不否认这两种人如何，适合自己的才是最好的，我们每个人都有自己的活法，我们无法把别人强拉到我们的轨道上，所以，一切，只有最适合的工作，没有最好的工作。

选择是否跳槽，是一个态度问题，如果你对手上的工作尽心尽力去做了，那么，就算你跳槽了，你也能胜任新的工作；如果你对手上的工作摆出一副漫不经心的态度，那么，就算你选择了离开，等待你的将会是职场中失败的更大打击。对于职场新人来讲，坚守自己的原则，摆正心态是最重要的。

风范需要坚守原则的人，这样的人时时刻刻把原则当做自己的底线。不管他们是选择跳槽还是选择留守，都是他们在原则的前提下做出的决定。在不违背原则的基础下，我们做任何事都是对的，而风范的气场也将在我们做出正确决定之后展现出迷人的魅力。

在过错面前，包容是一种风范

　　人生是一段旅程，我们无法保证旅程中处处都是坦途，也无法保证自己永远不会跌倒。人无完人，我们每个人都会犯错，强大如领袖般的成功者，也会有失手的时候，但是当我们犯错的时候，最应该做的就是接受事实，然后改正，只有如此，我们才能得到别人的包容，才能更好地继续前进。

　　在过错面前，包容是一种风范，这样的包容，不仅是包容别人，更是包容自己。学会包容，我们才能在漫漫人生路中不计对错地走下去，才能在人生中展现出别样的光芒。

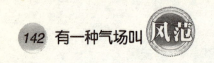

错误是人性中的残缺美

我们常说:"马有失蹄,人有失手。"就算我们再专注一件事情,也会有打盹的时候,这就要求我们正确看待错误。即使错误发生了,我们也要学会正视错误,不管是我们自己的还是别人的,我们都需要学会包容,只有包容之后,我们才会想到去改正。

错误是因为命运喜欢我们,才会让我们多犯错误,多去体会人生,只有这样,才能让我们在短短人生中展现出更多的光辉。人生本来就有苦有甜,想要品尝甜,就要先品尝苦。学会接受,学会换种心态去考虑犯错,我们才能看到更广阔的天空。

唐太宗李世民是一代明君,开创了唐朝贞观之治,一时间四海升平,宇内安定,是中国历史上有名的好皇帝,但是如果没有直言敢谏的魏征,唐太宗也许就取得不了这么大的成就。

有一次,唐太宗问魏征:"朕身为一国之君,怎么做才能真正成为一代明君,能够明是非,不被奸佞所蒙蔽呢?"

魏征不紧不慢地说:"身为一国之君,要想明是非,辨忠奸,就应该广泛听取大臣们的意见,不能只听某个大臣的一面之词,只有察纳雅言,才能做出最正确的决定,您才不会被欺骗。这样,皇上就能真正知道大臣们所想,知道百姓们所想,了解所有人的意愿,做出决定,才能收到最好的效果。"

唐太宗听了魏征的一席话非常高兴,从此之后,唐太宗广开言路,鼓励大臣们多多进谏。

魏征去世后,唐太宗非常伤心:"用铜作为镜子,可以看出一个人穿戴是否整齐;用历史作为镜子,可以看到各个朝代的兴起与消亡;用人作为镜子,可以清楚地看到自己和别人的差距。魏征去世了，朕失去了一面知得失的好镜子啊！"

我们每个人都会犯错误，就算是开启贞观之治的李世民也会犯错误，如果魏征不敢直言劝谏，如果李世民不能有一颗包容之心，听从劝谏，那么，唐朝就不会拥有这样的太平盛世了。

犯错是我们生活中的小插曲，我们要学会适应，这些都是残缺之美，就像断臂的维纳斯一样，你永远无法否定它的价值。错误也是一样，我们永远认为错误是不完美的，是瑕疵，但是错误可以改正，如果我们无法认清错误的本质，总是把错误放到心间，那么，错误的美就再也体现不出来了。

沃尔玛前 CEO 戴维·格拉斯在评说沃尔玛创始人山姆·沃尔顿时曾说："山姆有件事真的与众不同，那就是他不怕犯错，不怕把事情搞得乱七八糟。到明天早上，他又会转移到新目标上，从不浪费时间去回顾过去。"

我们每个人的智力都是有穷尽的，我们无法把所有事情做得尽善尽美，但越是如此，就越需要我们做好自己的一切。一切错误都只是暂时的，我们要做的就是正视错误，并且要从中找到改正错误的办法。如果我们现在无法正视错误，将来就会遇到更大的错误。

错误是人性中的残缺美，没有任何人能够摆脱错误的纠缠，正因为此，我们需要坦然面对，找到错误背面美好的一面，只有这样，我们才能变得宽容，变得成熟，而风范也将会随之展现出来。

第二次世界大战期间，一支部队在森林中与敌军相遇。激战后，两名来自同一个小镇的战士与部队失去了联系。

两个人在森林中艰难跋涉，将近半个月过去了，也没有见到部队的半点踪影。他们互相安慰，相互扶持着度过那些难挨的日子。

这一天，两人用所剩不多的子弹打死了一只鹿，这成为了他们唯一的生命支撑。仅剩下的一点鹿肉，由年轻的战士安德森背在了身上。

第二天，他们在森林中再次与敌人遭遇。经过激战，两人巧妙地避开了尾追，又逃过了一劫。就在他们都认为自己已经安全的时候，只听一声枪响，走在前面的安德森应声倒下了——幸好这枚子弹打在了他的肩膀上。

后面的老兵惶恐地跑了过来，害怕得语无伦次，抱着战友的身体泪流不止，并赶快把自己的衬衣撕下来，包扎了战友的伤口。

晚上，老兵一直念叨着母亲的名字，两眼直勾勾的。他们都以为自己再也挺不过这一关了，尽管饥饿难忍，可他们谁也没动身边的鹿肉。那一夜，他们都不知道是怎么度过的。

而就在第二天，部队救出了他们。

事隔50年，那位受伤的战士安德森说："我知道那一枪是我的战友开的。在他抱住我的一刹那，我碰到了那发热的枪管。我怎么也不明白，他为什么要对我开枪，直到那天晚上他念着母亲的名字。我知道他想独吞我身上的鹿肉，也知道他想为了母亲而活下来。此后50年，我假装根本不知道此事，也从不提及。可终究，他的母亲还是没有等到儿子回来。我和他一起祭奠了老人家。那一天，他跪下来请求我原谅他，我没让他继续说下去。从那以后，我们又做了几十年的朋友——实际上，那天晚上我就宽恕了他。"

犯错是一种必然，而包容则是一种释然。人生中的错误只是浮光掠影，再大的错误也终有烟消云散的一天。人生就是一段旅程，旅途中道路是否颠簸，是我们所不能左右的，这就要求我们直面现实，只有如此，我们才能展开一段新的人生。

人生旅途永远都在继续，当我们把目光投向错误时，我们就会感觉到失败，当我们对错误释然，把一切看淡之后，我们就会发现，原来一切不过是再次开始，犯错不是简简单单的承认错误，而是要给自己一个新的开始。认真做事，认清自己，我们才能活出属于自己的精彩人生。

不再挑剔，困难都会为你让路

金无足赤，人无完人，对世界的挑剔就是对自己的挑剔。我们每个人都有缺点，如果我们总是看到别人的缺点，总是挑剔的话，我们的吸引力就会被消极情绪所取代，而我们的吸引力也会变得暗淡无光，朋友也会越来越少，长此下去，我们就会变得孤独，鲜有朋友了。

缺点和错误都是不可避免的，因为我们生活的这个社会就不是太过完美的，正因为此，我们才要学会调整心境，做回自己。著名作家罗曼·罗兰曾说："认清这个世界，然后爱它。"承认世界不完美，放下挑剔心理，我们才能通过自己的努力，让世界变得完美。

太过于完美的事情是很容易破碎的，只有有瑕疵的东西才会更加长久，刚而易折，就是这个道理。挑剔的总是强加意志给别人，希望别人完美，但是事实上，这样的高标准是不可能实现的。己所不欲，勿施于人。挑剔的做法很容易把两个人之间的矛盾扩大化，变得再也无法调和了。如果我们总是拿着放大镜看人，看到的只会是别人的缺点，而且越看越大。我们需要的是朋友而不是敌人，如果我们总是拿着放大镜看人，那么，不管我们走到哪儿都是死胡同。

乔丹，作为 NBA 的神话，一直被世人所熟知。他最看重的是自己的竞争力和别人对其能力的认同。而乔丹首先对他人就是这么做的。

当年在公牛队时，乔丹和皮彭可以说是队里的两大主力。而皮彭也一致被认为是最有希望超越乔丹的新秀。因此，皮彭也时常故意流露出对乔丹不屑一顾的表情，还经常有意无意地在言语上有所挑衅。

但乔丹并没有把皮彭当作潜在的威胁而排挤他，反而对皮彭处处加以鼓励。一次训练后，乔丹特意找到皮彭，问他："你说咱俩的三分球谁投得好？"

皮彭心存怨气地回答:"你明知故问,当然是你。"的确,那时乔丹的三分球成功率是28%,而皮彭是26%。

没想到的是,乔丹微笑着打断他说:"不,是你!你投三分球的动作规范、自然,很有天赋,以后一定会投得更好,而我投三分球还有很多弱点。"

皮彭听后,更加觉得羞愤难当,认为乔丹这是在有意羞辱自己。

还没等皮彭的不满情绪爆发,乔丹紧接着就对皮彭又说道:"你看,我投篮多用右手,而你左右手都行。"

这一细节连皮彭自己都没有注意到!他深深地被乔丹的谦虚所感动。

从那以后,皮彭成了乔丹在公牛队乃至NBA最忠实的支持者。在乔丹的带领下,公牛队创造了NBA历史上的公牛王朝。而乔丹则被誉为篮球界中上帝的化身。

世间万物都有好的一面,也有坏的一面,关键就在于我们会选择从哪个角度去看。如果我们学会欣赏,善于从生活中发现美,那么,世界就是非常美好的;如果我们总是喜欢鸡蛋里面挑骨头,我们看到的世界就会是黑暗的,没有丝毫亮色。后者的人生将会是非常悲哀的,悲哀的不是世界的黑暗,而是他自己内心的黑暗。

明代洪应明在《菜根谭》中说:"地之秽者多生物,水之清者常无鱼;故君子当存含垢纳污之量,不可持好洁独行之操。"身为君子就应该有宽广的胸怀,有容人之量,当我们拥有了这样胸怀的时候,我们才会把别人的缺点和错误屏蔽掉,才会发现人世间的美好。

春秋时期,晋国国君晋献公昏庸无道、骄奢淫逸、祸国殃民。他为了宠幸骊姬,竟然不惜杀死了亲生儿子申生,立骊姬的儿子奚齐为太子。但就是这样,骊姬还是不满意,让晋献公派人追杀他的二儿子重耳。不得已之下,重耳就逃到了翟国。重耳喜欢结交朋友,当时,在晋国的一帮有德之士听说重耳去了翟国,就纷纷追随他而去。

公元前651年,晋献公去世。晋国大乱,为争夺皇位而杀机四起。最后晋惠公夷吾得了王位。但是他想到了他的兄长仍然在外,就非常担心,便派人去翟国刺杀他。重耳听闻后只得又一次出逃，开始了四下逃亡的生涯。

公元前 637 年，晋惠公去世，晋怀公继承了王位。晋国的大夫栾枝就劝说重耳回到晋国来争夺王位，由他来做内应。这时，在秦国流亡的重耳在秦穆公的拥护下，时隔 18 年，再次回到了晋国的土地上。

回到晋国之后，重耳叫手下把逃亡时自己的随身物品全都扔到了河里，他觉得这些东西非常晦气。这时，狐偃就跪下说："现在公子有秦国军队护送，在晋国又有栾枝作为内应。我们这帮追随您多年的老臣就像你刚才扔到河里的旧衣物一样，也没有什么用处了，留在这里只会让公子厌烦，不如把我们也扔在这里吧！"

重耳一听，马上明白了狐偃的意思。于是，就吩咐手下把衣服打捞上来，并当即立誓说道："如果我重耳能够夺回晋国，一定不敢忘了诸位。这些年大家对我的帮助，我一定牢记心上。"这样一说，狐偃等人才安心上了船。

第二年，重耳顺利登上了王位，成为了历史上著名的晋文公。

这时，一些身怀异心的晋国人怕重耳回国之后找他们算当年的陈年旧账，就密谋想杀死重耳。当年追杀重耳的寺人披听闻此事，就想向重耳报信，却被重耳拒绝了。

寺人披说："我当初杀您，是奉了当时国君的命令。对主人命令不听从，是为不忠。但是现在您是我的主人，我理应为您效忠。如果您不接见我，当年得罪您的人就没有人再为您出力了。"

就这样，重耳才接见了寺人披。寺人披把叛乱者的阴谋诉说了后，重耳非常惊讶，马上派人把叛乱者全都杀死了。

叛乱平定后，为了安抚人心，重耳宣布，自己虽然登上了王位，但对以前的事可以既往不咎。绝大多数人都不相信重耳竟然会如此宽容。

就在这时，一个当年背叛过他的人出现在了重耳面前。看到这个人，重耳生气极了，马上就想杀了他。但是这个人却说："我来见您，是为了让别人看见您宽容的举措。我曾经如此对待您，如果您能原谅我，别人自然就会相信您所说的话了，就没有人会担心再受到责罚了。"重耳觉得他说得很对，于是便宽恕了他。

经过这件事，晋国上下对于这位新国君渐渐生出了敬意。而晋国也在重耳的治理之下变得国富民丰，成为中原的霸主。

如果重耳没有宽广的胸怀，是不会饶恕众人的，也不会闯出自己的一番伟业，更不会成为"春秋五霸"之一。

卡耐基曾经不止一次地引用这样的话："如果你想赢得朋友，让你的朋友感到比你优越吧；如果你想赢得敌人，那就时时刻刻感到比你的朋友优越吧。"这句话可以从另一个侧面去理解为：你想要别人怎样待你，首先就以那样的方式去对待他人。

为人处世不在于横行无忌，而在于适当礼让，我们都喜欢谦和有度的人，而不是大肆张扬的人。为什么水会利万物而不争，主要就在于水觉得众生平等，没有好坏，所以，老子才会说，水的做法最像道家的做法。

想要修炼成强大的风范气场，最需要我们做的就是不去挑剔，看淡一切，这样，我们才能包容一切。正确看待问题，知道这个世界是不完美的，我们才能重拾信心，继续开始奋斗。因为世界不完美，我们才要去奋斗，让世界变得完美；因为我们不完美，我们才需要不断修炼风范，创造出属于自己的辉煌成就。

宽容让风范富有弹性

一个人胸怀有多大，他能取得的成功就有多大。宽容是一种美德，它能让我们看到世间的美好，走出人生的藩篱，找到人世间最真的美好。宽容的人，不仅会让自己的内心非常淡然，更会形成一种风范，影响到我们身边的人。

宽容处世，可以让事情得到缓和，可以让我们在判断时得到还空。在如今快节奏的生活中，我们不需要时时刻刻紧绷着弦。我们都不希望和别人发生矛盾，都希望和别人和睦相处，这就要求我们宽以待人，宽容待事。宽容可以让我们忘记痛苦，忘记别人的不好，重新上路。

我们每个人都不会喜欢和斤斤计较的人打交道,这样的人只是顾及自己的利益,忽略身边朋友的利益。人生不是单行道,以自我为中心的人是很难成功的。而宽容就像久旱后的甘霖,可以滋润万物,更能滋养我们的心灵,让我们不断向前迈进,不以物喜,不以己悲,促使我们达到宠辱皆忘的境界。

在麦克阿瑟任世界著名学府哈佛大学商学院院长时,研究团队的成绩卓著,先后为管理学界作出了一个又一个不可磨灭的贡献;哈佛大学商学院也因此而取得了前所未有的成功。

仔细分析可看出,麦克阿瑟对于商学院的管理要点就在于他对下属的信任和下属对他的真诚。当时,很多人对麦克阿瑟院长给了迈克尔·波特等一大批年轻有为的教师太多的时间、太多的空间以待成长提出了异议。反对者认为,正是因为麦克阿瑟的宽容,才致使哈佛一时陷入了青黄不接的困境之中。

但时隔不久,波特这批年轻人就不负厚望,为哈佛赢回了声誉。其中沉寂3年之久的波特写出了《竞争战略》,随后又出版了《竞争优势》、《国家竞争优势》,因此成为当时全球最受欢迎的一名战略管理学家。

麦克阿瑟有着宽容的心态,他对事情的处理非常宽容,非常公正,正是因为他的这种精神,才会使得团队产生一种凝聚力。麦克阿瑟的宽容,为他带来了强大的风范,使得他做任何事都事半功倍。

英国诗人济慈说:"人们应该彼此容忍,每个人都有缺点,在他最薄弱的方面,每个人都能被切割捣碎。"人不是天生下来就什么都知道的,正因为此,我们才需要学会宽容。让风范变得有弹性起来,而我们身边的人才会看到我们柔和的一面。

宽容是人际交往中的催化剂,它能尽快改善人与人之间淡然冷漠的关系,缓和人与人之间的矛盾,给我们带来春风,带来温暖,让我们的人生充满亮色。当别人咆哮发怒的时候,我们更应该泰然处之,针尖对麦芒是非常不明智的举动。而唯有宽容才可以影响到正在发怒的人,让他感受到我们的磁场,这样,他们的愤怒才会止歇,而我们的风范才会逐渐强大起来。

1918 年，梁思成 17 岁的时候认识了 14 岁的林徽因，他们两人的父亲是朋友，早早就定下了孩子们的亲事，并于 1928 年，两人步入了婚姻的殿堂。

林徽因是当时的著名才女，身边不乏大批的追求者。1932 年，梁思成和林徽因搬到了总布胡同，金岳霖是他们家后院的邻居。有一天，林徽因找到了梁思成和他说，她同时爱上了两个男人，这明显不像是商量的语气，而是像妹妹向哥哥询问的语气。梁思成想了一晚上，最后，梁思成觉得，自己缺少金岳霖那样的哲学家头脑，自己不如金岳霖。

第二天早上，梁思成和林徽因说，她是自由的。林徽因接下来就找到了金岳霖，把梁思成的话转告给了他，金岳霖说："梁思成能说出这样的话，证明他是真心爱你的，他不希望你受到任何委屈，所以，他才会给你自由，我不想伤害一个真心爱你的男人，我退出！"

最后，三个人成为了好朋友，梁思成从来没有因为妒忌而失去包容之心，他对林徽因的爱不仅伟大，而且深沉。金岳霖自此之后终身未娶，等到他 80 多岁去世，为他送终的却是梁思成和林徽因的儿子。

宽容是一种人生境界，它可以改变我们的人生，让我们的人生更快乐。而宽容的磁场需要我们把它放到人生中不断历练，这样，我们才能体会到宽容的真谛。真正的宽容，是从心底发出的，而不是简简单单一时一刻的感悟，人生的精彩，不在于每天的彩排，而在于每天的现场直播。

19 世纪俄国有世界声誉的现实主义艺术大师屠格涅夫说过："不会宽容别人的人，是不配受到别人宽容的。"事实上的确如此，只有当我们学会宽容的时候，我们的人生才会变得精彩，而别人才会感受到我们的宽容，才会愿意陪在我们身边，继续创造奇迹。

泰山不让土壤，故能成其高；大海不择细流，故能成其深。宽容的人生，带来的是民心所向，是风范的功到自然成。梦想的舞台不在于它有多大，有多宽广，而关键就在于这个舞台是否适合我们。适合的才是最好的，找到宽容，我们就找到了适合自己的处世方式，就会让我们看到新的奇迹。

细节走近你，错误远离你

　　我们几乎每个人都曾说过这样一句话，那就是，细节决定成败。很多时候，我们的成败全都来源于细节，见微知著，当我们发现不了微小的错误，等到让错误蔓延下去，长此下去，细节就会引发一件大事的崩塌，而到那时，我们的风范也将会因为没有提起注意而瞬间崩塌。

　　读懂细节，我们才能创造奇迹。我们都曾听过马掌钉和国家的关系，少了一个马掌钉就会导致一匹马变瘸，马变瘸就会导致一名骑士战死，一名骑士的战死就会导致一场战斗的失败，一场战斗的失败就会导致一场战役的失败，一场战役的失败就会导致国家的灭亡。纵览世事，我们就会发现，任何事情的成功或者失败，它的起因都是来源于一件微不足道的事情，当我们忽视它的时候，它所引发的恶果就会是对你最大的还击。

　　曾经有一家国际贸易公司招聘业务人员，有一位年轻人前来应聘，他毕业于名牌大学，又有 3 年的外贸公司工作的经验，在众多的应聘者中，他算是各方面条件相对不错的一个了。

　　"你原来在外贸公司做什么工作?"主考官问道。

　　"花椒的进出口贸易。"年轻人回答。

　　"近几年的花椒质量下降，销路非常不好，你知道是什么原因吗?"考官又问。

　　年轻人下意识地想到了花椒采摘手法对质量影响很大，就说："一定是农民在采集花椒的时候不够细。"

　　出乎年轻人预料的是，考官给他讲起了花椒采摘的门道。原来花椒采下来以后，要在太阳下暴晒一整天，如果晒不好，就不能称之为上品。但是最近几年，很多农民为了图省事，把采集好的花椒放在热炕上烘干。这样烘出来的花椒虽然从颜色上看起来和晒过的花椒差不多，但是味道就相差很远了。这种产品的销路当然就不会像原来那么好了。

"一个好的业务员要重视工作中的每个细节"，考官最后送给年轻人一个最好的答案。

我们很多人总是习惯说，万无一失，一切都没问题，但是等到问题真正出现时，我们才会想到哪里没有做好。无论是生活中还是工作中，我们都需要把细节放在首位，而细节上的一些提示，往往能够让我们看到事情未来的走向，比如说，一份策划案，我们总是感觉哪里不对，但是就是想不起来，最后，落地实施之后，我们就会发现，这份策划案失败了。当然，这其中的缘由就是细节，只要我们多重视一些，我们就会了解更多，这时，我们才能汇总一下，避免在细节上出问题。

人有时候需要唤醒自己，很多时候我们都是很粗心的，都是不计后果的，长此以往，我们的潜意识就会变得不重视细节，这样就会让我们的大局被细节左右了。窥一斑可知全豹，工作生活中，不重视细节的人，是很难取得成功的。

细节决定成败，人需要积累经验，而最好的经验，最精确的经验，是体现在细节上的，我们要做的就是多去关注细节，这样，我们才能做到万无一失，才能说，把工作很好地完成了。

关琳2001年大学毕业后，到一家四星级酒店工作。她的工作职责就是为一位刚刚聘请来的法国大厨当助手。大厨维克多是个雪茄迷，业余时间外出散步时，维克多经常对关琳讲起雪茄。

一次闲谈中，维克多告诉关琳，雪茄在欧美国家几乎是无处不在的。出入商务会所，朋友会请你到雪茄室抽一支；每家酒店里都有颇具规模的雪茄专卖店；就算去酒吧喝酒，侍应生也会给你递来雪茄单，毕恭毕敬地向你推荐"大卫杜夫"、"卡西亚维加"。可是，在北京想买优质雪茄，却非常的困难。

听了维克多的"抱怨"，关琳灵机一动，她想到北京有众多的外国人，他们买优质雪茄如此困难，如果自己开一家雪茄专卖店的话，只要品种齐全，必定会非常受欢迎。关琳把自己想开雪茄店的打算告诉了几位女友，她们一致认为这是个好主意。但是，雪茄是一种"奢侈品"，开一家专卖店需要投资很多钱。比如产自牙买加的"麦克纽杜"价格为 250 元，多米尼加的"大卫杜夫"价格是 400 元，有的甚至上千元。到哪里去弄一笔启动资金呢？

正当关琳愁眉不展时，维克多对她说："关，我虽然不喜欢做生意，但是我对你开雪茄专卖店的想法非常感兴趣。如果可以的话，我愿意以入股的方式投资一部分钱。"关琳惊喜异常，没想到这位法国大厨关键时刻竟帮了自己的大忙！

关琳很快辞去酒店的工作，物色了一个门面，和几个懂行的朋友一起动手装修，忙活了两个多月，一家风格独特的优质雪茄专卖店终于红红火火地开业了。关琳的店有 30 多平方米，很宽敞，招牌上没有中文，只有一行字母 Monte-cristo（蒙特），这是古巴雪茄中的一个非常有名的品牌，内行人一看就知道里面是经营什么的。

第一个月，关琳赚了将近 3 万块钱，在外人看来这已经非常成功了。可是，关琳一算，除去昂贵的房租和日常开支外，几乎没什么利润。第二个月，关琳仍在这个数字上徘徊，没有进展。她非常着急，如果再这样下去，用不了多久店铺就得关门了。

为了让更多驻京的外国人了解"蒙特"，关琳特意向领事馆发函介绍"蒙特"，同时还在一些主流英文媒体上做广告。这个办法效果很好。很快，使馆区的老外都知道"蒙特"经营着品种极为丰富的高档雪茄。从此每天都有许多穿着讲究、讲不同语言的洋人在店里进进出出。

后来，关琳根据顾客的需求增加了酒水服务项目。因为许多外国人喜欢边抽雪茄边品尝威士忌、白兰地、人头马之类的洋酒；也有些人喜欢把雪茄放在威士忌酒里蘸一下，再拿出来点燃。他们围坐在舒适的休闲椅上，在若隐若现的柔和灯光下，听着抒情的爵士乐，品着陈年美酒，沉浸在雪茄的香醇中，非常惬意。

经过一系列的"改良"，从第四个月开始，关琳的店就开始赢利了，除去各项开支净赚 2 万多元。在第五个月，这个数字猛然上升到 4.6 万元！

我们每个人都是机会的创造者，关键是在于你愿不愿意利用细节的魅力去创造。很多人想要强大富有，但是却没有发现细节的可贵之处，总是听之任之，不去发挥自己的主观能动性，最后的结果只能是非常可悲的。

风范来源于我们对细节的把握，当我们对细节提起足够重视时，我们就会少犯错，这就是防患于未然的一种表现，而正是因为如此，我们才会让错误远离我们，才能让风范来到我们身边。

在危机面前，淡定是一种风范

爱情没有永远的花前月下，工作没有永远的日日如新，这就注定危机之不可避免。不管是在工作还是生活中，我们都会遇到各种各样的危机。危机是不可避免的，但是我们却可以用良好的心态来让危机消失，遇到危机，我们要做的就是抬头挺胸，正视危机，这样，危机才会在我们的风范面前消失。

在危机面前，淡定是一种风范。遇事不慌不忙，遇危机淡定从容，我们才能把危机化解于无形之中，这样，我们才能以积极的心态把问题解决掉，才能展现出自己沉着冷静背后的风范。

危机淬炼，强者胜

危机是成功者的试金石，只有经过危机的淬炼，我们才能达到一个崭新的境界。只有经过暴风雨洗礼过的海燕才会飞得更高，只有经过烈火淬炼的武器才会更加坚固，只有经过危机淬炼的人才会更加强大。

很多人面对危机，总会选择逃避，总是希望能够通过无视它而渡过难关，这是不可能的。当危机出现时，我们应该昂首挺胸，直面危机，当我们的风范气场足够强大时，危机就自然会消散于无形了。危机淬炼，强者胜。只有当我们足够强大时，危机才会自然地退避三舍。

为了增强员工的危机意识，波音公司别出心裁地开展了另类教育方式。公司摄制了一部模拟公司倒闭的电视片：在一个天空灰暗的日子里，波音公司门口高挂着"厂房出售"的招牌，振聋发聩的扩音器里传来"今天是波音公司时代的终结，波音公司已关闭了最后一个车间"的通知，员工们一个个垂头丧气地离开了工厂……

这部电视片，在员工中间产生了巨大的震动。从这之后，所有的员工们都以主人翁的姿态努力工作、不断创新，使波音公司始终保持了强大的发展后劲。

无独有偶，德国奔驰公司同样也很注意"危机意识"的培养。这一点，在董事长埃沙德·路透身上更有着明显的体现。当走进他的办公室时，首先映入眼帘的是一幅巨大的恐龙照片，在这幅照片下面写着非常醒目的一行大字："在地球上消失了的，不会适应变化的庞然大物比比皆是。"

诚然，我们都不希望面对危机的考验，但是当危机真正出现的时候，我们也只能选择接受。改变能改变的，接受不能改变的。当危机出现，我们就应该勇敢站出来。每一个人，都渴望运气站在自己的一边，所有烦恼与不幸都与自己绝缘。然而，现实不是童话，这样的幻想是永远都不可能实现的。

正因为如此，诸如《环球企业家》、《财富》等杂志，会经常提到这样一个词——危机意识。面对纷繁的商业世界，我们必须拥有强烈的危机意识，在心理上及实际行动上有所准备，应付突如其来的变化。如果没有准备，不要谈应变，光是心理受到的冲击就会让你手足无措。

既然想要修炼出风范的强大气场，就应该有面对危机的勇气。凡事预则立，不预则废。我们要主动培养危机意识，这样，当危机出现时，我们才能灵活面对，才能经受住危机的考验，才能达到自己所希望的梦想彼岸。

公元前 627 年，晋国的晋文公和郑国的郑文公相继去世了。当时，秦国派来三位将军率领大批军马替郑国守城。这时守城将军偷偷地回到秦国，和秦穆公商量："现在，咱们的军队掌管着郑国整个北门的防御，如果大王发兵来攻打郑国，咱们里应外合，肯定能拿下郑国。"

秦穆公接到密报后，就跟手下的大臣商量此事。秦国的两名有经验的老臣蹇叔和百里奚都坚决反对。他们认为如果秦国出兵去攻打郑国，千里迢迢，一路上奔波劳顿，如此大张旗鼓地出兵肯定会让郑国得知。一旦对方奋起抵抗，秦国肯定会损失惨重。

秦穆公听了很是不高兴，他已经被求胜的心理冲昏了头脑。于是就派孟明视、西乞术、白乙丙三名大将和众多兵士偷偷地去攻打秦国。而蹇叔的儿子也在队伍之列，蹇叔就哭着对儿子说："你这次出发就再也回不来了，我真为你伤心啊！"秦穆公认为蹇叔在扰乱军心，就把他推到一边，随即下令军队向郑国进发。

三位将军率领大军一路向东前进，来到了秦国与郑国交界处的滑国（今河南省偃师县南）。这时，突然有人拦住了去路，并且大声说道："郑国使臣弦高求见秦国将军！"

孟明视非常吃惊，怎么会有郑国使者知道秦国要来？于是马上叫人把弦高请了进来，问他来做什么。

其实，弦高并不是什么郑国的使者，只是一名普普通通贩牛的郑国商人。他在去洛阳做生意的路上，听说秦国要率兵来攻打郑国。他知道现在的郑国国内由于郑文公刚刚去世，肯定疏于防范。如果任由秦兵来袭，郑国必定不保。于是他急中生智，一方面通知传递公文的驿站，让他们回国报信；另一方面，他自己却先带着四张牛皮和十二头肥牛，迎着秦军进攻的方向而去，想要阻止秦国的这场攻击战争。

孟明视见到弦高非常惊讶，就问他来这里干什么。弦高不紧不慢地说："我们大王听说秦国大将率兵到郑国来，舟车劳顿，肯定非常辛苦，就派我当先锋，带来牛皮和肥牛来慰问你们，算是郑国对秦国将士的一点心意。"

孟明视听说郑国已经得到了消息，更加吃惊了。他收下了物品，并且谎称自己是来帮助郑国抵挡晋国进攻的。弦高又说："郑国夹在秦、晋两国中间，为了能保全自己，日夜操练。要是谁敢来侵犯，我们绝对不会给他好果子吃的。"

孟明视心中暗自权衡，遂而改口说道："我们这次是来攻打滑国的，郑国和我们关系这么好，我们是肯定不会来攻打郑国的。"孟明视又说了几句客气话，就把弦高送走了。

无奈之下，孟明视只好下令攻打滑国。西乞术、白乙丙两员大将不明白，孟明视解释说："咱们千里迢迢来到这里就是为了偷袭郑国，现在郑国得知了消息，他们是以逸待劳，我们却是舟车劳顿。相比之下，如果我们再去攻打郑国，肯定会大败而回。但是我们现在寸功未立又不能空手而归，只有把滑国灭了才好向大王交差。"之后，秦军一举灭掉了滑国。

这边，郑穆公接到了弦高的报告，就对守城的秦军下了逐客令。最后，郑国在弦高的随机应变下避免了一场危难。

弦高急中生智、将计就计，用先下手为强的制人之术骗过了敌人，使郑国改变了被动挨打的局面。他不仅有头脑，而且敢于去做。当他得知秦军大举来犯的时候，并没有袖手旁观，而是反客为主，装作已经识破了秦军的计谋，变被动为主动，打了对方一个措手不及。这次举动不仅保全了郑国，更给秦国一种威慑力，让他们不敢再次来犯。虽然只是一个贩牛商人，面对危机时，弦高却能够观其机变，顺势而动，可称得上是一位智谋之士了。

现实生活中，我们会面对各种各样棘手的问题，越是难解决，就越需要我们保持冷静，保持应有的风范。危机只是我们前行路上的试金石，我们要学会灵活应对，只有战胜危机，化险为夷，我们才能真正蜕变为真正的强者。

疾风知劲草，忧患见成功

中国有句古话："疾风知劲草，板荡识奸佞。"很多时候，我们总是等到疾风出现，政局动荡之后，才会发现哪些是好，哪些是坏。更多时候，我们需要的不是危机出现，而是要先培养自己的忧患意识，只有培养出强大的忧患意识，我们才有信心面对各种危机的考验。

孟子曾说："生于忧患，死于安乐。"如果一个人没有忧患意识，就注定他会被社会所淘汰，就算是成功近在咫尺，他也没有办法抓住。风范需要不断修炼，才能产生强大的气场；而忧患意识则需要我们不断积累，只有这样，我们才能在人生路上走出一条属于自己的道路。

有一个朋友去旅游，因为没有相熟的人，就住在了一户牧民的家里。因为是第一次来，这位朋友对四周的环境感到非常好奇。

经过一番走访，这位朋友发现牧民家里养的骆驼非常奇怪，明明身边就有新鲜的青草，而它却选择去吃枯萎干涩了的草，这位朋友非常奇怪，就向牧民提出了这个疑问。

牧民笑着说，骆驼是一种非常有忧患意识的动物，它担心明天主人就会带它穿越沙漠，如果胃中没有足够的食物储备，是走不出沙漠的，它知道，干草比青草要更耐饥，所以它才只吃干草，而不吃青草，一头成年骆驼一天能吃下几十斤干草进行储备。

我们常常会看到"沙漠之舟"骆驼穿越沙漠的壮举，却很少有人知道它们在穿越沙漠之前所做的准备工作。骆驼的忧患意识，让它们知道，也许下一秒钟就要面对沙漠大风沙的考验，所以它们需要时时储备食物，以此来应对沙漠里没有食物的艰难考验。

人生中也是如此，不可能处处都是坦途，更不可能每一次都能发现生命的绿洲。我们需要的就是像骆驼一样，时时保持一颗忧患的心，不断充实自己，不断完善自己，让自己在顺境中看到逆境，时时告诫自己，不能掉以轻心，否则将会尝到失败的苦果。

艰难困苦，玉汝于成。很多时候，我们不能客观分析形势，进而让自己滋养出了安于现状的心理，对"忧患"二字弃之不顾，最后，只能接受失败的惨痛结局。

人生处处都有危机，我们每时每刻都有可能要面对危机的考验，所以，我们才会说有备无患。我们现在能把握的只有现在，正因为这样，我们才需要步步为营，才需要按部就班去做。风范因为谨慎而显得有层次，忧患意识是我们迈向成功的第一步。

徐伟杰去应聘一家做玩具出口的公司，经过一番面试，获得了面试官的认可。徐伟杰认为自己的人生已经起步，接下来，自己一定要努力，不仅要对自己负责，更要对公司负责。

第二天，徐伟杰精神饱满地来到公司上班，迅速投入到了工作中来，加上老员工对他的指点，徐伟杰完成的工作让上司非常满意。

但是好景不长，半个月之后，徐伟杰对待工作就没有往日的激情了，他发现自己的学历是最高的，而工资却是最低的，这让徐伟杰心里很不平衡。

老板发现徐伟杰的情绪变化后，就把他叫来谈话，并且告诉他，只要把工作做好，升职加薪是早晚的事，徐伟杰只是沉默应答，并没有说什么。

可刚刚过了一天，徐伟杰就主动找到老板，直截了当地要求老板提高他的月薪。但是老板认为，公司有严格的工资管理制度，不能因为徐伟杰一个人的要求而搞特殊，而且徐伟杰还是新人，刚来公司，对公司的很多业务还不是很了解，需要老员工对他进行指导。在徐伟杰为公司真正创造利益之前，公司是无法给他提高薪酬的。

徐伟杰表示理解，但是他也只是表面说说，工作的时候依然我行我素，每天只是完成上级布置下的任务，其他什么都不做。没事做的时候就在那儿打电话上网。

一个月之后，老板实在忍受不了徐伟杰的这种消极怠工，于是解雇了他。

徐伟杰的失败在于他没有忧患意识，工作还没多久就要求加薪，丝毫没有认识到自己所处的位置，只是盲目地拿自己的文凭说事，最后只能为自己的失败买单。一旦进入职场，文凭也就成了过去，如果还死抱着文凭当饭吃，那么，这个人就太失败了。职场看重的是一个人的能力，而不是一张白纸上的几个字，我们要做的就是尽快融入公司，和同事同舟共济。

现实生活中的很多人都是我行我素，根本不去考虑客观环境的变化，不知变通。这样的安于现状，只会让自己闭目塞听，不顾别人的感受，没有忧患意识。如此下去，只会让自己被新的环境所淘汰。

我们都喜欢享乐，不然怎么会有花花世界，怎么会有灯红酒绿、莺歌燕舞呢？但享乐是人性中的弱点，它只能让人看到眼前的利益，看不到长远的威胁。如果不能用发展的眼光看待问题，只能让一时的享乐麻痹掉自己的神经，那样我们就只能死于安乐了。

享乐只是暂时的，我们要做的就是时时保持忧患意识，要从光明中看到黑暗，从成功中发现威胁，这样我们脑海中就会永远绷紧一根弦，时时督促自己要向着成功的方向不断奋进，不要在竞争中被淘汰。

人生没有永远的顺境，也没有永远的逆境。顺境中我们要争取百尺竿头，更进一步，千万不能掉以轻心；逆境中我们更要认识到，逆水行舟，不进则退，要时时加足马力，才不会让自己掉队。

我们需要的不是一时的享乐，而是时时的自我鞭策，就像庄子那样的大思想家还常常"吾日三省乎己"呢，更何况我们？没有忧患意识是人生最大的悲哀。

我们要做的就是时时提高警惕,擦亮双眼,这样我们才能看到隐藏在暗处的危机,进而避免危机的出现,走向成功。风范需要的就是我们这种忧患意识,这种未卜先知的意识,只有统筹兼顾,规划好,我们才能走得好,走得远。

隔离危机,保持低调

《史记·滑稽列传》中有这样一句话:"酒极则乱,乐极则悲,万事尽然,言不可极,极之而衰。"它更多想告诉我们的是,在牢记"无限风光在险峰"的同时,更不要忘记"高处不胜寒"。做人要低调,盛不骄,得不傲。人生处处都有危机,任何事情到了极致,就会走向另一个极端,所以,我们才会说否极泰来。

做事淡然一些,做人低调一些,我们才能让危机与自己绝缘。人生的每时每刻都充满智慧,我们要做到淡然处世,不要把自己放到风口浪尖,放到顶端,若是如此,我们就会成为众矢之的,危机也就会自然出现了。

山从不炫耀自己的高度,但并不影响它的高耸入云;海从不解释自己的深度,却也不会影响它的深不可测;地从不显露自己的势力,却没有谁能忽略它的厚度;天从不浮夸自己的空阔,却被尊之为囊括之首。因此,我们也不用过多说明自己的能力,不显山不露水,风范自现,智慧自成。

老子曾求学于一位殷商时期很有学问的贵族,他叫商容。在他生命垂危的时候,老子来到床前问候说:"弟子来此全听老师的教诲。"

商容说:"你已经完全掌握了我的思想,现在我只想问你:为什么人们经过自己的故乡时,都要下车步行?"

老子不假思索地说:"我想这大概是表示,人们没有忘记故乡水土的养育之恩吧。"

商容又问道:"走过高大葱翠的古树之下,人们总要低头恭谨而行,你知道为什么吗？"

老子想了想，回答说："也许大家是仰慕它顽强生命的缘故吧。"

听到这样的回答，商容不禁舒心而笑。少顷，他又张开嘴让老子看，并问道："你看我的舌头还在吗？"

老子有些不解地说："还在啊。"

商容又问道："那么我的牙齿呢？"

老子说："已全部掉光了。"

商容目不转睛地注视着老子，说："你明白这是什么道理吗？"

老子沉思了一会儿，说："我想这是刚强的容易过早衰亡，而柔弱的却能长存不朽吧？"

商容满意地笑了，对他这个杰出的学生说："天下的道理已全部包含在这两件事之中了。"

低调就是一种显示为柔弱，但是比刚强更有力的策略。世界姿态万千，人各有异，越是如此，就越需要我们保持低调。如果我们总是喜欢站在顶端位置，我们就会把自己的弱点暴露无遗。岂不闻"木秀于林，风必摧之；堆出于岸，流必湍之；行高于人，众必非之"？低调做人，低调做事，我们才能避免危机殃及自身。

在人与人的交往中，生存自然是第一位的，然后才能谋求发展。这就要求我们要培养自己淡然处世、低调做人的风范。只有不被自身耀眼的光芒所迷惑，才更有可能避开祸端。

纵观历史，历代那些有功的大臣们，能够做到功盖天下而不令主上怀疑，位极人臣而不被众人忌妒，尽享富贵而不被别人非议，实在是少之又少。其中最重要的原因就是他们不懂得低调做人，他们不明白：放低姿态才是自我保护的最佳途径。深谙低调行事之道的人，不管位有多高，权有多重，周围有多少妒嫉贤能的人，都能在危机四伏、人性复杂的丛林中为自己保留一席之地。

晚唐时期功勋卓著的朝廷重臣郭子仪，因政绩显赫而被封为汾阳郡王，王府就建在长安。自从王府落成之后，郭子仪下令每天都将府门大开，任凭人们自由进出。

一天，郭子仪帐下的一名将官要调到外地任职，特意到王府来辞行。他早就听说王府中鲜有禁忌，便直冲冲一路往前走。当他走进内宅时，恰巧看见郭子仪在一旁侍奉夫人和他的爱女梳妆打扮，一会儿递手巾，一会儿端水，如仆人一样。而郭子仪却在堂前厅后跑来跑去，忙得不亦乐乎。

这位将官虽然当时忍住了讥笑，但刚出了王府就乐个不停。回家后，他忍不住把这个情景告诉了家人，不曾想一传十十传百，几天的工夫，京城的大街小巷都知道了这个茶余饭后的笑话。

如此，郭府上下的人也不免都有所耳闻。郭子仪的几个儿子听后感到父亲的颜面大大地被羞辱，便相约一起来劝说父亲关上王府大门，禁止闲杂人等出入。他们一个个义愤填膺、慷慨激昂，甚至还搬出了商朝的贤相伊尹和汉朝的大将霍光，以此说明古今上下没有人像父亲这样"透明"的。

郭子仪含笑听完了儿子们的抱怨，之后收起笑容，语重心长地说："我之所以敞开府门，任人进出，并非是为追求那些浮名虚誉，而是为了保全自己，保全我们全家的性命啊。"

儿子们听了，一个个都被父亲这份郑重吓倒，忙问其中究竟。

郭子仪叹了口气，说道："你们光看到郭家显赫的地位和声势，却没有意识到这些是会随时丧失的。正所谓月盈而蚀，盛极而衰，人世同自然，不妨做到急流勇退。可是眼下朝廷又倚重于我，断不肯让我归隐脱身。在这样进退两难之时，如果我紧闭大门，不与外面来往，只要有一个人与我郭家结下仇怨，那麻烦可就大了。你们想，我打了那么多的仗，仇敌会少吗？如果有一个人诬陷我们对朝廷怀有二心，就必然会有人落井下石，那些嫉贤妒能的小人也会从中添油加醋，制造冤案。那时，我们郭家又如何得以保全？"

儿子们听后都默不作声，仔细掂量着父亲这番话的重量。

在竞争日益激烈的当今社会，若想在混杂繁乱的关系中时刻享有内心的平安，除了加强自身修养，提高综合素质之外，还要注意做人的方式。我们也许的确做不到古人所说的"无欲则刚"，但也并不能像李白所畅言的"人生得意须尽欢"。凡事有度，适可而止。只有学会控制，学会低调，我们的风范气度才会自然展现出来。

正所谓"小智若仙，大智若愚"，只有懂得矜持低调、不事张扬的人，才能如流水般，川流不息、源远流长。风范需要的就是细水长流，把小事做成大事，把平凡的事做成不平凡的事，我们才会看到风范大成的那一天。

视危机若等闲，视成功若必然

人生中，难免会有起起落落，但是就算我们坠入了失败的深渊，也只不过是从头再来。人生正因为有起起落落，所以，我们才会更加珍惜成功的一刻；人生因为有悲欢离合，所以，我们才会更加珍惜相聚的每一秒……任何事情都有相对立的一面，正因为此，我们才需要珍惜眼前的一切。危机不过是昙花一现，只要我们学会正视危机，危机就会变得渺小不堪，甚至可以忽略。

淡然去看待问题，我们才能离成功更近一步；淡然去看待问题，危机才会远离我们。人生需要自我排解，更需要我们学会淡然视之，只要我们不去在乎，不去看重，危机就不可能兴风作浪，而我们也将因此修炼出自己想要的风范。

有一年，郑板桥专程来到山东莱州的云峰山观仰郑文公碑。因天色已晚而不得不借宿于山间的一处茅屋。

进屋后，眼前一位儒雅老翁，自然是小屋的主人，热情地招待了郑板桥。老人出语不凡，自命"糊涂老人"。

交谈中，老人请郑板桥欣赏陈列在屋中的一方砚台：如方桌般大小，石质细腻、镂刻精良，让郑板桥大开眼界。

后老人又请郑板桥题字，以便刻于砚台背面。郑板桥则自觉老人必有来历，便题写了"难得糊涂"四个字,用了"康熙秀才雍正举人乾隆进士"方印。

因砚台颇大,尚有余地,郑板桥则请老先生也写一段跋语。俯仰间,一段小楷便赫然而现:"得美石难,得顽石尤难,由美石而转入顽石更难。美于中,顽于外,藏野人之庐,不入富贵之门也。"随后也用了一块方印,印上的字却是"院试第一,乡试第二,殿试第三"。

郑板桥大惊,细谈之下才知道老人原来是一位隐退的官员。又有感于糊涂老人的命名,见还有空隙,便也补写了一段:"聪明难,糊涂尤难,由聪明而转入糊涂更难。放一著,退一步,当下安心,非图后来报也。"这就是"难得糊涂"的由来。

人生在世,又岂能时时顺心、事事如意,正如老人所说,做人就不应处处斤斤计较,精明计算,只有淡然处世,我们才不会被烦恼所扰,才不会被俗事所累。人生处处都是危机,如果我们过于看重的话,就会左右自己的思维,让自己不敢迈出第一步,更会失去战胜危机的勇气。

成功没有捷径,但是好的心态却可以作为我们成功的助推器。任何时候,危机都是暂时的,都是需要我们认真努力去解决的,对于我们来说,危机是一种考验,危机可以让我们不断完善,更可以让我们迈向一个又一个新的起点。

危机是暂时的,我们要学会正视危机,更要学会遗忘,视危机若等闲,我们才能发现成功是一种必然。危机是我们人生的试金石,当我们面对危机时会呈现各种各样的人生态度,我们要学会做普通人中的强者,学会调整心态。只有积极面对一切,危机的阴霾才会散去,成功才会在下一秒钟出现。

1945年,二战时期,罗勃·摩尔在一艘潜水艇服役。同年3月,在中南半岛附近276英尺深的海下,这艘潜艇通过雷达的监测,发现了日本的一支舰队,这支舰队正在朝摩尔的潜艇开来,这艘舰队包括:艘驱逐护航舰、一艘油轮和一艘布雷舰,而摩尔则将为我们讲述的就是这样一个他亲身经历的故事。

"1945年3月,我在中南半岛附近276英尺深的海下,学到了一生中最重要的一课。

当时,我正在一艘潜水艇上。我们从雷达发现一支日军舰队——一艘驱逐护航舰、一艘油轮和一艘布雷舰--朝我们这边开来。

我们发射了三枚鱼雷，都没有击中。

突然，那艘布雷舰冲着我们直愣愣地开来（一架日本飞机，把我们的位置用无线电通知了它）。我们潜到了 150 英尺深的地方，以免被它侦察到，同时做好了应付深水炸弹的准备。同时还关闭了整个冷却系统，和所有的发电机器。"

"1945 年 3 月，我在中南半岛附近 276 英尺深的海下，学到了一生中最重要的一课。

当时，我正在一艘潜水艇上。我们从雷达发现一支日军舰队——一艘驱逐护航舰、一艘油轮和一艘布雷舰——朝我们这边开来。我们发射了三枚鱼雷，都没有击中。

突然，那艘布雷舰冲着我们直愣愣地开来。（一架日本飞机，把我们的位置用无线电通知了它）我们潜到了 150 英尺深的地方，以免被它侦察到，同时做好了应付深水炸弹的准备。同时还关闭了整个冷却系统，和所有的发电机器。"

"3 分钟后，天崩地裂。六枚深水炸弹在四周炸开，把我们直压海底——276 英尺的地方。深水炸弹不停地投下，整整 15 个小时，有十几二十个就在离我们 50 英尺左右的地方爆炸——若深水炸弹距离潜水艇不到 17 英尺的话，潜艇就会炸出一个洞来。

当时，我们奉命静躺在自己的床上，保持镇定。我吓得无法呼吸，不停地对自己说：这下死定了……潜水艇里的温度几乎有 100 多度，可我却怕得全身发冷，一阵阵直冒冷汗。

15 个小时后，攻击停止了，显然那艘布雷舰用光了所有的炸弹后开走了。而这 15 个小时，在我感觉好像有 1500 万年。我过去的生活在眼前一一出现，我记起了做过的所有坏事和曾经担心过的一些很无聊的小事：我曾担忧过，没有钱买自己的房子，没有钱买车，没有钱给妻子买好衣服。下班回家，常常和妻子为一点芝麻小事而吵架。我还为自己额头上一个小疤——一次车祸留下的伤痕发过愁。

多年之前那些令人发愁的事,在深水炸弹威胁生命时,显得是那么荒谬、渺小。我对自己发誓,如果我还有机会再看到太阳和星星的话,我永远不会再忧愁了。

在那 15 个小时里,我从生活中学到的,比我在大学念四年书学到的还要多得多。"

人要学会放弃,很多时候,我们往往会被小危机左右,如果我们不能调整好心态,淡然去解决危机。我们往往被小危机左右,如果我们面对小危机,都无法展现出自己强大的心态,当大危机出现之后,我们就会更加束手束脚了,等待我们的也终将会是失败的无情打击。

我们需要为各种突发危机及时调整自己的状态,人无远虑,必有近忧。我们无法预知下一秒钟会发生什么,正因为此,我们才需要尽全力调整好心态,迎接每一次危机的挑战。

我们应该学会为心灵减压,为自己的灵魂留下一片栖息的场所。人生考验是如影随形的,正因为这样,才需要我们尽全力做好自己。给危机提供一个停泊的驿站,给心灵提供一个缓冲的舞台,只有如此,我们才能自然而然展现出自己的风范。

在败者面前，尊敬是一种风范

人生中，成功固然可喜，但是失败亦不可悲。失败不代表我们懦弱无能，而是给我们提供了一个新的起点。低姿态起步，正是败者无所无惧的一种体现，而对这样的败者，我们要做的就是给予最大的尊重。

在败者面前，尊敬是一种风范。我们尊敬败者就是尊敬自己，因为我们也会有低谷，也会失败。人生需要的就是改变能改变的，接受不能改变的，学会尊重别人的成果，不管是成功还是失败。

败者气度，赢得尊重

我们纵览历史朝代的更替，总会发现一个共通的地方，那就是成王败寇，任何一个朝代的崛起，都是由数以万计的白骨堆成的。成功者固然可贵，但是失败者也在历史中留下了他们绚烂的一笔。关键是我们是否重视自己，是否有那种败者气度，水无常形，人无常势，我们要做的就是无论成功还是失败，都要展现出自己最有风范的一面。

我们承认，成功可以让我们看到付出的回报，可以增加我们奋斗下去的动力，那么，失败呢？其实，失败只是我们人生中的点缀，失败只是证明我们做得还不够好，失败提醒我们要继续努力，做最好的自己。成功者固然需要保持清醒的头脑，失败又何尝不是如此呢？失败之后，表现出强大的风范，就会让我们赢得周围人的尊重。

1960 年，尼克松与肯尼迪竞争总统之位，尼克松输了。

1980 年，杜卡斯基和里根之争，杜卡斯基输了。

尼克松和杜卡斯基到底输在了哪儿？

里根是演员出身，他高大英俊，无论是服装打扮，还是音容笑貌，以及他做出的每一个手势，都展现着与众不同的魅力，具有无与伦比的感召力。虽然他在其他方面也有不足，但人们却可以忽略不计。而杜卡斯基呢？不管是看外表还是听声音，不管是在台上演讲还是在台下表演，他显得"不像个领袖"，所以人们没有把更多的票投给他。

肯尼迪和尼克松的对决，肯尼迪自然占据了优势。肯尼迪年轻英俊，风流倜傥，给人一种坚定、沉着和自信的感觉，他周身散发出领袖的魅力，虽然他没有直接说什么，但人们似乎已经从他身上看到了希望，那就是他不仅可以主宰美国政坛，他还可以掌控整个世界的局面。当他提出"不要问国家能为你做什么，问问你能为国家做什么"这一口号时，一时间美国这个以"自我"为中心的国度沸腾了，他的责任感感动了每一位美国人，激起了一股爱国潮。他满足了美国人梦中理想的领袖形象，还树立了领袖形象新的、最高的标准。几十年之后，他的形象依然令人难忘。

里根和肯尼迪两位总统，他们看淡失败，进而赢得了尊重。有人说，他们天生就是领袖，因为他们有领袖的风范，就算是失败了，他们也能展现出领袖的风范。正是由于这种风范的影响，才使得他们赢得尊重，赢得喝彩。这样对待失败的态度又何尝不是人性中的一种美呢？

心理学家认为，每个人都有呵护美、向往美、追求美的心理。这种心理引导着人们积极地爱美、扮美、学美。当然，失败出现的时候，尊重也是一种美。更多的时候，我们只是普通人，无法正视失败，正因为此，我们才需要在失败之后展现出从容的气度，这样，我们才能成为一名优秀的失败者，才能展现出自己抗压的一面。

唐朝天宝元年，李白上京赶考。当时的考官是太师杨国忠，监考官是太尉高力士。这两个人都是贪财之人，很多考生就投其所好，给他们送礼。但是李白却不屑于靠送礼来求取功名。结果，虽然李白文思泉涌、洋洋万言、倚马可待，但还是落得个名落孙山的结局。

时隔一年之后，唐玄宗收到番邦寄来的一封国书。只见上面都是鸟兽图形，跟图画一般。所有人都看不懂这封国书所为何物。唐玄宗拍案大怒，大声呵斥："你们都是饭桶！食君之禄，竟然不能为君分忧。给你们三天时间，如果不能解答出这篇国书，朕就让你们统统丢官罢职！"

文武百官想破了头，却还是解读不出这封国书。这时候，有人推荐了李白。唐玄宗马上把李白接到宫中。李白看了一遍，冷笑着说："番邦在威胁我们，如果我们不割让给高丽国一百七十六座城池，他们就会来攻打我们！"

唐玄宗一听，大为惊讶，马上和身边大臣商讨退敌之策。但是唐玄宗发现李白镇定自若，就问他有什么办法。

李白说："此事不难，只要修书一封，高丽就会不战而降。"

唐玄宗非常高兴，见李白一纸文书就化解了国家危难。唐玄宗当即说："卿学富五车，满腹经纶，又能替朕排忧解难，朕就封你为翰林学士吧！"在这之后，唐玄宗还设宴款待了李白。

第二天，李白进殿写诏书时，看到了杨国忠和高力士，不由想起当年科举时这两人对自己的刁难，心里一阵怒火。李白就对唐玄宗说："微臣有个不情之请……"

正赶上唐玄宗心里高兴，见李白面露难色，就说："不管你有什么要求，只要朕能办到的，就一定满足你。"

李白再无顾忌，就说："臣恳请皇上恩准，让杨国忠为臣研墨，高力士为臣脱靴。这样臣才能文如泉涌，写好文书。"杨国忠和高力士听到这句话，恨得牙齿咯咯作响。

唐玄宗先前已经答应了李白，虽然这个要求有些过分，但是只得同意下来。

杨国忠压制住心中的怒火，耐着性子给李白研墨，并用双手捧起砚台。高力士则是毕恭毕敬跪在李白边上，帮他脱靴，脱完之后，还用双手捧着，静候一旁。

李白写的诏书字字珠玑，切中对方要害，番邦使节吓得望风而逃。

李白的仕途可谓青云直上，正是春风得意之时。但是他却主动上书唐玄宗说，他不喜欢束缚的生活，就主动离开了皇宫。

自此之后，李白访遍名山大川，与诗酒为友，过起了闲云野鹤般的生活。不断创作出了很多奇幻瑰丽的诗篇，终成一代诗仙。

我们每个人都不是万能的，总有自己涉及不到的地方，在这些地方去努力，我们就会迷失自己。诗仙李白知道自己不适合官场，如果自己想要在官场中有所作为，无异于做无用功，是会遭受到失败厄运的。正因为此，李白才会选择放弃官场，云游四方，也正是因为这样，李白才会取得常人难以取得的成就。

失败并不可怕，因为它在提醒我们要换个方向去努力，我们要学会转换思维,展现出从容不迫的气度,这样,就算我们是失败者,也能赢得所有人的尊重。风范是一种强大的气场,不管我们是成功还是失败,我们都能以最好的心态来迎接接下来每一次新的挑战。

赞美,让优秀再次萦绕耳畔

人生需要激励,不管是大的还是小的,我们都需要不断激烈才能走出阴霾。很多人失败之后,就会一蹶不振,越是这样,我们就越需要激励自己,赞美自己。赞美可以让失败者走向成功,可以让成功者走向优秀。

不要吝啬我们的赞美,也许我们的一个微笑,一句赞美,可以让一个人看到希望。赞美就是一支催化剂,它能在瞬间调动起我们的情绪,让我们以一种无坚不摧的状态迎接新的挑战。不管是在失败面前,还是在成功面前,赞美是必不可少的,也许正是因为我们的赞美,会改变一个人,让他重拾信心,继续前进。

有一个富翁,家里非常有钱,对自己的饮食起居非常讲究,为此,他请来一位厨艺高超的厨师,这位厨师每样菜都会做,做得最好的就是烤鸭。

富翁非常喜欢吃烤鸭,尤其是烤鸭腿,却从来不夸奖这位厨师。但是吃了几次,富翁发现,每只烤鸭都只有一只鸭腿,他感到非常奇怪,他怀疑另外一只鸭腿是不是被厨师自己吃了。

一天中午,厨师和往常一样,把烤鸭端上了餐桌,富翁发现这只烤鸭仍然只有一只鸭腿,富翁就非常生气地问厨师:"怎么你做的烤鸭只有一只鸭腿?另外一只鸭腿呢?"

厨师淡淡地说:"鸭子就只有一只腿。"

富翁更加生气了:"你真是胡说!世界上哪有一只腿的鸭子啊!"

厨师打开窗户,用手指着不远处的池塘。富翁顺着厨师手看去,看到的鸭子都是一只腿立着，而另外一只腿却缩了起来。虽然看到了这种情况，但是富翁仍然觉得事有蹊跷，于是就用力地拍起手来，鸭子被富翁的掌声惊醒了，动了起来，另外一只脚也伸了出来。

富翁非常开心："我说鸭子有两条腿，没错吧！"

厨师听了，仍然非常冷淡："那是因为你鼓掌了，鸭子的一只腿才变成两只腿了。如果你在吃烤鸭的时候，也鼓掌称赞一下，烤鸭的一只腿就会变成两只了！"

从此以后，富翁每次吃烤鸭的时候，都会赞美厨师的厨艺高超，而他吃到的烤鸭再也没有出现一只腿的情况了。

富翁每次只吃到一只腿的烤鸭，就是因为他不尊敬厨师的劳动成果，如果多一些尊敬，多一些鼓励，厨师做出的烤鸭就会有两只腿了。每个人都喜欢被人尊敬，哪怕小小的称赞，也会让他们非常满足。赞美会起到激励的效果，激发员工的积极性，让员工在快乐中成长，发挥出员工的最大潜能。

我们每个人都会失败，但是失败之后，我们不是死盯着失败不放，而是要往前看，想象自己失败之后该如何做。失败是一个舞台，虽然充满阴暗，但是只要我们不吝啬赞美，就能让自己尽快从失败的阴暗中走出来。赞美体现出的是一个人的风度，别人失败之后，我们要做的不是落井下石，而是帮助他，赞美他，让他尽快从失败的阴影中走出来。

任何人有成功，就会有失败，不妨我们换位思考一下，当我们失败的时候，我们最需要的是什么？当然是身边人的尊重和鼓励。人生总有自己面对不了的失败，但越是如此，我们就越要鼓励自己，告诉自己，一切都是暂时的，一切都会逝去，我们要做的就是尽快摆脱失败，让优秀在耳边再次响起。

管理者管理员工，不要吝惜自己的赞美，这样员工才会体会出自己的重要性，员工才会积极主动地工作，不断完善自己。

有两名保龄球选手进行比赛，打完第一球，这两名选手都打倒了7个瓶子。甲的教练对乙说："做得不错！打倒了7个，继续加油！"甲听完教练的鼓励，心里非常高兴，心里暗暗发誓："下次我一定做得更好，把剩下的3个瓶子也打倒。"

　　乙的教练对他说："你怎么做的？怎么才打倒 7 个？"乙选手听到教练的斥责，心里非常难过："我又被教练骂了，就算我做得更好，也于事无补。"

　　在接下来的比赛中，甲选手超水平发挥，一次比一次做得更好，而乙选手则是一次不如一次，最后不幸落败。

　　赞美往往比批评更容易被人接受，赞美是对别人的一种肯定，让他产生信心，积极情绪会促使他走向成功；相对地，批评则容易毁灭掉一个人刚刚燃起的信心，一个失去信心的人是不可能取得成功的。

　　我们每个人都渴望得到别人的尊敬，这不仅是对我们的肯定，更是对我们的一种激励。谁都不愿意接受别人的苛责，苛责只会让一个人丧失信心，让心情变坏，时间久了就会使消极情绪完全取代积极情绪，最后让自己走向绝境。我们都希望被别人尊敬和认可，在这种鼓励下，我们的人性潜能才会被激发出来，进而让自己走向成功。

　　失败之后的我们更是需要这样的激励，这样的激励就像久旱之后的甘霖，可以让我们瞬间发现希望的光亮。不管是管理别人，还是被别人管理，我们最需要做的就是学会换位思考，推己及人，只有这样，我们才能做好自己，完成失败到成功的人生蜕变。

　　不管是成功者还是失败者，每个人都希望获得满足，希望得到别人的认可，这是每个人心理的基本需求。尊重别人就是尊重自己，想要得到别人关键时刻的赞美，首先，我们要做的就是不要吝啬自己的赞美。赞美看起来微不足道，但是在关键时刻，它却能发挥出难以想象的力量，而正是这种力量将会不断指引我们，向着成功的方向不断迈进，而我们也将会因此不断展现出强者的风范。

团结的力量，让风范看起来与众不同

很多人失败之后总是说："我失败了！"语气中常常故意把"我"字咬得很重。我们不禁要问：你确定自己动用所有力量了吗？你的亲人、朋友是否帮助了你？如果没有，那么你的失败就不算失败，因为你仅仅认为你自己是一个个体，并不是一个团队！

俗话说："一个篱笆三个桩，一个好汉三个帮。"我们每个人都有属于自己的团队，而我们需要做的就是依靠自己的风范带动起他们，然后产生共鸣，让我们从失败的深渊中走出来。

我们每个人的手上都有五个兄弟，他们分别是：大哥（大拇指），二哥（食指）、三哥（中指）、四哥（无名指）、五弟（小指）。这五个兄弟各有分工，非常团结，每天都能好好完成自己的工作。但是时间一长，五个兄弟的心理就发生了变化，他们每一个都认为自己的功劳最大，每天的工作全是自己的功劳，就这样，矛盾逐渐激化，变得一发不可收拾了。

大哥（大拇指）说："我每天都要带领你们早出晚归，为你们提供服务，所以，我的本领最大了。"

二哥（食指）听完之后，不干了，说："你虽然是带领我们，但是你的分工明显有不当之处，等到你出问题了，所有的事都是我帮你顶着，所以，我的本领才是最大的。"

三哥（中指）听了，非常伤心地说："你们两个倒是悠闲了，每天只是分工协作，指挥我们，但为什么要把脏活累活都推到我身上，难道就因为我体型修长优美？"

四哥（无名指）笑道："你累那是你自找的，你看我，管理外交可以一把手，做得又快又好，所以，我的本领是最大的。"

五弟(小指)看到四个哥哥为了谁本领大争论不休，如果自己不争就会为被他们比下去。于是，五弟也加入了这场战斗，争着说自己本领最强。

五兄弟争来争去，谁也不肯做出让步。这时，人说话了："你们不要再争论了，谁能捡起地上的皮球，谁的本领就是最大的。"

五根手指争先恐后地去捡，但是，不管他们怎么努力，都无法捡到皮球。

这时，人又说话了："你们团结起来，劲往一处使试试！"五兄弟齐心协力，轻轻一拿，皮球就被拿起来。事后，五兄弟终于明白了，团结就是力量。

正所谓"同心山成玉，协力土变金"，成功需要的是团结的力量，只有懂得团结的人，才会明白团结对于我们的重要性。如果我们只是一个人去做事，看起来是多么弱小啊！只有多团结朋友，依靠大家的力量，才能做成不可能的事情。

一个人如果没有三五朋友，就会显得单薄无力了。古人常说"朋友相交，贵在知心"，我们如果想要得到朋友，就应该交心，而交心不仅仅是停留在口头上，更要在行动中体现出来。如果想要和一个人成为朋友，光去想是不可能的，最主要的是用风范去感染对方，同气相求，这样，人与人之间就自然会建立起深厚的友谊了。

当然，朋友是和我们站在一起的，就算我们背叛全世界，他们也会站在我们身后，和我们一起背叛全世界。朋友之间，是交心的，是相互尊重的，正因为有了他们的支持，我们才能从失败中爬起来，继续找寻成功的峰顶。

大学毕业之后，孙涛就留在了南京，应聘到了一家广告公司，经过一番筛选，公司留下了 5 个人，孙涛赫然在列。

试用期期间，总经理对孙涛等 5 个人说："你们好好工作，试用期结束之后，我将从你们中间挑选出一名最优秀员工作为我们的业务主管。"

听完总经理的话，孙涛心中的斗志被燃了起来，他在心底暗暗起誓，一定要当上业务主管。孙涛想，自己如果想要当上业务主管，首先要做的就是要超过其他 4 个人。如果只是一味地埋头苦干，肯定是不可能的，孙涛认为，自己要做的就是利用自己的聪明才智，利用网络率先了解当下流行的广告创意，并且多与专业人士交流,这样,自己才有胜算。

为了能够知己知彼,孙涛主动和其他四人沟通。不过,其实孙涛是把自己的独特想法都藏起来,只是不断从四人中学习知识,化为己用而已。而对自己的想法和观点却讳莫如深,不向其他人透露半点。

试用期结束,孙涛觉得自己胜券在握,但是总经理的决定却让孙涛从天上坠入了深渊,孙涛不仅没有当上业务主管,反而还被辞退了。孙涛感觉不可理解,就去质问总经理为什么要辞退他。

总经理解释说:"我们公司之所以能够发展到今天,不是因为钩心斗角,而是因为精诚合作。我们公司需要的是员工团结协作的能力,能跟同事互通有无、相互促进的人才是我们的最佳人选。"

我们不是单兵作战,更不是穷兵黩武,关键时候,我们需要记住身边人的力量,他们是和我们最接近的人,而且他们对我们的尊重,会起到非常大的连锁反应,就会让我们心里变得更加强大。

心理学上说:"当一个人遇到困难的时候,他的潜意识就会产生一种'喜欢自己'的心理。"喜欢自己就会变成喜欢和自己价值观、人生观比较相似的人身上,这时,我们的心里就会非常需要这样的朋友。朋友之间,风范大抵相同,当我们失败时,身边人的尊重,身边人的鼓励,是我们内心最大的慰藉。

人生的道路不是单人就能走成的,而是需要我们团结起来,一起努力,才能开疆拓土。梦想之所以明媚动人,是因为我们上下一心,一起执著地向前奋进。相互尊重,相互协作会让我们的人生变得精彩,而岁月的年轮也会随之不断刻上风范的烙印,永远不会消散,而我们也终将会向成功不断迈进。

挣脱心灵的枷锁，做最好的自己

多数时候，我们失败并不是因为自己能力不够，而是因为自己先否定了自己，认为自己不可能取得成功。就像很多得疾病的人每天都在等待死亡一样，就算他们没得疾病，只要他们心里认为自己得了，那么，他们的心理防线就会瞬间崩塌。失败之后，也是如此，如果我们总把失败放在口头上，等待我们的，将会是失败一次又一次的冲击。

人本来就很脆弱，当失败到来，我们会感觉到自己手上紧握的那根救命稻草也没了，就因为这样，我们脆弱的内心才会占据主导。我们需要做的就是挣脱心灵的枷锁，做最好的自己，只有这样，我们才能冲破失败的束缚，赢得身边人的尊重。

威廉·奥斯勒在学生时代时，总是对生活充满忧虑，不管做什么事情都要瞻前顾后，给人一副畏首畏尾的样子。

一次偶然的机会，他读了汤姆士·卡莱里的一本书，书中有这样一句话："最重要的就是不要用过去的阴影看远方模糊的未来，而要毫不犹豫地做手边清楚的事。"这句话感染了威廉·奥斯勒，他决心要改变自己，不再怯懦胆小。

威廉·奥斯勒变得敢拼敢闯，做事果断坚决了。这种习惯让他成为了一位有名的医学家，并创建了闻名世界的约翰霍普金斯医学院，成为牛津大学医学院的钦定讲座教授——这是英帝国学医的人所得到的最高荣誉，他还被英国女王加封为爵士。

威廉·奥斯勒对于自己做事的习惯这样解释道："用铁门把过去和未来隔断，在完全独立的今天里用百倍的勇气做自己想做的事。"就是这句话，影响了他的学生和成千上万的英国青年。

心灵的枷锁会让我们躲在失败的角落里，不敢出来。如果我们被负面情绪所左右，就会沦为失败的奴隶，就再也无法从死胡同中走出来了。我们只有尽全力做好自己，才能赢得尊重。我们要做命运的强者，要勇于去抗争，失败是客观存在的，但是，我们可以依靠心灵的力量，把失败搬开。

风范需要的是我们身心合一，失败最先击垮的是我们的心灵，当我们内心变得软弱，屈从于失败之后，与此同时，我们就会失去强大的风范气场，就算我们再希望身边人能够尊重我们，帮助我们，也是不能的了。

事实上，人生不如意事十之八九，失败是必然的，每个人都要经受失败的考验，正因为如此，我们才要做命运的强者，敢于与失败抗争。如果我们拥有这样不服输的精神，我们就一定能闯出属于自己的一番事业。

人生不应该为过去伤感，而应该为未来而拼搏。很多事情，既然发生了，我们要做的只有勇敢去面对，逃避并不能让事情消失，只是我们掩耳盗铃所采取的临时办法。想要摆脱失败，首先，我们要学会正视失败，正视失败之后，我们才能重拾信心，才能收获人生中的至美。

维塔是个年轻的小伙子，在做了一年推销工作之后，他决心要成为公司的最佳推销员，争取推销经理的位子。公司的上一届推销冠军，也就是现在某部门的经理，一周内推销90次。这一回，维塔决定挑战极限，实现一周交易100次的目标。

到了那周的星期五晚上，他已经成功地推销了80次，距离目标还有20次。维塔有点消极，也有点害怕，他担心自己会失败。但是，这种沮丧感很快就被打消了。他告诉自己：一定可以达到目标。于是，周六的早上，他又出现在工作岗位上。

直到下午三点钟，他还是没有做成一次买卖，可他知道交易的出现不在于推销员的希望，而在于态度。这个时候，他在内心默念了三遍这句话：我是快乐的，我一定会大有作为。

到了下午六点钟，他进行了三次交易，距离目标只差17次了！这时候，他又对自己说：成功是依靠努力得来的，更是为那些积极而不断努力的人保持的。我一定会大有作为。

到了夜里 10 点钟，维塔累坏了，可他却很快乐。因为，他完成了 20 次交易，他达到了目标。他也终于知道，积极的心态能够战胜恐惧，也能够把失败转变为成功。

我们需要的是一种积极的心态，当我们心存畏惧时，我们要让自己的心灵充满阳光，只有内心充满阳光，我们才能阳光地面对整个世界。积极的心态是看不见的法宝，能够发出惊人的力量，让你克服恐惧，克服万难。如果你用积极的心态发挥自己的思想，并相信成功是你的权利，你的信心就会使你成就你所制定的目标。如果你因为恐惧而消极了，满脑子都是恐惧和失败，那么你的结果也就是这些了。

人生就像是一列高速列车，我们不在乎自己目标是哪儿，关键是我们要安全通过每一个站点，不管我们身在何方，安全通过最重要。让积极的心态为我们风范的修炼保驾护航，人生就是一个不断调整、不断突破的过程，我们需要做的就是坚守住自己，挣脱负面情绪，唯有如此，我们才能活出最好的自己。

在赢者面前，鼓掌是一种风范

　　我们取得成功时，总是希望收获到无数的鲜花和掌声。但是，在别人获得成功时，很多人往往会因为忌妒心理而选择回避。回避不是解决问题的方法，而是需要正视胜者，祝贺他们，这样，我们才能调整好心态，继续沿着自己的人生道路前进。

　　在胜者面前，鼓掌是一种风范。祝贺可以让我们的心态变得成熟，可以让我们的胸怀变得博大，只有如此，我们收拾好心情，在成功的路上继续前进，展现出自己大度的风范。

坐在路边，为英雄鼓掌

当别人成功，自己失意时，中国人常常会以"不以成败论英雄"这样的话来告慰自己。但是别人的成功我们要承认，至少他们付出得比我们多，他们对于成功的执著精神比我们要强烈。他们取得成功，我们并没有，虽然说，结果并不是非常重要，但是，当这一切出现之后，我们要做的就是承认既定事实。

有人成为英雄，就必然会有人坐在路边鼓掌。人生最重要的不是强求，而是坦然接受。学会直面事实，我们才能继续奋斗出发。祝贺成功者，是一种大度的表现。只有认清事实，我们才能为自己找到一个新的起点，只有如此，我们才能在梦想的道路上继续前进。

老人家久居山野村落，每天早晨都往返于水井与家之间，只挑两担水。

日子久了，水桶就有点漏，滴滴答答，一路上长长一行。路人提醒他说："您换个水桶吧！"老人家笑笑不语，依旧挑着旧水桶来，挑着旧水桶去。

后来，仍不断有好心人提醒，老人除了感谢之外，依然没有任何改变。邻居终于不解地问道："您那么辛苦地挑了一担水，可水桶是漏的，等走到家时恐怕早已漏掉了小半桶。这么白费力气，何不换一个好桶呢？"

老人坦然一笑，说："没有白费力气啊。你回头看一看，这一路走来，我桶里漏的水不是都浇了路边的花草了吗？你看它们长得多好啊！"

赠人玫瑰，手有余香。我们要做的就是学习老人这种心态，水虽然洒了，但是鲜艳的花朵却生长了出来，而这样的美景为来往的路人营造了一个美好环境，让他们的内心得到甜美的净化。学会坦然，学会释然，学会正视一切，我们才能成就属于自己的一番事业。

如果我们总是拘泥于得失，总是不敢正视失败，那么，我们将会停留在这片黑暗的角落里，就再也走不出去了。若能一切随它去，便是世间自在人。这样的人生态度，是我们每个人都非常向往的，但是真正能做到的又有几人呢？

我们每个人都希望自己能够取得一番成就，想要争第一，想要独占鳌头，鲜花和掌声数次出现在眼前，让闪光灯永远围着自己转。但我们仅仅是这样想，却没有去为此努力，结果往往却是自己的世界依然一片黑暗。当别人取得成就时，我们就会变得脸红脖子粗，再也不能释然了。

在桶装水市场销售这一领域，广东乐百氏集团不是"老大"，甚至说还很年轻，但它却在短短的几年内创造了令世人瞩目的成绩，在很多城市和地区，"乐百氏"饮用水被认为是健康、美味和营养的象征。这与它"不与别人争，只与自己比"的经营理念是分不开的。

2000 年初，国内桶装水市场正处于初级阶段，由于门槛较低，许多不具备条件的小企业、家庭作坊也纷纷涌入。于是，许多桶装水厂家开始纷纷降价，但是乐百氏集团却认识到市场上的桶装水普遍存在一定问题，他们没有急于投入价格"战争"中，而是返回到源头，重视自己本身的质量问题。他们选用优质水源地、采用欧洲先进的制水设备、选用卫生的食品级 PV 制桶材料，因而凸显了自己的高品质产品形象。很快，乐百氏集团在激烈的市场竞争中杀出一条销路，并确立了自己高品质的市场形象。

"不与别人争，只与自己比"，这是乐百氏集团在创业 10 年间所沉积和升华的企业文化的核心，是他们不断成长、走向成熟并获得跳跃式发展的源泉，也是学习型组织实现自我超越的动力。

每个人都有属于自己的路，我们要做的不是在别人成功之后冷嘲热讽，而是要学会接受事实，承认别人的成功，然后以这个为新的起点，继续奋斗。每个人都有一段属于自己的路要走，别人取得成功，就说明他们已经达到了成功的高度，而我们没有成功，是因为我们自己不够努力，或者是时机还不够成熟。

人生要学会自我衡量，别人的成功并不一定适合自己，但是当别人成功的时候，我们首先要做的就是祝贺，因为，唯有如此，我们才能调整好心态继续前进。与其临渊羡鱼，不如退而结网，别人取得再大的成就，也是别人的，我们要做的就是根据自身情况分析，继续向成功的方向迈进。

如果我们暂时无法取得成功，又在被别人的成功左右情绪，这时，我们的风范就会变得非常弱，甚至消失。我们要学会放松，继续按照自己原来的计划前进，祝贺别人，更是祝贺自己，更是为自己的未来打气。

每个人都有属于自己的路，条条大路通罗马，所以我们不要羡慕别人的康庄大道，也不要为自己的狭窄小路而悲伤。不管人生如何走向，我们要做的就是走好自己的每一步，只有不断坚持，学会调节自己，就算是狭窄小路，我们也能走成康庄大道。

不要去和别人相比，因为你只为自己而活，你要做的就是在自己的成功路上不断奔跑。与人无争，与己有求。我们只有做好自己，才能在成功的路上走得更远。认清自己，沿着自己的人生轨迹继续追寻，我们才能找到属于自己的风范与成功。

身为一道彩虹，就应该绚烂一片天空

身为一道彩虹，雨过了就应该闪亮一片天空。我们身为一个人，处在自己的位置，最重要的是要实现自己的价值，不管别人如何，取得了怎样的成功，我们都不要去忌妒，因为这是别人的生命。我们要做的就是找到自己的位置，继续闪亮属于自己的天空。

我们每个人本来就是不同的，位置也是不同的，正因为如此，我们才不要去跟别人比，而只要求我们跟自己比。世界本来就是没有绝对公平的，从我们呱呱坠地那一天起，我们就应该知道，出生那一刻，我们的姓名、身份证号就已经固定了，这些就是我们人生旅程开始的第一步。如果我们认为当别人成功之后，我们就应该成功,那样一来,我们的风范就会变得淡然无存。我们最应该做的就是先祝贺他人,然后找到自己的位置,继续奔跑,等到最后,就自然马到功成了。

一座寺庙里有一块石地板，凡是来这里的香客都会到石地板前膜拜石佛。石地板很是生气,对石佛说:"我们都是来自同一座山,为什么你高高在上,能够受到所有人的膜拜?"

石头笑着回答说:"你和我都来自同一座山,材料相同,但是,你出山的时候,只是哐啷几下子,把自己凿成方方正正的就可以了。而我则经过了3年的锤炼,才成为今天这个样子,如果说我是千锤万凿出深山的话,也不过分。咱们两个的人生经历不同,又谈什么公平与不公平呢?"

石像和石地板经历不同,进而造成了它们命运的不同。人生中又何尝不是如此呢?有人早早成功,而有的人则是大器晚成。所以,正因为人各有不同,世界才会因为差异而多姿多彩起来。

想要取得一番成就,淡定从容是必不可少的,成功路上需要激情的催化,更需要我们摆正心态。人生难免会被光怪陆离的东西影响,但是我们要知道,我们要做的是在为自己而做,因为我们每个人都有属于自己的位置。

"老板,您为什么出差时总是带着冯雪,下次也带上我吧!否则对我来说也太不公平了,我也应该有这样的机会。"张丽终于找到一次机会,试着对老板说出了积藏在心中已久的话。

原来,事情是这样的:

张丽和冯雪,两人都是老板的助手。在不是很忙、不需要出差的时候张丽和冯雪所做的工作比较类似,都是帮助老板整理文件、打印文件,或是做做会议记录等。

由于张丽的打字速度比冯雪要快一些，因此很多文件都是由张丽来打印。老板总是这样对张丽说:"张丽,你打字比较快,这些文件都交给你,一上午你就可以打出来。"对此,张丽非常不乐意。

"就因为我打得快,我就要干这么多吗?可工资两个人都一样,这样的决定对我实在是不公平。"每次老板吩咐完以后,张丽常常这样说,虽然声音很小。

在这个时候,打字速度比较慢的冯雪是从不说话的,她总是低头整理老板给她安排的会议记录。其实,这是一项非常琐碎的工作。因为有的时候,会议很重要,老板要知道每个人的意见,冯雪常常得加班才能整理完。对此,冯雪根本没说什么。

因为冯雪工作比较细心、认真,所以老板每次出差时总喜欢带着她。每当张丽看到冯雪收拾东西准备和老板出差的时候,总是撇着嘴说:"又要出去旅游了,为什么每次都是带着你,一次也没有带过我,这也太不公平了。"其实,老板出差,常常不是参加大型会议,就是和客户进行某项谈判。冯雪跟着老板出差,经常比在公司的时候还要累,因为大多时候,由于时间非常紧张,有些客户的资料需要用一个晚上才能看完,第二天还得参加谈判,冯雪对此却从不抱怨。

可是,张丽却不那么认为,她认为自己可以干得比冯雪更好,所以,张丽抓住了那次机会,对老板说出了自己的想法。

面对张丽颇为激动而涨红的脸,老板微笑着看着张丽说:"你说得对,这样对你是不公平,对冯雪也是。"

于是,在下一次的出差中,老板果然带上了张丽,也带上了冯雪。因为这次是和一个大客户进行谈判,所以根本没有休息的机会。刚到相约地点,他们就开始马不停蹄地研究客户的资料和一些信息。这个时候,张丽才知道原来这并不是一件轻松的差事。

回到公司以后,几乎没有任何休息的时间,马上又开始上班。张丽觉得自己都快散架了。这个时候,老板微笑着走过来对张丽说:"你做得不错,以后每次出差的时候,我都会带上你的。"

闻听此言,张丽差点没有昏过去。此时,她才彻底明白,自己一直说的"不公平"这句话是为冯雪说的。虽然自己每天打的文件比冯雪多,但是冯雪承受的压力、花费的时间却要远远高于自己。

改变能改变的,接受不能改变的。人要学会自我估计,不管是在生活中,还是在工作中，我们都需要不断强大自己。别人和我们是不同的，他们有自己的规划，不管是成功还是失败，我们只要做好自己的，每天和自己相比有进步，我们心中所期待的成功也会不期而至。

我们需要的是在自己的位置上不断成长，积累到经验，让自己变得强大起来，别人的东西再好也只是别人的。我们常常要跟别人比，但是比来比去，我们就会觉得自己一无是处，进而就开始自暴自弃，忘记了自己当初的梦想。

诚然，和人相比，在一定程度上会刺激到我们，让我们从自己的位置上站起来，向着更高的目标迈进，但是万事万物都有一个度，当我们超过这个度，就会发现，我们受到的影响会转为负面的，等到那时，我们将会沦为别人成功的奴隶，就再也找不到自己前行的路了。

修炼风范，最重要的不是一时的成功，而是持之以恒的坚持。得天下容易，守天下难，当别人成功时，请献上最好的掌声，因为只要你坚持，你就会成为成功的最终拥有者。

榜样的力量，黑暗中的灯火

"大千世界，灯有千盏万盏，不如心灯一盏"，有人会问，什么是心灯？心灯就是指引我们向着光明迈进的一盏灯。我们不需要身边有多少灯火，为我们照亮，只要有一盏灯火能够带我们走向光明，这盏灯火就是最好的。

尘世中，这盏灯火就是榜样，不管是在工作中还是生活中，我们想要有所作为就应该先找到有所作为的人，然后从他们身上不断吸取精华，这样，我们才能不断变得强大。初涉职场，是我们对榜样需求的最大阶段，职场中，我们如果不能找几个熟手最为榜样，那么，我们所要走的路将会更加长远。

马克思和恩格斯对整个世界有着深远的影响，而他们的友谊也持续了40

年之久。

1818年5月5日，马克思出生于普鲁士莱茵省的一个律师家庭中。年少的时候，马克思就拥有了一种改造社会的愿望，不仅如此，马克思还亲力亲为，打算凭借一己之力，改变现在的不良现状，当然，马克思由于寡不敌众，势单力孤的他被反动政府迫害，过着颠沛流离的生活。

1844年，在巴黎，马克思和恩格斯相遇了，两个人一见如故，相谈甚欢。马克思的生活非常艰难，每天过着朝不保夕的日子，恩格斯从经济上不断支持马克思。

在事业上，马克思和恩格斯相互协作，非常融洽。每天下午，恩格斯都会赶到马克思家中，并且与他讨论各种各样的问题。分开后，两个人还经常联系，探讨一些自己的见解和研究。当马克思为一家英文报纸写通讯稿的时候，恩格斯就会放下自己手上的工作帮他翻译，在有必要的时候，甚至帮马克思写。马克思对恩格斯也是如此，当恩格斯从事创作的时候，马克思也会放下自己手上的工作，帮助恩格斯完成。

40年来，马克思和恩格斯患难与共，共同创造了人类光辉灿烂的人文著作，影响深远。

人生不仅需要亲人、朋友，更需要榜样。人生有很多第一次，第一次就意味着不熟悉，就意味着需要找有经验的人学习，先承认对方的优秀，对方的成功，然后，我们再谦虚谨慎地去学习。

第一次走上工作岗位，我们会遇到很多与大学同学不一样的人，你和他们之间的关系是既合作又竞争的关系，虽然你怕老员工会针对你，但是你要知道，既然他们已经做到了现在，就说明他们有一定的能力，而这些人都是我们不断学习的榜样。

马克思和恩格斯取得了常人难以企及的成功，我们在他们的成功秘诀中发现，他们之所以会取得成功，是因为他们把彼此当做自己学习的榜样，在协作中相互学习，不断改进，不断完善自己，正因为这样，他们才会写下《资本论》那样璀璨夺目的著作。

有榜样固然是好事，但是榜样也不宜过多，我们需要认真筛选，找到几个自己心中认可的榜样，他们的工作方式方法会为我们提供一个很好的借鉴。不仅在大学学习的时候，我们要找榜样，职场工作的时候，我们也需要找到榜样。

火车跑得快，全靠车头带。有人带着我们工作，我们的进步将会是非常快的，但是借鉴容易创新难。对于初涉职场的我们来说，在开始的时候，不要总去想创新，应该先去借鉴，提高自己的熟练度，熟能生巧，这样，我们才能在公司中立足，让别人认可自己。

榜样有着特有的风范，而正是这种特有的风范，将会带领我们，提高修炼风范气场的速度。榜样本身就是成功者，就有一定的风范，正因为这样，我们才要祝贺他，才要向他学习，这样，我们才能快速熟悉，快速进步，在最短的时间内达成属于自己的目标。

陆源和辛娜是一起来到一家公司做销售的，他们两个人的能力差不多，并且都是应届毕业生。

陆源是一名非常优秀的大学生，他在大学时，每天的时间都花费在学习上，大学四年，他在图书馆中花费的时间非常多。为了能够让自己学习成绩提高上去，陆源在大学期间都没有谈恋爱。

工作之后，陆源每天都在努力工作，每天都要熟悉产品，就连坐公交车，嘴里都是念念有词，不断背着产品名称。每天，陆源都要去拜访客户，但是等待他的则是一次次地被拒绝，有几天，保安还把他当成了犯罪分子，并且把他抓到了保卫室问话。就算遇到困难的时候，陆源仍然觉得无怨无悔。天不遂人愿，一个月时间过去了，陆源连一份订单都没有拿到。

而辛娜则与陆源不同，她在上班第一天就了解到，公司里面有一个销售业绩非常好的王宇，他一个月能够拿到奖金两万元的提成，这对于初涉职场的辛娜来说，简直就是一个天文数字。就这样，辛娜的工作激情瞬间被点燃了，但是有激情固然是好，但是不知道如何做却是一个大问题。为了能够尽快掌握工作要领，辛娜就主动找王宇去请教。

　　王宇和辛娜虽然是同事，但是同行是冤家，如果他把辛娜教会了，那么，他赚的钱就会越来越少了。遭到王宇拒绝的辛娜并没有放弃，他开始注意王宇每天的工作程序，一步一步来，每天，辛娜的目光都没有从王宇身上离开过。

　　经过一段时间的观察，辛娜终于在第二个月就迎来了自己的第一笔订单，有了好的开头，辛娜感觉自己工作的动力越来越大。半年之后，辛娜就成了新一批员工中的佼佼者，她现在可以拿到六七千元的提成，而陆源仍然在工作岗位上步履维艰，他甚至已经开始萌生辞职的念头了。

　　陆源和辛娜的起步相同，但是半年之后，两个人的差距确实非常巨大。而辛娜的成功关键就是来源于她身边的"熟手"王宇。陆源和辛娜比起来，是一个好学生，但却不是一名好员工。他不懂得和别人交流，总是觉得靠自己就可以成功，但是事实却远不止如此。

　　中国人总是习惯说，学习雷锋好榜样。这句话充分说明了，榜样的作用是伟大的，虽然职场中没有雷锋，但是却有榜样，他们是我们熟悉工作的最好臂助。多向他们学习，多去体会，我们才会在工作中找到一条终南捷径。

　　万事万物皆是如此，想要找捷径，就要从榜样身上去发掘。人们常说，老马识途。就是因为他们已经有经验，已经有了足够的风范，如果我们从他们身上汲取风范的营养，就会让自己快速成长起来，进而在榜样的基础上，取得属于自己的一番成就。

在欺凌面前，血性是一种风范

欺软怕硬是人的劣根性之一，有的人遭受欺凌的时候，总是选择懦弱回避，之后，就会变得一蹶不振。其实，在欺凌面前，我们应学会展现出自己的血性。

在欺凌面前，血性是一种风范。但是血性不是毫无理智的，而是一种斗智斗勇的表现，不在乎时间长短，只要我们在那一刹那高调地站起来，只有这样，我们才能说，自己的血性风范淋漓尽致地展现了出来。

柔能克刚,赢在智取

很多人当受辱时,总是想要反抗,想要揭竿而起,想要让自己的血性完全展现出来,但是,我们不一定要力取,其实,智取也是一种血性,也是一种风范。

遭受欺凌时,我们并不一定要以刚对刚,也可以以柔克刚。血性体现的是一种反抗精神,但是反抗并不一定要马上就展现出来,有时候,我们也可以迂回作战。中国有句古话说得好:"君子报仇,十年不晚。"当我们的反抗不能起太大作用时,不如让血性沉淀下来,等到时机允许,到那时,我们就必然能完成最有力一击。

苏轼是宋朝的大文豪,但是他在仕途上的发展却与他在文学上的才华不成正比。因为种种原因,苏轼面对无奈的人生只能说出"回首向来萧瑟处,归去,也无风雨也无晴"这样的词句。

当时,奸臣李定掌管着御史台。李定母亲去世的时候,他的亲人都让他回家奔丧,然后为母亲守孝3年。但是李定怕因为为母亲守孝而影响到自己的仕途,就决定隐瞒此事。

报信的亲人见他如此行事,大为不满,便去登闻鼓院击鼓喊冤。当时登闻鼓院的主管正是苏轼。听闻此事后,苏轼非常气愤:"不孝之子怎能为朝廷尽忠?"他强烈要求宋神宗把李定革职查办。

但是当时的宰相王安石却说:"事情没这么严重,让李定回家奔丧就可以了。"因为这件事,逃过一劫的李定和苏轼结下了梁子。

10年时间转瞬即过,李定官运亨通,一直做到了御史中丞。而苏轼则仕途不顺,仅仅在浙江湖州当知府。

为了雪10年前之耻,李定把苏轼10年来刊印过的诗集收集起来,咬文嚼字、牵强附会，诬陷苏轼做的诗是反诗。宋神宗相信了李定的话，把苏轼押回了京城。不仅如此，李定还派人把苏轼的儿子也抓了回来。

苏轼被关进了御史台。李定指使皇甫遵去好好"照顾"一下苏轼。于是，皇甫遵对苏轼百般虐待。李定指使皇甫遵这么做，就是为了逼他造反，然后找借口把他处死。

苏轼的儿子对皇甫遵的做法不满，就去找他进行理论，苏轼就劝解儿子说："孩子，你不要中了他们的奸计啊！《易经》里说，'尺蠖之屈，以求信也。龙蛇之蛰，以存身也。精义入神，以致用也。利用安身，以存德也。'意思就是说，尺蠖之所以收缩身躯，就是为了下一次更好地伸展；龙蛇在冬天冬眠，就是为了活命；精研学问就是为了利用知识，为自己提供生命保障，是一种非常高尚的品德。忍辱负重，才能保全生命。现在咱们父子是在屋檐下，只有低下头逆来顺受，才能保全性命。否则就会中了他的毒计，那时我们可就真的只有死路一条了。"

最终，苏轼用坚忍之态抗住了李定的百般虐待。这场正与邪的消耗战最终以苏轼证明了自己的清白而结束。出狱后的苏轼远离政坛，一心于诗词歌赋，最终成为旷古铄今的大文豪。而李定和皇甫遵则身败名裂、遗臭万年。

不管是伟人还是俗人，在最初的时候，都会有一个卑微的开始，更有可能会被人欺凌。但是人生没有完美，没有人一生都是十全十美的，就算伟人如苏轼，也有被欺凌，任人宰割的时候，他在关键时刻，选择了明哲保身，但是，难道我们可以说他是没有血性的吗？正如苏轼用行动所展现的一样，他是有血性的，只是他的血性更加绵长。

有人只是片面地认为血性就是怒发冲冠，揭竿而起，但是事实上却不尽然，血性也可以是一个漫长的过程。只要我们愿意等待，等到时机一到，我们的血性就展现出来了。

小丽是一名非常有能力的平面设计员，在不到一年的时间里，小丽就从一名普通的助手成为了有名的设计师，堪称公司的主干力量。但是，不知为何，小丽周三的时候回来得特别早，看上去非常不开心的样子。她的好朋友涓涓见到她这样就问是怎么了。

面对涓涓的关心，小丽非常气愤地说："我辞职了，你说我在这个公司也有一年了，我虽不敢说自己的能力有多强，但我也可以说自己兢兢业业，对工作很负责。但是，我们那经理却因为我这次没有把包装封面做好，就对我劈头盖脸一顿骂，真是太可恶了。"

"很多领导对员工都是这样，忍一忍就过去了，你也不用辞职啊?"涓涓劝解道。

"你不知道，他很过分的，他说我不负责任，说我以后肯定不是一个好妻子、好妈妈，真的是莫名其妙，让我再待在那里，我会疯掉的。确实，我承认我错了，但他可以提醒我，我可以改啊，他的这种态度让我不能够接受。"小丽更加气恼地说。

就这样，小丽离开了那家公司。

相比于苏轼，小丽的做法显然是属于那种被怒火冲昏头脑的人。一时的不冷静，不是血性的展现，而是一种冲动的行为。冲动是魔鬼，而血性则是一种有理智的冲动。著名作家海明威曾说："我可以被打败，但不可以被征服。"这句话正是血性最好的体现。

男儿不展凌云志，空负身长八尺躯。但是我们想要展凌云志，也要学会衡量，柔未尝不是一种更明智的选择。柔可以让我们的风范逐渐修炼起来，正因为此，我们才能达成自己当初没有达成的目标。

忍辱负重，风范尽显

唐宋八大家之一苏轼在《留侯论》中曾说："古之所谓豪杰之士，必有过人之节。人情有所不能忍者，匹夫见辱，拔剑而起，挺身而斗，此不足为勇也。天下有大勇者，猝然临之而不惊，无故加之而不怒。此其所挟持者甚大，而其志甚远也。"这正是伟人与常人的区别，伟人在受欺凌的时候，往往会更能忍，伟人的血性往往会在忍辱负重之后才会展现出来，而风范也会在这一刻尽情地展现出来。

纵观历史，我们会发现，但凡成功的人都是那些忍辱负重、不断奋斗的人，面对困难，面对危险，他们不是直来直去，而是圆滑处世，能够遮掩住自己的锋芒，让自己从风口浪尖中下来，继续做好自己，强大自己，终有一天，我们会展现出自己本应具有的血性。

司马迁在《报任安书》中写道："盖文王拘而演周易，仲尼厄而作春秋；屈原放逐，乃赋离骚；左丘失明，厥有国语；孙子膑脚，兵法修列；不韦迁蜀，世传吕览；韩非囚秦，说难、孤愤；诗三百篇，大抵贤圣发愤之所为作也。"

纵览先哲，凡是有所成就的人，都是善于隐忍，懂得积蓄力量做大事的人。因为心中有梦想，就会朝着自己的目标不断前进。百忍才能成钢。每忍一次都能磨砺自己的意志，都能让敌人因为暂时的胜利而冲昏头脑。钢铁就是这样炼成的，英雄也是这样磨成的。我们只有学会忍，能够忍了，才可能把自己的追求与梦想变为现实，从而取得人生中的胜利与成功。

成功不是速成课程，而是需要我们慢慢品味的，诚然，我们每个人都想最快地把自己展现出来，就算受到欺凌了，我们也想马上把劣势扳回来，这样是很没有风范的。如果连这些挫折都忍受不了的话，我们还要谈什么成功呢？人生贵在能忍，忍后方知天地宽，忍后方知风范显。

三国时期，刘备是汉景帝刘启之子中山靖王的后裔。但传到他这一代，家势早已衰微。刘备又身逢乱世，一时间落魄不堪。但是刘备从小就喜欢骑马射箭，同时又喜欢结交能人异士。性格坚忍，喜怒不形于色。就这样，他在乱世中也有了自己的一席之地。

起初，他跟随校尉邹靖征讨黄巾军。但是因为一次失败，刘备投奔了自己的同学公孙瓒，升至平原相。在任职期间，刘备善待百姓，逐渐提升了自己的影响力。

群雄逐鹿中原时，刘备只是一个小角色，根本没人看重他。纵使自己得到了地盘，也全都被吕布抢去了。等到曹操杀死吕布，就任命刘备为左将军。但刘备深知曹操生性多疑，跟他在一起无异于与虎谋皮。于是就想要尽早脱离曹操的掌控,自己再图发展。

有一次,曹操在许田打猎的时候,表露了自己想要篡汉的意图。大臣们敢怒不敢言,关羽提起青龙偃月刀想要拼了一死,斩杀曹操,却被刘备拦住了。他知道,自己逐鹿天下的胸怀大志是断然不能显露出来的,否则可就要大难临头了。

为了向曹操表明自己没有野心,刘备开始在自己住处的后院开荒种菜。关羽和张飞都不懂刘备的意思,就问他为什么如此自暴自弃,竟然开始种田了。刘备只说自己心中有数,便不再多言。

有一天,刘备正在给蔬菜浇水,张辽和许褚奉曹操之命请他去渑池议事。

曹操和刘备相继入座边喝酒边谈话。曹操问道:"天下群雄逐鹿,但是放眼望去,谁是真正的英雄?"

刘备目光一垂,故作常态说:"天下英雄非丞相莫属。"

曹操又问:"天下除我之外,还有谁能称得上英雄?"

刘备似问似答说道:"袁绍?"

曹操说:"袁绍已经是将死之人,怎能称得上英雄?"

刘备又提到了淮南的袁术、河北的袁绍、江南的刘表、江东的孙策、益州的刘璋,说他们可以称为当世英雄。可是这些人统统被曹操否定了。

刘备一看自己说的英雄都被曹操否定了,干脆装作一脸愚笨地直接问曹操:"那依丞相的高见,天下谁还能称得上英雄呢?"

曹操用手指了指刘备,又指了指自己说:"天下英雄,唯使君与操耳。"这话再明了不过,天下能称得上英雄的,只有你刘备和我曹操二人而已。

刘备当时就吓了一跳,手中的筷子都掉到了地上,正巧这时有一阵雷声刚过,为了掩饰自己的失态,刘备乘机说:"这雷声太可怕了,吓了我一跳。"

见刘备被雷声吓得如此,曹操大笑道:"大丈夫还惧雷声?"

刘备自我解嘲说:"圣人云:迅雷风烈必变嘛!"曹操看刘备又胆小又怕事,不像是成大事的人,所以也就不再留意他了。

回到住处的刘备见曹操已起疑心,就决定一不做,二不休,先离开此地再作他图。这时，有探子来报，说袁术正引大军向北而去，马上就要过了徐州。曹操明白，袁术这是要去投奔袁绍。如果他们俩兄弟合并一处，肯定会给自己带来极大的威胁。刘备当即表示，自己愿意领兵前去截杀袁术。

刚才的事让曹操放松了警惕，以为刘备真的已经胆小如鼠、胸无大志了。眼下既然见他主动请缨，也就同意了刘备的请求。自此，刘备叫上关羽、张飞匆匆离开许昌，带着曹操给他的兵士自立门户去了。

刘备是个聪明人，而且是那种看起来呆笨若愚的聪明人。曹操邀请刘备饮酒，目的就是为了一探虚实。刘备看穿了曹操的想法，一而再、再而三地隐忍，甚至不惜装聋作哑，把自己贬低下去，坚决不自诩为英雄。终于让曹操放松了警惕，打消了铲除而后快的念头，也为后来的出逃发展埋下了伏笔。

在历史的长河中，那些真正的成功者，为了能够保全自己，为了能够东山再起，他们选择了隐忍，而正是这样的隐忍保全了他们，进而为他们血性的展现提供了更广阔的舞台。

大的时候，低调隐忍就是保护自己的极佳策略。在对手面前时时隐忍，含而不露；迷惑对手，不给对方图谋你的机会。然后再图良策，这才是真正拥有大智慧、大风范的人所应该选择的策略。

在长者面前，谦恭是一种风范

一个人的成就取决于他的能力，更取决于他的阅历。长者是我们去时的路，他们身上有很多我们需要的经验，越是如此，就越需要我们表现出尊重，表现出谦恭，这样，他们才会愿意和我们交谈，我们才会聆听到更多的教诲。

在长者面前，谦恭是一种风范。谦恭地对待长者，是我们对长者的一种尊重，是一种对知识的渴望。长者的一言一行是我们的榜样，是我们走向成功的捷径，学会谦恭地对待长者，我们才能找到属于自己的最广阔天空。

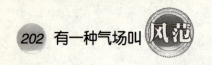

选择性倾听,取舍性接受

中国有五千年的历史,更有五千年的传统美德,尊老爱幼就是中华民族的传统美德之一。尊老要求我们对待长辈或者长者要谦恭,记得听朋友说,不要瞧不起孩子,他们是我们来时的路;不要瞧不起老人,他们是我们去时的路。面对长者的时候,我们一定要谦恭,他们的阅历和经验要比我们丰富得多,正因为如此,我们才要向他们多请教。

诚然,世界上没有人是十全十美的,长者也一样,我们尊重他们,为的就是取其精华,去其糟粕。人要学会取舍,但是在面对长者时,前提是要谦恭,要摆出一副聆听教诲的样子,只有这样,长者才会愿意和我们说话。而谦恭正是我们的一种风范,人不仅要学会抬头,更要学会低头,只有学会低头,才能展现出自己的风范,才能听到长者人生经验性的话语。

很久以前,有一个小国派使者到中国朝拜,这名使者带来了三个一模一样的小金人,活灵活现,皇帝非常高兴。使者不仅送来了三个金人,而且还提出了一个问题:"这三个金人哪个最有价值?"

皇帝想了很多办法,不仅去称三个金人的重量,还让能工巧匠去研究小金人的做工,但是,比较了半天,也没发现任何差别,这三个金人是一模一样的。皇帝这下就着急了,天朝上国怎么能连小国的问题都答不出来。

这时,有一位大臣站了出来,他准备了三根稻草,稻草插入第一个金人耳朵里的时候,就从另外一只耳朵里出来了;稻草插到第二个金人耳朵里的时候,就从嘴巴里出来了;稻草插入第三个金人的时候,就到了肚子里,再也没出来。

大臣说:"第三个金人最有价值!"

最有价值的人不一定是最能说的人,老天给了我们一张嘴巴和两只耳朵,为的就要我们少说多听。生活中，我们要善于倾听，只有用心去倾听，才能及时了解到别人的想法，善于倾听，才是一个人成熟的表现。

人际交往中，尤其是在和长者交谈的时候，我们不应该总是侃侃而谈，不顾及别人的感受，这样，很容易让别人感觉你这个人比较浮夸，过于自我。我们应该善于倾听，多听取别人的意见或者建议，给别人空间和时间，多去体会别人话语的意思，这样，别人对你的印象才会良好。那些说话滔滔不绝、没有重点的人只会让别人产生反感，根本不会在别人心里产生好印象。

侧耳听智慧，专心求聪明。我们每个人都希望被别人了解，所以，我们每个人才更愿意说话，去表现自己，其实，话太多，只会让别人反感，尤其是在面对长者的时候，我们要做的其实是设身处地地为他人着想，站在对方的角度去思考问题，这样，我们才会多听少说，才能展现出自己谦恭的风范。

有一个博士生毕业后被分配到了一家研究所工作，成了那里学历最高的人。

有一天，博士到单位后面的池塘钓鱼，正好单位的两位领导也在钓鱼。博士生想："这两个本科生，跟我比，学历上还差得远呢，根本没有共同语言，没什么好聊的！"

过了一会儿，一位领导放下钓竿，从水面上跑到了对面，上了一趟厕所。

回来时，领导仍然从水面上跑了过来。博士生非常惊讶，难道这家公司有武林高手，竟然练成了水上漂的功夫？博士生想问，但是觉得自己是博士生高人一等，何必去问本科生呢。

没过一会儿，另外一位领导也从水面上走过去了。博士生更加惊讶了，是不是自己公司里的人都是武林高手啊？怎么都会水上漂的功夫？

过了一会儿，博士生也内急了，但是如果要走过去上厕所，就要绕很远的路，回单位就更远了，他想问问两位领导，怎么才能从水上漂过去，但是碍于面子，就只好放弃了。

又过了一会儿，博士生实在忍不住了，就学着两位领导向河里走了过去，只听扑通一声，博士生就掉进了河里。

两位领导把博士生拉了上来,就问他:"你下水打算干什么去啊?"

博士生说:"我想上厕所啊。我没过去,你们两个是怎么过去的?"

两位领导哈哈大笑:"这池塘里面有两排木桩子,由于这两天下了几场大雨,就把木桩子给淹没了,我们两个知道木桩的具体位置,当然能够顺利过去了,你不知道,怎么不问我们两个一下啊?"

博士生碍于情面,没有去问,两位领导也就自然不知道他想要知道什么,最后,博士生自食恶果,掉进了河里。人一定要善于倾听,学历只代表过去,并不代表你的真正能力,如果博士生能够多问几句,两位领导自然就会告诉他原因了。善于倾听,不懂就要问,没有人会排斥一个虚心求教的人。

领导就是长者,我们选择倾听,可以给长者一种谦恭的感觉,还可以让他感觉到你的真诚。静下心来倾听,可以让我们听到对方心灵的声音,人活在世上,最重要的就是善于倾听,这样,别人才会从心底注意到你。

我们都希望自己能够功成名就,但又不愿意低头倾听,这样做是很不明智的。当我们愿意倾听的时候,当我们学会低头的时候,就是我们最接近伟大的时候,就是我们风范彰显到极致的时刻。

说服长者,彰显睿智

我们常常会想自己的未来,会停留在哪个时间段?停留在那个时间段会发生些什么?如果我们阅历丰富了,成为了长者,我们会喜欢什么样的人?很多时候,长者会喜欢那些能够说服他们的人,因为他们的人生阅历已经足够丰富了,经历过很多了,他们希望能有一个人,能够在谦恭的同时,为他们提供好的建议。

长者有独特的风范,正因为此,他们才会值得我们尊敬,但是就算一个人阅历再丰富,他也不可能在做事的时候出现偏差。谦恭彰显的是我们的伟大,而说服更是对谦恭的最好诠释。忠言逆耳，长者既然都已经有一定的人生历练了，这样的忠言，他们一定会听，更会喜欢听。

蔡康永曾经讲过这样一个故事：

在员工训练大会上，小戈被公司选定，要在台上做 15 分钟的演讲，而台下则会有各级领导和马上要接受训练的 300 名新员工。

小戈非常紧张，他曾经向一位前辈请教过这个问题，他隐约记得答案是，如果演讲时过于紧张，就把台下的观众全都想象为一粒一粒的瓜子就好了。

小戈想到这儿，就决定采用这个方法，来缓解自己初次演讲时的紧张心理。走上台之后，小戈就开始自我催眠，自言自语地说："瓜子，台下的都是瓜子！"正当小戈快要成功之时，他的目光和坐在第一排的董事长对上了，董事长怎么可能会是瓜子呢？他的两只眼睛瞪得比鸡蛋还大。小戈的心理暗示渐渐失去作用了，回归现实的他又开始颤抖起来了。

小戈的心理暗示彻底失去了作用，他只能结结巴巴地演讲起来，他忽然觉得，这 15 分钟过得比一年都要长久。这时，他再看董事长的时候，他才发现，此时的董事长脸都黑了，真的很像瓜子了。

蔡康永讲的这个故事，就是为了说明，想要说服别人，我们每个人要做的就是敢于去说话，只有敢于去说，才有可能去说服别人。如果我们像小戈一样，未说先怯，这样一来，我们不仅没能说服别人，反而被别人轻易说服了。

想要说服长者就更是如此了，如果我们在说服长者之前，先否定了自己，甚至是连自己都说服不了，那么，我们还要凭借什么去说服睿智的长者呢？

我们要学会正视自己，敢于正视自己的人，才能敢想，敢说，敢做。如果我们连说话都不敢，那还要谈什么去做呢？思想是行动的先行，而自信则是思想的先行。如果我们想要取得成功，就必须要有自信，并且要有说得出办得到的风范。

有一年，美国总统尼克松偕夫人对日本进行访问。当时的日本首相吉田茂盛情设宴款待，因为他有一个迫在眉睫的事情要解决。

在宴席的过程中，吉田茂显得很热情，频频给尼克松及其夫人敬酒，这让尼克松夫妇很高兴，气氛非常融洽。眼看时机正好，吉田茂转过头去对身旁的尼克松夫人开玩笑道："尊敬的总统夫人，有一句冒昧的话我一直想说。我发现在东京湾停泊着几艘美国驱逐舰，这些军舰不会是怕您受到欺负而开来保护您的吧?"

吉田茂的这句玩笑话，引得所有宾客都哈哈大笑起来。其实，对于这些聪明绝顶的政治家，怎么会听不懂吉田茂的真实意图呢?在那些年，美国有不少军舰正停泊在日本东京湾，这引起日本朝野普遍的不安。尼克松总统对此事是完全了解的，所以他很清楚，吉田茂是在旁敲侧击地表达对美国军舰的不满之情。

不过，吉田茂的这种方式，并没有让尼克松总统感到不舒服，反而非常佩服他的口才。结束日本访问后，尼克松回国下令:撤走停在东京湾的军舰。就这样，原本敏感的政治问题，就被吉田茂一句巧妙的语言解决了。

无独有偶，1922年，美国正处于经济大发展时期，民众的生活条件越来越好。看到此，很多政客都认为，美国是世界上最美好的国家!

然而，在这些政客中，一位名叫贝拉·伯朱格的女国会议员却不这么认为。在她看来，美国女性的地位低下，这根本不符合美国当时的国情。不过她也知道，那些男政客根本不会留意这些，如果不能强有力地说服，只是讲些大道理，那么女性的平等地位就不会恢复。

为了引起其他国会议员对自己意见的重视，在议员大会上，贝拉·伯朱格说了这样一段话:"几个星期前，我倾听了总统对全国人民发表的讲话。当时，在我的周围落座的有700多人。我看了看手中的资料，发现政府要员一共有700多名，可是，女性却只有12人;虽然众议员一共有435名，可是，其中的女性却只有11人;而且，在内阁和最高法院中，都没有女性。"

听完她的话，所有人顿时愕然。他们一调查，发现的确是如此。于是，美国开始逐渐制定相关法律，切实保障女性的合法地位。

想要说服别人，就要先说服自己，只有如此，才能把自己的说话方式上升到说话方法，进而再因地制宜，真正达到说服的目的。就像上面两个例子一样，如果他们没有想清楚，又怎么能采取旁敲侧击的方法来说服别人呢?只有先想清楚了，准备充分了，我们才有可能去说服别人。

如果我们总是畏畏缩缩，害羞到不敢说只言片语的话，那么，我们只能让说服别人的机会白白从我们身边溜走了。说到不如做到，如果我们总是在心底暗暗使劲，但是到头来却如小戈一般，只能沦为思想的奴隶了，到那时，就再也无法自信地抬起头来了。

长者听过的话肯定比我们说得要多，所以，我们要想，自己如何才能打动他，才能展现出自己谦恭背后的价值，才能展现出自己强大的风范气场。就像一首歌中唱的一样："世间自有公道，付出总有回报，说到不如做到，要做就做最好！"人生就是如此，如果我们想要百尺竿头，更进一步，就要敢于去说，就要学会如何去说，只有如此，长者才会被你的口才折服。

对待长者重在谦恭

我们见到的长者，一般都是和蔼可亲、聪明睿智的，但是有的长者却是非常神秘的，长者越是神秘，我们就越要谦恭，只有如此，我们才能听到教诲，或者是收获到意外之喜。神秘可以抬高自身的价值，长者是我们的前辈，如果他们想要保持神秘也是应当的。很多时候，我们能从长者神秘的背后发现潜在的价值。

在谦恭背后，我们更要学会发现长者的价值，去发现他们能给我们带来的启发，只有如此，我们才能让自己的风范完成蜕变。很多人只是保持谦恭，畏畏缩缩，长者说往东，他就不敢往西，这样的做法是非常不足取的。我们要学会客观看待这种神秘，有则取，没有则退。神秘是一种无形的力量，能够调动起我们的情绪，让我们变得更加谦恭。

一次，松下幸之助带着几名高层来到了公司的餐厅吃饭。一行人都点了牛排。除了松下只吃了几口，其他的人都津津有味地吃了起来。

松下看到大家用完了餐后，便让助理去请烹调牛排的主厨过来。

松下特别强调说："不要找经理，找主厨。"

助理这才注意到，松下的牛排只吃了几口，心想过一会儿的场面可能会很尴尬。

没过多久，主厨就过来了，主厨年纪不小，两鬓已然斑白，表现得有些紧张紧张。因为他知道请自己过来的人，是大名鼎鼎的松下先生。"有什么问题吗，先生？"主厨故作镇定地问。

松下看到他和自己一样，已经不再年轻了，就对他说："你烹调牛排的技术很不错，但是我只能吃几口。你看看，我如今都80岁高龄了，胃口大不如从前。"

主厨与其他用餐者，困惑得面面相觑。大家过了好一会儿，才明白这是怎么回事。松下说："我之所以，叫他过来，是想告诉他，不是因为他的厨艺有问题，而是我年龄太大了，吃这已经没有什么胃口了。那样，他才不会因为看到被退了回来牛排，而难受。再者，我看到他和我年龄相仿，觉得像我们这个年纪，还要为了工作奔波，非常不容易。"

松下的尊重，使得这位年迈主厨保住了工作，也正是松下这种处处尊重他人的行为，让松下的企业的员工素质越来越高，企业的竞争力越来越强。

尊重长者是一种态度，长者虽然没有了我们年轻人的闯劲，但是他们却有着我们无法比拟的经验。尊重长者，多向他们学习，我们才能被他们的风范气场所带动，然后被其感染，最终形成自己的风范气场。

秦始皇统一六国以后，建立了中国历史上第一个封建王朝——秦王朝，并且自封为秦始皇。但是各国的故人却难心服，不断有人想要刺杀秦始皇，只是多次都被秦始皇躲过去了。张良就是行刺秦始皇的刺客之一，他的刺杀行动也未能成功，而且还被秦始皇悬榜通缉。无奈之下，张良只得隐姓埋名，躲在了下邳。

有一天，张良独自闲逛解闷，来到了下邳外的一座桥上。张良心想，这下邳城也不是自己的久留之地，不知道自己哪一天才能复国成功。想到这儿，张良望着苍穹，慨叹许久。

这时，有一位老人走到了张良身边，故意把自己的鞋子踢到了桥下，回过头对张良说："你去帮我把鞋子捡上来吧！"

此时，桥上只有张良和老人，张良这才意识到老人是在与自己说话。老人见张良无动于衷，就问他："你不愿意吗？"张良平素自视清高，怎么会去为这位老人捡鞋子呢？于是，张良沉默不语，只是上下打量着老人。

老人皱纹深陷，满头银发。张良见状，不禁想起了自己的父亲，顿生怜悯之情。于是长叹一声，把鞋给捡了上来。

老人又说："那你帮我把鞋穿上吧！"张良非常生气，觉得他把自己当下人了。但是又一想，既然已经把鞋子捡上来了，做事情应该有始有终。于是，就再次照做了。

老人笑着说："孺子可教也。五天后的清晨，我们在此相会。"张良终于发现老人不是等闲之辈，于是满口答应了。

五天之后，张良如约赶来。莫道君行早，更有早行人。老人早就在此等候多时了，老人责备张良说："你与我相约，却让我等你，这就是你对待老人的礼貌态度吗？"

张良无话可说，老人又说："五天后的清晨，我们再在此相会。"

五天之后，张良很早就赶来了，但还是晚了一步。于是，老人又提出了同样的要求。

等到第三次赴约，张良在月上中天的时候就在桥上等候了。这一次，老人非常高兴，掏出一本书给了张良，对他说："年轻人，从第一天开始，你就在接受我的考验。现在，你有资格成为这本书的主人了。等到你学会书中的精髓，一定能有一番大作为！"

说完，老人就消失了。张良打开一看，这本书竟然是《太公兵法》。

接下来的日子里，张良刻苦钻研，终成一代名将，辅佐刘邦建立了大汉王朝。

面对神秘老人接二连三提出的无理要求，张良都谦恭地忍过去了。最后，张良成功通过了老人的考验,学到了《太公兵法》,成就了自己的传奇人生。

　　学会隐忍,当长者神秘时,我们要做的就是谦恭处世,尽量让自己保持低调,只有如此,我们才能守得云开见月明,才能发现真正有价值的东西。人生贵在坚持,只要我们学会隐忍,能够做到成熟、游刃有余,我们的风范也就自然会修炼起来了。

在幼小面前，慈爱是一种风范

　　人之初，性本善。在幼小面前，我们都有慈爱的本能，因为他们的幼小会触碰到我们的敏感神经，会让我们心中自然产生一种怜爱心理。有的人在幼小面前，总是表现出一种恃强凌弱的姿态，但是我们要知道，我们也曾幼小过，也是从那个阶段走过来的。

　　在幼小面前，慈爱是一种风范。慈爱可以发挥出我们心中的善良，如果我们没有美德，就算学再多知识，取得再大的成功，又有什么用呢？

马有垂缰之意，狗有湿草之恩

马有垂缰之意，狗有湿草之恩，这两句古话的意思就是说：马的主人不幸跌落悬崖，马垂下缰绳营救主人；狗的主人在草地上睡着了，不幸的是，他的四周着火了，狗就跳进河里，把身上的毛打湿，然后把主人身边的草弄湿，来保全主人的生命。兽犹如此，人何以堪？人的本性都是善良的，面对亲人、朋友、弱小的时候，我们都会心生善念，有一种想要帮助对方、关心对方的恻隐之心。

人因为善才会展现出风范，我们都有关心弱小的本能。人生无绝对，当我们去关心别人，帮助别人时，我们就应该想到，很有可能，有一天，我们也会需要帮助。人不能以常理揣摩，但是我们善良的本性却是天生的，而这也正是我们为人处世的第一条标准。

繁华的巴黎街边，一个衣衫褴褛、双目失明的老人像一尊铜像一样站立在那里。他并不像其他乞丐那样伸手向过路行人乞讨，而是在身旁立了一块木牌，上面仅仅写着七个字："我什么也看不见。"

巴黎大道上的行人熙熙攘攘，川流不息。很多路过这个牌子的人停住了脚步，看了看，叹了口气，摇了摇头——虽然这不会让他们付出太多，但几乎所有的人都对自己能够识破这个"骗局"的自作聪明而感到暗自庆幸。一天下来，老人依然两手空空。

这天中午，一位诗人经过这里。他看看木牌上的字，思索了一会儿，掏出笔悄悄地在那行字的前面添了几笔，就匆匆地离开了。

当天晚上，老人的妻子照例来帮他收拾东西回家，当她看到老头儿今天竟然比平时的收入多出了好几倍时，忍不住问他这是怎么回事。

盲老人笑着回答说："亲爱的，我也不知为什么，下午给我钱的人多极了。"

"是吗?那到底发生了什么呢?"妻子不禁自言自语地嘟囔着。

"一下午,我听到他们都这样念道'春天来了,可是我什么也看不见',然后就往我的盆子里扔钱。"老头儿依然乐呵呵地说。

"春天来了,可是我什么也看不见",仅仅四个字,就把春天活泼而充满生机的美好以诗一般的语言带了出来,让人们怀着浓厚的感情想象着那蓝天白云、绿树红花、莺歌燕舞,这一切美丽的景色是多么让人沉迷。可是,对于一个双目失明的老人来说,他的世界里只有一片漆黑。当人们一想到自己能饱览这人间春色,而这个可怜的盲老人,一生中竟连万紫千红的春天都不曾看到时,同情之心自然就不由自主地产生了。

这位诗人的伟大之处在于,他赋予了语言以巨大的魅力;同时,对于需要帮助的人,他默默地付出了自己的爱心。

生活中,好人好事也并不少见。但有些人只要做了件好事,就一定要千方百计地在别处提起,以求得他人的认可。或者,在为他人行方便的时候,总会有意无意地提醒对方自己的付出,以使得别人记住自己的好,期盼着下一次对方的肯定与回报。

善良是人性中的本能,我们要做的就是不求回报地去展现自己善良的风范。人生就是一场善良的传递,当我们不断付出善良的时候,当我们处于危险中,需要帮助的时候,身边人才会更愿意伸出手来帮助你。

浙江一对七旬老人,每天凌晨 3 点半起床,义务打扫社区小花园的卫生;不管是从前的石凳还是如今的木椅,每天都是干干净净的,被小区居民称为"魔凳";而从六楼到一楼的垃圾,老两口一路走下来就一路给带了下来。而这些,两位老人一做就做了 18 年。

面对在河边玩耍时不慎坠河的女童,江苏一位中年"的哥"奋勇跳河,救出落水女童而身负轻伤后又默默离开。目睹救人全过程的当地居民记下了车号致电市文明办,"的哥"所在的公司才得知此事——而无论是领导还是同事都说,他们已经不知道是第多少次接到对这位"的哥"无名助人的表扬了。

厦门年近八旬的党员施大妈,退休前是市高招办的副主任。退休后,她每年都会从某些学校的高中部有意识地选择一部分学生作为帮扶或指导对象。从解题技巧到报考分析,从学生的心理辅导到家长的答疑解惑,她每一项都不落下,为的就是能让再多一名学生考入理想的大学。

而在甘肃团市委希望工程办公室,从2000年至今,无论刮风下雨,总有一位白发老人会在新学期开学前,拄着拐杖亲自将捐款送到团市委。他不留电话、地址,也从不指定捐助学生,不让学生回信。

他们都是我们身边的好人,默默地在做着他们心里认为能给他人带来帮助的好事。放下功利心,就少了很多企图和牵挂,做好事就简单了许多,做好人就轻松了许多。其实,世界本来就很美好,只要我们保持一颗善良的心,当别人需要帮助时,我们勇敢走上前去,这样一来,我们就自然能够做好自己。

人生需要这种爱的情怀,默默无闻去付出,认真去努力,只有尽全力做好自己,展现爱心,我们才能得到全世界人的祝福。未来永远都掌握在我们自己手里,关键是我们怎样去做。人生就是一场旅程,无人可替代,总有人进来,也总有人离开。做好自己,对身边弱小的人展现出慈爱之心,我们才会展现出自己平易近人的风范气场。

宁雪中送炭,莫锦上添花

很多人说,世界是残酷的,尤其是在商业领域,任何人都不值得相信,任何人都会成为我们的敌人。人要有一颗慈爱之心,当我们身边的人,不管是"敌人"还是朋友有困难的时候,我们都应该及时伸出援助之手。当我们伸出援助之手,朋友会变成更好的朋友,而"敌人"也会成为我们的朋友。

商界中真正有风范的人,真正的强者,永远都懂得这样一句话:患难见真情。因为，在别人处于困境时，你为他做的一点一滴，对他来说都显得格外弥足珍贵，所以当你处在危难时期的时候，他会用十倍甚至百倍来回报你的滴水之恩。因为处在逆境时是人心最脆弱的时候，也是人最需要关怀的时候。

所以，哪怕你眼中的商界是如何冷酷，你也要尽可能做一个雪中送炭的人。受援人在感到无比温暖的同时，也会把这个情谊记得很久很久，以图来日相报。相比于雪中送炭，锦上添花就显得单薄多了，快乐的时候，人的记忆力会减弱；而痛苦的时候，人的记忆力会变强，所以，宁雪中送炭，莫锦上添花。

被誉为红顶商人的胡雪岩，从小生活在贫寒的家庭之中。他的商业之路，是由在信和钱庄做学徒开始的。

有一年中秋，胡雪岩奉命去讨一笔死账。原本他以为，这笔账依旧讨不回，谁知500两银子却轻而易举地拿回来了。

就在胡雪岩兴奋之时，他结识了一位新朋友——落魄书生王有龄。王有龄是一位有才干、有志向、想做实事的读书人，他想出人头地，但苦于没有起家的本钱。

虽然胡雪岩和王有龄认识的时间并不长，但是胡雪岩对王有龄欣赏有加，因此他主动将收到的500两债银拿了出来，送给了王有龄。他说："我愿倾家荡产，助你一臂之力。"胡雪岩的义举令王有龄感激涕零，他信誓旦旦地说："我富贵了，绝不会忘记胡兄！"

胡雪岩擅自处理钱庄的银子，这是要冒很大风险的。果然，当钱庄知道后，毅然将他赶了出去。虽然胡雪岩因此失业了，过了一段很苦的日子，但是他的雪中送炭却获得了王有龄的真心，同时也为自己铺就了锦绣前程。

当王有龄在官场渐渐站稳脚跟后，决定向胡雪岩报恩。凭着王有龄的扶持，胡雪岩开设了钱庄、当铺、药铺，还经营丝、茶等生意，最后成为了一代富可敌国的巨商。

当一个人排除万难，穿过险峰，越过险阻时，那些给他送来花环，拿着美酒佳肴前来祝贺的人，他会怀疑是他们的友谊并非真诚可靠。而对于那些曾在危难中帮助过他的人，他则会由衷地感激，因为真正的朋友之间，需要的就是雪中送炭。这，正衬托出雪中送炭者的侠义之心，让受恩人敬佩、感激。也许曾经的竞争对手，也会对你无比钦佩，从此化敌为友。

任何时候，我们都要学会释然，学会忘记过去，摒弃前嫌，这样，我们才能在生意场上，多些朋友，少些敌人。我们都需要雪中送炭的朋友，这样的朋友懂得急人之难，把别人的事当成自己的事。其实，这些都是善良的一种表现。想要形成风范的气场，就应该让我们展现出自己善良美好的一面，只有如此，我们才能和风范相互影响，在未知的人生旅程中走得更远。

雄姿英发羽扇纶巾，在赤壁大败曹操的周瑜在初出茅庐时却混得并不如意。当时，他在袁术手下为官，职位是居巢长，这是一个比县令都小的芝麻绿豆大的官。

福无双至，祸不单行。这时候，周瑜管辖的地方发生了饥荒，老百姓没有粮食吃，只能啃树皮和草根。一时间，饥民遍野、哀天怨地，饿死了不少人。尽管周瑜心急如焚，但是他也没有变出粮食来的方法，只能干着急。

这时，有人给周瑜出主意说："居巢附近有一个大财主，姓鲁名肃，字子敬。他非常有钱，而且乐善好施。如果你去找他，肯定能借来不少的粮食。"

周瑜听闻此事，马上前去拜访鲁肃。寒暄几句之后，周瑜开门见山："实不相瞒，我这次来，就是想找您借点粮食，帮居巢百姓度过这次危机。"

鲁肃打量了一下周瑜，看到他丰神俊秀，日后必定大有一番作为，就非常高兴地说："区区小事，不值一提，请公瑾放心。"

鲁肃家里有两仓粮食，每仓各有三千担。鲁肃豪爽地指着其中一仓说："别说什么借不借的，我直接送你一仓吧！"周瑜见鲁肃如此豪爽，非常高兴，自此之后，周瑜和鲁肃结为了至交好友。

又过了几年，周瑜当上了将军，他牢牢记着鲁肃的恩德，就把他推荐给了孙权。自此之后，两人共同辅佐东吴，正因为有了此二人的帮助，才得以让东吴有了三分天下的伟业。

虽说在名义上周瑜是官，鲁肃是民，但是以鲁肃当时的身份和影响力，对于周瑜这个小小的居巢长，他是想不见就可以不见的。而鲁肃非常看好周瑜，在他最危难的时候慷慨解囊，帮助了他，这无异于雪中送炭。后来，两人虽然政见不一却始终保持着极好的私人关系，也成为了一段千古佳话。

人生在世，没有一帆风顺，总会有许许多多的艰难与困苦。当你遇到断崖险阻时，你一定特别感激帮助你架桥搭梯的人，而在别人危难的时候，如果你能雪中送炭，真心地帮助他人，那对方一定会把你当作真正的朋友。许多名动天下的商业领袖，都是这么要求自己的。

"我从不喜欢锦上添花，我只会雪中送炭，做一个雪中送炭的人，交所有雪中送炭的朋友。"这是李嘉诚的一句名言。真正的强者是乐于助人的，更不会在别人危急的关头落井下石，他们会抛开所有利益的因素，凭着一颗善良的心，去做自己应该做的事。在别人危难的时候要帮人一把，这是建立关系的最好时候，给人雪中送炭，你将获得的是整个温暖的春天。即使身处尔虞我诈的商界，这一点也不可例外。

多一些善良之举，我们才会多一些风范的气场。人世间因为有爱才会变得美好，当我们付出爱的时候，就意味着我们会收到爱。人生需要善良的人，只有他们才能把爱无休止地传递下去，怀恩报恩恩相继，饮水思源源不尽，人生最大的道理莫过于此。

没有卑微的爱情，只有幸福的真谛

李商隐在《无题》诗中说："身无彩凤双飞翼，心有灵犀一点通。"幸福需要的就是这种心有灵犀的体会，也许我们已经在幸福的路上，只是我们当局者迷罢了。幸福的话语有时候不用说，双方也能感觉得到，因为幸福可以让人由内而外感觉得到的，正因为如此，我们才能在幸福路上走得更远。

有些人总是认为自己的爱情是弱小的，是卑微的，是很难长久的，但是我们要知道，爱情是靠夫妻双方相互体谅。结婚之后，夫妻双方需要相互扶持，只有相互搀扶，才能在爱情路上走得长远。

哈基宁是著名的 F1 赛车手，当他在赛车场上取得一个又一个成绩的时候，是他的妻子恩雅在身后默默地支持他，不管是什么时候，恩雅都是他最坚强的后盾。

恩雅是芬兰一家电视台的主持人，因为主持人职业的缘故，恩雅认识了不少的赛车手，在这些赛车手中间，哈基宁并不怎么出众，他不仅沉默寡言，而且有时候甚至显得比较木讷，但是一回生，二回熟，经过不断地了解，恩雅发现哈基宁是一个非常勇敢的男人，从不轻言放弃，如果有人能在他身边不断鼓励他，那么他的潜能就将会被全部激发出来。

1995 年，澳大利亚站的排位赛中，哈基宁发生了重大交通事故，头骨被车冲撞得都破裂了，和死亡擦肩而过。在这个时候，恩雅一直衣不解带地照顾着哈基宁，哈基宁非常感动，等到哈基宁伤愈之后，两个人就步入了婚姻的殿堂。

2000 年之后，哈基宁和恩雅逐渐淡出了人们的视线，过着只羡鸳鸯不羡仙的生活。

患难是爱情的试金石，经历过患难考验的爱情才会更加完美，才会展现出更加让人折服的魅力。哈基宁是幸福的，因为恩雅的陪伴，他走过了人生一个又一个难挨的关口，跨过危难，迈向新生。如果哈基宁的人生中没有恩雅的陪伴，那么，他也不会取得像今天一样的成就。

患难见真情，我们只有处在危险的位置，才能体会到爱情的珍贵，才能体会到人生的那种机缘影随，那种来之不易。很多人常说，贫贱夫妻百事哀，但是只要我们学会发现幸福，学会寻找幸福，就能搭建起爱情牢固的城墙，才能展现出自己那种博大的胸怀和风范。

如果夫妻双方每天只是冷战的话，那么，他们的爱情是不可能长久的。人生无常，需要时时准备，时时修复，才能让爱情长久。君心知我心，我心似君心，只有做到这样，我们才能展现出甜蜜无比、让人忌妒的风范。

有一对情侣，闲来无事就去出海游玩，男女之间本来关系非常好，但是男孩处理事情的时候却非常怯懦，女孩希望通过这次出海，让男孩逐渐改掉这个坏毛病。

没想到，出海游玩的途中遇到了大风，两个人乘坐的小艇被巨浪掀翻了，而这对情侣也不幸落入了海中，幸亏女孩紧紧抓住了一块木板才得以保住两个人的性命。女孩就问男孩："你现在害怕吗？"

男孩从怀中掏出一把水果刀："我害怕，但是如果有鲨鱼来的话，我就拿这个对付它。"女孩再次感受到了男孩的怯懦，只是摇头苦笑了一下。

没过多久，一艘货轮就发现了这对情侣，正在此时，一群鲨鱼也随之出现了。

女孩大叫："会没事的！我们用力游，一定能获救的！"

男孩却不管这些，而是把女孩推入了海里，自己趴在木板上，向着货轮的方向游了过去："我先去尝试一下，如果可以的话，你再来！"女孩看着男孩逐渐消失的背影，不由泪流满面，感到了无比的失望。

这时候，鲨鱼向着女孩逼近，但是它们只是闻了闻就离开了，然后疯也似地向男孩的方向游了过去。男孩被鲨鱼撕咬着，但是男孩还是奋力地大喊："我爱你！我永远爱你！"

最后，女孩获救了，而男孩则被鲨鱼吞进了肚子里。甲板上的人们纷纷为男孩默哀。船长走到女孩身旁说："小姐，你请节哀！你的男友是我们见到过最勇敢的人。让我们为他祈祷吧！"

女孩却不以为然，而是非常冷漠地说："不，他不像你说的这么好，他是一个胆小鬼！"

船长说："你怎么可以这么说他呢？我刚才用望远镜观察了男孩的一举一动，他把你推开之后，就游到了远处，然后用刀子割破了自己的手腕。鲨鱼对血腥味非常敏感，而正是男孩用自己的生命为你的安全脱险赢得了时间。如果不是男孩这么勇敢的话，恐怕你也不会安全地站在这艘船上。"

没有卑微的爱情，只有爱情的真谛。男孩为了保全女孩，甘愿舍身喂鲨。爱情中的男女,没有任何一个人是卑微的,因为两个人,两颗心被紧紧联系在了一起。学会理解,学会体谅,我们才能看到对方的关心,对方的爱,只有这样,我们之间的爱情才会变得幸福美满。

有福同享,有难同当,并不单单用来形容朋友之谊,更可以用来形容恋爱中的两个人。著名作家亦舒说:"能说出的委屈不是真的委屈,能抢走的爱人不是真的爱人。"人生就是如此,经过苦难考验过的友谊或者爱情往往会来的更真切,更有冲击力。

幸福是风雨过后的彩虹,幸福是苦难之后的快乐,人生的每一步都需要幸福的陪伴,如果失去了幸福的陪伴,我们的人生将会变得黯淡无光。能够共享乐的爱情不一定是真的爱情,但是,能够共患难的爱情却一定是真的爱情。幸福需要的是心灵的体会,是在某些关键事情上两个人表现出的惊人一致。

幸福的人生也需要考验,只有经过磨难的考验,我们才能真正体会到幸福的甘甜。也许有人说:"幸福离我很远,就算我再怎么努力,也不可能得到。"其实,有时候,幸福来得很浅,只要我们稍一触及,幸福感就会流遍我们全身。幸福更多的时候是不需要多说的,是需要用心体会的,但是这样的情感会让我们感觉到不一样的人生。

幸福不是靠说,而是要靠体会的。但是幸福感给我带来的却是积极的情绪,会让我们口中的话语变得更有味道、更有深意,会让我们身边的人感觉到你的热情,感觉到你的快乐。正因为如此,我们的风范才能日渐显露出来,才能百尺竿头,更进一步。

在同级面前，真诚是一种风范

我们和人交流时，总是存有芥蒂，总是喜欢藏着一些事情，不愿意公开，尤其是在同级面前，我们就更是如此了。我们总是认为同行是冤家，同级就更是了，每天都是尔虞我诈，生怕对方把我们超越了。

在同级面前，真诚是一种风范。将心比心，我们才能收获到真正的朋友，同级是朋友，只要我们愿意真诚对待同级，就能收获到对方的真诚，就能让自己的真诚走进对方的内心深处。

真诚的人不需要比较

　　每当我们出现问题，出现状况时，就会怀疑自己，认为自己哪里做错了，出问题了，但是更多的时候，只要我们真诚对待事情，对待他人，就算出问题了，我们也一样能化险为夷，让自己在人生路上取得非凡的成绩。

　　真诚是一种态度，更是一种风范，我们都喜欢和真诚的人交往，更喜欢和真诚的人成为朋友。太有心机的人，总是需要我们思考，就算对方是出于好心，经过我们的不断思考，也会把对方想成坏心。有句俗话说得好："宁学喝酒醉，莫学下棋心。"喝酒的人一般都真诚，都是想让自己多喝，而下棋的人则心不诚，他们都想赢了这一局。

　　真诚不需要比较，想要真诚地对待别人，我们最应该做的就是先真诚地对待自己。我们只有真诚地对待自己，才能真诚地对待别人。我们要先真诚地对待自己，才能展现出自己与众不同的一面，才能让自己最真实的风范呈现在世人面前。

　　曾经，有一对情侣相互之间很甜蜜。

　　女孩总喜欢问自己的男友"是我好，还是你以前的女友好？"或者是"是我漂亮，还是你以前的女朋友漂亮？"每次，男孩都会被这样的发问弄得既尴尬又扫兴。

　　一次，女孩无意中得知男友的银行卡密码是他前任女朋友的生日，女孩大发雷霆，觉得男友还爱着以前的女孩，很伤心地向男孩提出分手。

　　这一次，男孩显得也很生气，但他认真地对女孩说："现在的我们感情这么好，为什么非要总把以前的事情摆在眼前，让我们两个人起争执呢？我爱的是现在的你，不是过去的她。不要再去比较了，那是没有意义的！"

　　女孩仔细想了想，认识到是自己太任性了。总是去碰触他曾经的伤疤，也许他回想起来会更痛苦。既然他现在选择的是和自己在一起，那么又何必在意他曾经属于过谁呢？

真诚不需要比较，比较的是我们内心的怀疑。我们要做的就是彼此相信，坦诚相见。我们需要真诚的朋友，在不顺心的时候，我们可以和他们小酌几杯，秉烛夜谈，这样的朋友是多少金钱都换不来的。但是，真诚的人是不需要比较的，因为一比较，你就丢掉了你的真诚。

认定了一个朋友，我们就应该开诚布公，很多人都希望能够结交到真诚的朋友，但是他却不愿意用这样的要求来约束自己，我们待人接物要真正做到将心比心，只有这样，我们才能收获到最真诚的朋友。

人都是有需求的动物，当我们真心付出，必然会期待真心回报。我们要做的就是过好自己的日子，真诚对待身边的人，只有如此，我们才能收获到越来越多的人脉。

芳高挑而曼妙，婚后几年依然美丽。她的婚姻似乎和她的相貌一样完美，丈夫几乎让她享尽世界所有的甜蜜，除了他们的物质条件和丈夫的相貌：他们并没有宽敞的房子，而丈夫的个子甚至没有芳高。

生活在平淡中一天天度过。平淡久了，终究也就有了厌烦。当厌烦到快要麻木的时候，芳邂逅了一个丈夫之外的男人，那个男人似乎让她看到了一个全新的世界：俊朗的外貌、挺拔的身姿，关键是，他给芳也买了一套房子：地段好，面积大。

芳决意离婚。

丈夫久久无语。

漫长的沉默中，芳拿出小剪刀开始修剪指甲。可是小剪刀有点儿钝了，不大好用。

"你把抽屉那把新剪刀递给我一下。"芳说。

丈夫把剪刀默默地递到她面前，芳忽然发现，丈夫递给她剪刀的时候，刀柄的方向朝向她，刀尖朝着他自己。

"你怎么这么递剪刀呢？"她有点儿奇怪。

"我一直都是这么给你递剪刀的。"丈夫说，"这样万一有什么意外，也不会

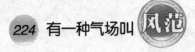

伤到你的。"

"是吗?"她毫不在意地反问了一句,心却忍不住轻轻一动,"我从来没注意过。"

"那是因为这太平常了。"丈夫静静地说,"我从没有说过,因为我觉得这没有必要说,其实我对你的爱也是如此。从我爱上你的那一天起,我就告诉自己,要把最大的空间给你,要把最大的自由度给你。就像刚才递剪刀时把刀柄给你一样,把爱情的生杀大权给你,让你不会受到伤害,最起码不会从我这里受到伤害。也许我给不了你那么大的房子,也给不了和你一起上街时别人羡慕的眼光,可这就是我对你的爱。"

听着丈夫这一句句的心里话,芳早就泪水汹涌而出,紧紧地抱住了丈夫。

人生中,没有解不开的心结,只要我们真诚地把事情说出来,是没有人会强加苛责给我们的。人最重要的不是跟别人比,而是跟自己比,只要我们每天取得一点进步,我们就应该满足。学会用真心去看待世界,我们才能发现人世间的美好,如果我们苛求太多,只会让我们内心变得杂乱,再也无法真诚对人,真诚对事了。

我们每个人都有追求幸福的权利,但是我们却没有跟人比的理由。别人在按自己的生活方式生活,我们也是在按照自己的生活轨道行走。只要我们真诚待人,问心无愧,到那时,身边的人就会愿意和我们成为朋友,等到我们需要帮助的时候,他们就自然会向我们伸出援助之手了。

风范需要真心实感的处罚,如果我们内心都是阴谋诡计的话,那么,我们的风范也就会变成虚空了。认真做好自己,不断完善自己,一切都在意料之中。

真诚让人折服

很多人都应该听身边人这样讲过:当一个人解释半天解释不清楚时,为了能让别人相信自己,他们只好说,那么,看着我真诚的眼睛吧!当然,这只是一个

情节，一个故事，但是真诚的目光，真诚的话语，往往能够消除对方的怀疑心理，让对方能够坦然接受我们所说的话。

话语中如果我们能够展现出真诚的感染力，就能感染到身边的人，让他们相信我们，按照我们的吩咐却做，而这样的真诚，正是感染力风范的最大展现。人生没有不劳而获的事情，我们要做的就是展现出自己的真诚，让自己的感染力影响到身边的所有人，只有这样，我们才能得人心，才能在人生路上找到和自己同气相求的朋友，才能取得成功。

唐朝时，魏知古原为一名小吏，是被姚崇提拔起来的。后来，魏知古被拜吏部尚书，负责管理东都洛阳的铨选事宜。

姚崇的两个儿子也在洛阳做官。魏知古到达洛阳以后，他们知道魏知古是父亲的门生，于是就去魏知古那里托付人情，请求照顾。魏知古回朝后，把这些全部上奏了皇帝。皇帝便召来姚崇问道："你的儿子们都很有才能吗？品级如何？在哪里任职？"

姚崇回答说："为臣共有三子，两个儿子在洛阳做官，他们的为人都很贪婪而不喜交往。他们必定是对魏知古有所求请，不过这件事，臣事先并不知情。"

皇帝开始只是想说说丞相之子的言行应该谨慎，打算引起姚崇的注意。如果姚崇偏向他的儿子，或隐瞒他们的言行，就准备把魏知古向自己报告的情况对他讲明，然后申斥他一顿。听到姚崇这么一说，皇帝大笑起来，问道："那现在你是怎么知道这件事的？"

姚崇说："魏知古微贱之时，是为臣引荐了他，才使他有了今天的荣耀和显达。臣的儿子很愚蠢，认为魏知古会看在我对他的恩德上包容他们的过失，所以他们肯定会找他托人情。"

皇帝说："既如此，朕打算严惩魏知古，不知爱卿意下如何？"

姚崇赶忙为魏知古请求说："为臣的儿子没有出息，干扰了陛下的法规，陛下准备饶恕他们，为臣感到荣幸至极。但因为臣而驱逐魏知古，天下的官员百姓就必会认为陛下对臣存有偏心，这不会对天下起到感化作用的。"

皇帝本来怒气正盛，但见"当事人"姚崇自己却如此真诚地为魏知古求情，不禁深受感染。沉默了良久，终于答应了姚崇的请求。

从这个故事中我们可以看出，真诚的力量是多么重要。要知道，在古代，伴君如伴虎。和皇帝打交道，臣子的沉浮、命运全在于君主的一己之好恶。一旦君主对你产生恶感或心存疑虑，也就预示着其政治生命的终结；相反，如果一个人想要官运亨通的话，那么赢得皇帝的信任也是必不可少的。面对君主的怀疑和诘问，姚崇毫不回避，而是以真诚的态度把事实的真相一点一滴地说清楚，从而逐渐恢复了皇帝对自己的信任。

说话要有感染力，而感染力要懂得柔中带刚，这样，别人才能感受到你的真诚，才会听进你所说的话，只有如此，我们的人际交往能力才会得到大幅度的提升。活在当下的每个人都有属于自己的关系网，但是如果想让我们身边的关系网扩大就需要我们多动嘴皮子，多去考虑身边人的感受，只有待人如待己，别人才会愿意跟你走。

真诚是一种态度，更是一种思想，当我们想要得到什么的时候，要先想自己有没有付出什么。真诚的感染是一种直入内心的感悟，人与人并不会像一堵墙一样给隔开，而是会像磁铁的两极，互相吸引。如果我们想和人交流，就应该多学会站在对方角度去思考问题，去分析问题，只有如此，别人才愿意选择倾听，而你所说的话也会因此产生独特的吸引力。

柯达公司的伊斯曼发明了透明胶片后，电影的摄制获得了巨大成功，同时他本人也成为巨富。为了纪念母亲，伊斯曼准备在洛贾士德建造伊斯曼音乐学院和凯本剧场。

纽约优美座椅公司的经理爱达森得知消息后，非常希望能承包该工程的座椅工程。不过，伊斯曼的日程安排非常紧张，且脾气又不太好，如果谁要白白占用了哪怕5分钟的时间，他就会决定从此不再和那个人打交道。

当爱达森被引进伊斯曼的办公室时，伊斯曼正忙于工作，他头也不抬地说："对不起，我时间很紧，你是今天第五个前来洽谈的公司了，请你把贵公司相关的资料留下，如果有需要的话，我会给你打电话。"

　　爱达森微笑着将资料放在伊斯曼的书桌上，但是他并没有立即离开，而是环视了一番办公室。"伊斯曼先生，我是从事室内木制品经营的，可从来没有见过这么漂亮的办公室。如果我能有这样一间办公室，我一定会特别自豪。"爱达森说。

　　听到这样的话，伊斯曼抬起头来，他的情绪似乎也受到了感染："这间办公室是我亲自设计的，我确实非常喜欢。"

　　"真想不到您还懂得居室设计，而且这么专业。您真是一个聪明的人，怪不得您能干出这么一番大事业来。"听到爱达森的这些话，伊斯曼脸上笑开了花，他兴致勃勃地开始介绍起办公室的英国橡木壁板、自己设计的室内陈列等。

　　接下来，伊斯曼很自然地从办公室的设计谈到伊斯曼的创业，最后过渡到要修建的剧场。爱达森热诚地恭贺他说，这是一桩古道热肠的慈善义举。一小时，两小时都过去了，他们仍然在谈着，而爱达森最终如愿地获得了自己想要的合同。

　　爱达森真诚的话语感染到了伊斯曼，使得他放下了手上的工作，最终，静下心来，和爱达森聊了起来。其实，真诚的话语往往能够收获到对方的认同，如果我们再多加渲染一些，对方的认同感就会更加强烈，这样一来，对方才会敞开紧闭的内心，和我们成为真正的朋友。

　　真诚是需要我们不断在实践中不断学习的，只有先做好自己，我们才能展现出自己的风范，用真诚来折服众人。没有人会拒绝一个真诚的人，路遥知马力，日久见人心，如果我们真诚对待他人，自己也会收获到真诚，只有用真诚不断感动身边的人，对方才会向我们靠近，才会认可我们这个朋友。

　　人生不是一条独自行走的道路，而是需要我们和身边的人携手并肩，共同前进，越是如此，就越需要我们真诚待人，用真诚去感染人，只有这样，我们的风范才能展现在众人面前。

自我是真诚的天敌

工作生活中，我们经常会遇到自我的人，这样的人眼中只有自己，而没有别人。我们如果只是自我，每天总是趾高气扬，目中无人的话，我们身边将会连一个朋友都没有。我们需要朋友，朋友需要真诚，我们要做的就是真诚待人，从对方身上多看到一些优点，少看到一些瑕疵，这样，当我们用积极阳光的态度看人的时候，别人也就自然会认可我们，愿意和我们成为朋友了。

自我是真诚的天敌，我们每个人都希望和真诚的人成为朋友。朋友相交，贵在交心，当我们愿意和朋友坦诚相见之时，就是我们友谊之花盛开之日。不要自我，不要目中无人，我们才能看到更广阔的天空，才能看到更真实的人性。

在一片森林里，生存着一只鹰王和一只鹰后，它们准备挑选一棵又高又大的橡树来居住，在上面筑巢，然后休养生息。

鹰王和鹰后要挑选橡树筑巢的消息不胫而走，鼹鼠听到这个消息后，感到非常惊讶，它觉得在橡树上筑巢是不明智的，于是，它就找到了鹰王，和它说："挑选橡树筑巢是极其危险的举动，大部分橡树的根已经开始发烂，随时都有倒掉的危险，你们还是另择良处吧！"

鹰王对鼹鼠的劝告不屑一顾，非常不高兴："我做什么事还用得着你管？你们这些每天只会躲在洞里的家伙，难道你认为你的眼睛比我们老鹰的眼睛还要锐利吗？你以为你是什么东西，竟然敢来干涉本大王的事情！"

鹰王依然我行我素，根本没把鼹鼠的劝告放在心上，只想着早日筑巢，然后繁衍后代。

没过多久，巢就筑好了，鹰王和鹰后举家迁徙。不久，鹰后就孵出了一堆可爱的小鹰。

有一天早晨，鹰王照例出去猎食，带着丰盛的食物回到了住处。但是没想到，鼹鼠的话一语成谶，那棵橡树果然倒掉了，鹰后摔成了重伤，它们的孩子无一幸免。

鹰王看着已经死亡的孩子们，感到非常伤心："我真是不幸啊！我应该听从鼹鼠的建议，就不会发生这样的惨剧了！"

生活中如此，竞争激烈的职场中就更是要求如此了。职场生存，我们不能太过于自我，过于自我只会让同事感觉到你的傲气，这样就会让我们失去本应有的亲和力。也许我们内心没有得罪别人的意思，但是，我们的表现早已经体现出了这一点。和同事保持适当的距离固然是好，但是，如果保持距离过长，给人一种拒人于千里之外的感觉，就会让人感觉你这个人很难接触。

很多人总是对社会、对职场存有排斥心理，这个社会本来就已经非常浮躁了，如果我们再去用自我的眼光看待这个社会的话，看到的将会是整个社会的阴暗面。我们总是自我地认为，社会是一个大染缸，只要我们身处其中，我们就会被同化，如果我们总是这么想，那么，我们又谈何真诚地对待整个社会，对待身边人呢？

我们承认社会、职场都有一定的残酷性，但是这些却没有我们想象中的残酷，但也有它一定的残酷性。职场中，也许我们无法交到几个真正的朋友，但是，我们也不应该因此多树立敌人。人常说，一个篱笆三个桩，一个好汉三个帮，多个朋友多条路，多个敌人多堵墙。认真分析之后，谨慎行事，这样，我们才能在人生道路上走得更远，才能展现出自己更强大的风范。

楚瑜刚被调动到了老刘这个部门任一个工作小组的组长。

一天，老刘因为工作问题被上司叫到办公室批评了一顿。心里不痛快的他一怒之下跟上司说："反正你看我怎么都不顺眼，这个组长我不干了总可以吧！你爱让谁干让谁干去！"

上司也不甘示弱，说道："你爱干不干，不干我还找不到人干了？新来的小楚我看就不错，你要不干我让他来当这个组长，包管比你强！"

从上司的办公室出来之后，老刘没有从自身找原因，而是钻了牛角尖，心想："肯定是新来的小楚在上司面前说了我的坏话，不然上司为什么要把我撤职好让小楚来当这个组长？"

回到办公室，老刘直奔楚瑜的办公桌指责他："小楚，你要是对我有意见可以当面跟我提，别到上司那里去打小报告，行吗？你要是想当这个组长，好啊，我让给你，在人背后开黑枪就不对了吧！咱们一个办公室里面做事，别总做这种下流事，让人瞧不起！"

这一通指责把楚瑜弄得一头雾水，他根本不知道老刘为什么生这么大气，也不知道该怎么解释才好。看着气呼呼的老刘，楚瑜这一天都被弄得心神不宁，经过多方面打听，终于弄明白了事情的起因。楚瑜原本想去跟老刘解释一下，又觉得清者自清，浊者自浊，没什么可解释的，思前想后还是决定晚上下班之后找自己的女友商量一下，毕竟一人计短，二人计长。

下班之后，楚瑜约女友出来吃饭，然后把今天的事一五一十地说了出来。女友听完，给楚瑜支了一招：

"明天你还是去跟他解释一下吧，毕竟同在一个屋檐下，还是应该以和为贵。如果他听不进去，那你就去找上司，问问他是不是真的要让你取代老刘的组长职位，如果上司只是一时的气话，那就请他出面找到老刘把误会澄清一下；如果上司真的想这么干，我建议你别当这个组长，推辞掉，然后请上司找老刘把整个事情的来龙去脉说清楚。要是你答应当这个组长啊，这件事可就再也说不清了，昨天的事大家都看在眼里，以后的工作你照样没法开展。"

楚瑜觉得女友讲得很有道理，就照着她说的做了，最终果然把误会澄清了，误会澄清之后，楚瑜和老刘还成了一对不错的朋友。

楚瑜经历的这种事，是典型的事找人，用当下流行的说法叫做"躺着也中枪"。在这件事中，从头到尾，楚瑜没有做错任何事，一切都是由于老刘的误会引起的。但假如楚瑜因为自己无缘无故地被老刘臭骂了一顿就恼羞成怒，并且绞尽脑汁地想要报复对方的话，那么恐怕他在这个公司里也就待不长了。令人欣慰的是，楚瑜选择了听从自己女友的建议，努力澄清误会，结果这件事不但没有留下"后遗症"，反而让楚瑜交到了朋友。

电影中有一句经典台词"不要憎恨你的敌人，否则你将做出错误的判断"。对你的敌人你都不能憎恨，对你的同事或者竞争对手，你就更不能憎恨了。要知道，在办公室这个狭小的空间里，也许昨天你还被经理青睐有加，而今天你就只能拍拍屁股走人。对于领导来说，无论你是一个怎么有能力，有才华的员工，但如果你的存在会破坏公司的内部团结的话，他就一定会毫不留情地排除掉你这个"不稳定因素"。

如果我们想要有所作为，就要真诚待人，要真正做到不去憎恨别人，做事要留有余地，只有这样，我们才能做好自己，在人生路上越走越远。人生像一幕幕连续播放的电影，我们也许成为不了主角，成为不了英雄，但是，我们也不要因此成为众矢之的。真诚待人，坦率做事，我们才能在人生的舞台上展现出最好的自己，才能让风范继续扬帆远航。

在荣誉面前，谦让是一种风范

　　酸甜苦辣咸，人生中的这五种滋味，我们都会彻彻底底尝个遍。当我们失败的时候，要学会释怀；当我们成功的时候，要学会谦让。荣誉面前，我们都想当仁不让，但是我们要知道，荣誉不仅仅是你一个人的，是属于一个集体的。只有认清这一点，我们的风范才能展现出来。

　　在荣誉面前，谦让是一种风范。谦让是一种大度的表现，在这时，越是谦让，就越容易赢得人心，就越容易拉近彼此之间的关系，进而成就属于自己的一番伟业。

谦虚退让得天下

《易经·谦卦》中说："谦谦君子，卑以自牧也。"谦虚是一种低调处世的智慧，人生处处都有危险，我们要做的就是把自己从风口浪尖上拉下来。我们只有放低姿态才能保全自己，才能更好地借势发力，取得一番作为。

无论是面对别人还是自己，都要做到谦和有礼。既不畏惧自卑、低声下气，又不自大狂傲、放肆嚣张。谦和有礼是一种优秀的处世态度。明朝诗人朱之瑜曾云："圣贤自有中正之道，不亢不卑，不骄不谄，何得如此也！"

"贫贱不能移，威武不能屈，富贵不能淫，此之谓大丈夫也。"所谓谦和而有礼，一定要掌握好分寸。不但不能过傲，而且更不能过卑。遇事淡定，有主见的同时不能顽固不化，谦虚为人的同时不能有低人一等的自卑；坚持自己为人处世的标准，做到不随波逐流，只有这样，我们才能赢得风范，赢得天下。

汉朝时期，公孙弘家境贫寒，等到后来，公孙弘位居宰相的高位，依然保持着艰苦朴素的作风。公孙弘每次吃饭只吃一份荤菜，睡觉时也只盖一张再普通不过的棉被。

但是，就是如此深居简出的公孙弘也会遭到大臣们的忌惮。了解到公孙弘如此做法之后，大臣汲黯向汉武帝参了公孙弘一本："公孙弘位列三公，俸禄丰厚，但是他每天只是盖普通棉被，吃普通饭食，明显是在沽名钓誉，就是想为自己赢得清正廉明的名声。"

汉武帝听完之后，就传召了公孙弘，问道："汲黯所说的都是事实吗？"

公孙弘说："没错，汲黯说得都对。满朝文武，只有他和我交情最好，也只有他最了解我。我位列三公却只盖普通棉被，确实是我的错，我确实是想沽名钓誉，赢得清正廉明的美名。但是汲黯今天能指责我，是为皇上分忧，如果他不是对皇上忠心耿耿，皇上又怎么能听到他对我的批评呢？"

汉武帝听了公孙弘的话，觉得他非常正直、谦让，就更加器重他了。

公孙弘深知汲黯这个指责对自己的分量，如果去辩解，汉武帝就会真的觉得他在使诈，就是在沽名钓誉。为此，公孙弘采取了非常高明的一招，选择了逆来顺受，主动承认自己的过失，而主动承担责任就会让汉武帝觉得公孙弘非常坦诚，根本不可能沽名钓誉去博得清正廉明的名声。这样一来，文武大臣就会感觉到公孙弘的气量，认为公孙弘宰相肚里真的能撑船。

人们都喜欢在彼此尊重的状态下交往，如果一个人不懂得尊重自己、尊重他人，不仅会丧失自己的人格尊严，而且也会伤害别人，甚至形成人际交往的鸿沟。如此，便很难得到别人的尊重，也很难有所作为，更不要去谈修炼什么风范了。

隋朝后期，天下动乱。苏世长原来是江都郡丞王世充的手下，但是后来王世充兵败，苏世长就投靠了高祖李渊，被封为玉山屯监。

有一次，李渊在玄武门见到了苏世长，就问他："你说你是属于喜欢阿谀逢迎的人还是正直不阿的人？"

苏世长回答说："我是特别愚蠢又特别正直的人。"

李渊又问他："你如果像自己所说的那样正直，那为什么还要背叛王世充而归顺于我？"

苏世长回答说："现在洛阳已经平定，天下一统。微臣智穷力短，这样才归顺陛下。如果王世充还在，微臣占据汉南，那么，还是一个非常强大的敌人。"

李渊笑道："名长意短，言行不一。你对郑国放弃忠诚，对我却是背信弃义。"

苏世长回答说："我承认名长意短的确是像陛下所说；但言行不一我却不敢认同。以前，大将窦融率领河西投降汉朝，从而十代封侯；而臣率领山南归顺唐朝，却只得到屯监的职位。"

原来，苏世长是嫌封赐的官职太小。于是，李渊当天便下令，提升苏世长为谏议大夫。

还有一次，苏世长在披香殿陪同李渊喝酒时，发现殿堂修建得奢侈堂皇，苏世长就劝谏说："这殿堂如此富丽堂皇，一定是隋炀帝建造的。"

李渊生气地说："你实在是狡诈，明明知道这殿堂是我造的，为什么反而说是隋炀帝呢？"

苏世长回答说："臣实在不知道，只不过看到这里如此奢华，实在不像受天之命的帝王爱民节用的行为。如果宫殿是陛下建造的，确实不应该。臣过去看过陛下的房屋，能够遮风挡雨就足够了。如今天下一统，陛下理应居安思危，不忘节约。"李渊听后，觉得苏世长的话也有几分道理，就虚心接受了他的建议。

苏世长是降将，地位比较特殊。在面对李渊提问的时候，他既没有表示出对李渊的过分尊重，也没有表示出过分的谦卑。而是从容自若，淡定如水。正是因为苏世长在这两者之间掌握好了分寸，才得到了高祖的赏识。

我们都喜欢谦和有度、有涵养的人，人生无常，需要的就是我们不断奋斗，不断在人生路上奔跑。有人认为谦虚退让是一种懦弱的表现，其实则不然，谦虚退让是一种大度的表现，是我们人生境界的一种体现。尤其是在荣誉面前，能够做到谦和礼让的人就更少了，这就要求我们要展现出自己的大度，做最好的自己。

一个人能否做到谦和礼让，关键就要看他的志向，如果一个人有大志向，他就不会在乎眼前的荣誉，我们要学会变换角度去看待问题，只有把目光放得长远，我们才能展现出风范，赢得更大的成功。

让一步，天高海阔

法国启蒙思想家卢梭说："只有一门学科是必须要教给孩子的，这门学科就是做人的天职。我宁愿把有这种知识的老师称为导师而不称为教师，因为问题不在于要他拿什么东西去教孩子，而是要他指导孩子怎样做人。"

想要培养退让的美德，就应该先让自己认清退让的好处，我们常说，忍一时风平浪静,退一步海阔天空。人生就是一个不断忍耐、不断退让的过程,尊重他人的第一步就是要学会退让。退让,就是让自己从荣誉面前、从危险面前抽身而退。人要有一种把自己荣誉抛之脑后的心理,这样,我们才能心无旁骛地上路,才能继续按照自己的选择,坚定不移地走下去。

在渑池之会上,蔺相如立了大功,赵惠文王非常高兴,一回国就拜他为上卿。

廉颇得知此事后非常生气,私下对自己的手下说:"我是赵国大将,为赵国南征北战,立下了汗马功劳。而蔺相如只会说嘴,哪还有什么功劳,竟然成了上卿,比我官还大。等到我见到他,一定要好好羞辱他。"

蔺相如听闻此事厚,就装病不去上朝了。但是冤家路窄,有一次,蔺相如带领自己的门客准备出去,看见廉颇的车马迎面而来。蔺相如马上下令让自己的车队退在一旁,请廉颇先过去。

蔺相如的手下非常生气,认为蔺相如胆小怕事。蔺相如反问他们道:"廉颇和秦王比,谁的势力更大?"

众手下不假思索地回答道:"当然是秦王势力大了。"

蔺相如说:"你们说的没错。全天下的诸侯都怕秦王,但是我不怕他。我既然敢当面指责秦王,又怎么会害怕廉颇将军呢?但你们也许不知,秦国之所以不敢来侵犯赵国,就是因为我和廉颇将军两个人同时存在。如果我们两个失和,被秦国知道了,他们就会派兵来攻打我们。为了国家,我也不能得罪廉颇将军。"

这段话传到了廉颇的耳朵里。廉颇听到后非常惭愧。他是个直性子的人,知道自己做错了,干脆裸着上身,背着荆条,来找蔺相如请罪。蔺相如赶忙扶起来他说:"我们两个人都是赵国的大臣,食君之禄,担君之忧,我已经非常高兴了,您怎么能来向我赔礼呢?"

自此之后,廉颇和蔺相如成为了知心的朋友,全心全意地辅佐赵王。

蔺相如、廉颇将相和的故事可谓是家喻户晓。面对廉颇的挑衅,蔺相如选择了回避,选择了顾全大局,处处忍让,以和为贵。最终用自己一片真诚之心感染了廉颇,双方和解并且成为了至交,也成就了将相和的千古佳话。

人要学会释然，才能展现出伟人的风范。退让在一定程度上就是放下，不管是名利权势，还是艰难困苦，我们要做的就是不萦于怀。现在的所有一切都将成为历史，荣誉也是如此，荣誉只代表过去，而未来则在你的心中，过多纠结，只会阻挡住我们前进的步伐。

退让是气度胸襟的展现，有失才有得，有退才有得，人生没有无缘无故的成功。太过计较，只会让我们压抑的心理继续产生纠结，而我们心中的麻绳将会越来越乱。学会退让，就是学会一种风范，当我们退让的时候，这种风范就会影响到我们身边的人，让他们变得和我们一样，变得谦让有度，这样一来，我们的风范气场就能无限传播下去了。

清朝中期，宰相张英平时非常注重修身养性，不仅尊重别人，更受到了别人的拥戴。

张英对父母特别孝顺，他在朝廷为官时，就把父母安顿在家乡。只要稍一得闲，就会回家探望。

有一次张英回家探望母亲，看见房子已经有些破损了，就找人开始修理房子。等到一切准备就绪后，张英才安心离开了家。

张英前脚刚走，隔壁住着的一位姓吴的侍郎后脚就来拜访。原来，吴家也想扩建一下自己的房屋，并想把两家之间的空地占为己有。但是张英在做准备的时候已经把那块空地划在自己家的范围内了。这样一来，两家就发生了争执，谁都不肯退让。

张英母亲一怒之下就给张英写了封信，让他马上回家处理这件事。张英读完母亲的书信后，只回了一首短诗："千里家书只为墙，再让三尺又何妨？万里长城今犹在，不见当年秦始皇。"

母亲读完张英的家信之后，当即就明白了儿子的意思。为了三尺土地，气坏了身子，伤害了和气，岂不是太过不值？不如退让一步，双方相互尊重。

于是，张英母亲就主动把自家的墙退后了三尺。吴侍郎看到后深感惭愧，把自家的墙也退后了三尺，并且主动找张老夫人道歉。如此一来，两家之间就空出了六尺宽的巷子了。

　　这就是流传至今的相互礼让、相互尊重的六尺巷故事。

　　很多人都希望能让自身利益变得无限大，如果不够，我们还要强烈要求自己去做的，为的就是让自己变得强大，让自己获得无数荣誉，进而满足自己的虚荣心。正因为这样，我们才会为了一点小利而撕破脸皮，相互斗狠，有时甚至会赔上性命的事更是屡见不鲜。但张英却摒弃恶习，修身立德。他谦和礼让，让了三尺；邻居受了感动，也退了三尺。大家都让一让，邻里的关系自然也就和睦了。而张英的谦和风范也感染到了别人。

　　一个人能否做到为人处世谦和有礼，取决于他的志向、见识和人格。志向高远、见识广博，并且有独立人格的人，不会以学问多少和地位高低来论高卑贵贱。无论面对什么人，无论他的身份或"高"或"低"，都要一视同仁，既不卑屈，也不高傲。这样，我们才能展现出自己的风范，才能让身边人被自己的风范感染，进而产生谦让的美德。

谦虚低调，彰显柔怀之风

　　低调谨慎，这是中华民族的传统美德之一。很多外国人会对此感到疑惑：为什么中国人那么爱贬低自己。明明自己做得很好，却不承认，非要说那都是别人的功劳；明明自己本事很大，却非要说自己不行，比不过别人。但中国人告诉他，这种心态，会让我们走到哪儿都受人欢迎，而这就是因为我们所展现出风范的魅力。

　　谦虚是一种美德，对于人际交往很重要。尤其身处商界之中，扬扬自得的表现，不仅会让竞争对手耻笑，甚至还会引起同事的反感。想想看，如果你是狂妄之人，那么在办公室中，你还会有立足之地吗？你的顶头上司，更会认定你在"抢风头"，因此绝不把你列入"心腹名单"，从而让你的事业之路遭受重创。

孔子带着学生到鲁桓公的祠庙里参观的时候，看到了一个可用来装水的器皿，形体倾斜地放在祠庙里。

孔子有些不解，便向守庙的人问道："请告诉我，这是什么器皿呢？"

守庙的人告诉他："这是欹器，是放在座位右边伴坐的器皿，用来警戒自己。"

孔子愣了一会儿，笑着点点头说："妙。"

学生们丈二和尚摸不着头脑，纷纷问孔子："老师，为什么呢？"

孔子说："你们往这个器皿里面倒水试试看吧！"

学生们听后舀来了水，慢慢地把水倒在了这个可用来装水的器皿里。可是，当水装得适中的时候，这个器皿就端端正正地在那里。不一会儿，水灌满了，它就翻倒了，里面的水流了出来。再过了一会儿，器皿里的水流尽了，就倾斜了，又像原来一样歪斜在那里。

孔子说："你们都看见了吧。这种用来装水的伴坐的器皿，在没有装水或装水少时是歪着的；水装得适中，不多不少的时候是正着的；里面的水装得过多或装满了，它就会翻倒。"

顿了顿，孔子长长地叹了一口气，语重心长地对学生们说道："唉！世界上哪里会有太满而不倾覆翻倒的事物啊！只有谦虚谨慎才能让你们当一辈子正人君子。"

俗话说："满招损，谦受益。"为人处世要谦虚谨慎，不要骄傲自满；骄傲自满的人，没有不失败的。即使伟大如孔圣人，都会发出这样的慨叹，时刻记得谦虚谨慎，不要狂妄地把自己放到高高在上的位置，又何况是我们这些普通人呢？

你要告诉自己：无论何时，目中无人、高高在上的人，永远都不能得到他人的喜欢。在通向成功的道路上，如果你想要建立人脉、受人尊重，你就必须要学会谦虚，学会尊重他人，尽可能保持低调。

《礼记》中，有这样一句话："不自大其事，不自尚其功"，它说的是即使一个人做出了一点成绩，也应该认为很不够，不自满，肯接受别人的批评，只有这样才能永远充满前进的动力。综观形形色色的人，越是见多识广的成功者，就越是谦虚；而越是无知的小人，就越是不知天外有天，就越是狂妄。倘若没有这份觉悟，我们怎么样才能得人心，怎么样才能收获人心呢？

汉朝时期，周勃与陈平同朝为官。身为宰相联合同谋，诛灭吕氏一族后，把名不见经传的刘恒扶上皇位，即汉文帝。汉文帝继位后，请求与父亲一起打下江山的丞相陈平和太尉周勃两位开国功臣辅佐自己，一起振兴大汉王朝。

这天上早朝的时候，汉文帝想找陈平诉说他的想法。可满朝文武齐齐立于殿下，唯独没有见到陈平，于是就问道："为何不见丞相呢？"

站在一旁的内侍回答道："丞相告病不来了，请皇上见谅。"退朝以后，汉文帝觉得陈平是开国重臣，必须要亲自去陈平家慰问。于是，就让人准备车马，前往探望。

谁知，汉文帝到了陈平家之后，发现陈平正坐在椅子上津津有味地读书。汉文帝的突然驾临让陈平先是一愣，然后马上起身要下跪行礼。汉文帝赶忙把他扶起来，说道："丞相有病在身，就不必行此大礼了。"接着又说："丞相现在感觉如何？朕马上派人请御医过来，为你诊治。您年纪大了，千万不能再耽搁了。"

陈平原本是谎称生病，现在见汉文帝如此体恤自己，心里非常感动。觉得自己托病不上朝，内心有愧，就小心翼翼地对汉文帝说："陛下如此关心臣下，让臣下自愧不如，臣犯了死罪啊！"

汉文帝感到非常奇怪，就问陈平："丞相为人廉明公正、热爱百姓，对汉室一直忠心耿耿，怎么会犯下死罪呢？"

陈平坦言道："臣犯了欺君之罪，臣并没有得病，却故意托病不上早朝。"

他见汉文帝没有责怪自己的意思，接着说："其实，这次能够顺利铲除诸吕，最大的功臣并非是我陈平，而是太尉周勃。如果没有周太尉，就不可能一举诛灭吕氏。现在皇上继位，必定会论功行赏，丞相之位只会在我和周勃之间选出来。我自认功劳不如周勃，可是又怕周勃不愿意接受，便假称有病，不能上朝，那样他就没有拒绝丞相之位的理由了。先皇在世时，周勃的功劳不如我；诛灭诸吕时，我的功劳不如他。所以周勃担任丞相一职是众望所归，请皇上恩准。"

汉文帝听了陈平的话，明白了他托病不上朝的原因，心里十分佩服陈平深明大义、谦让宰相之位的做法。次日早朝上，汉文帝颁布旨意，任周勃为右丞相，位居第一；任陈平为左丞相，位居第二。

因为心怀谦逊之德，陈平故意装病不上早朝，将丞相之位推让给周勃。这种"欺君之举"，不但没有招来大祸，反而获得了汉文帝的谅解和尊重，并为自己带来了"左丞相"的荣誉。

成功者总是以一贯谦虚的口吻对待自己的成就和荣誉，而这种谦虚能使他们获得更广阔的人脉，因为谦逊的人不容易受别人排斥，容易被社会和群体吸纳和认同。无论什么行业，这个观点都是行得通的。《管子》中曾说过："凡谦虚者，一般能修恭、敬爱、辞让、除怨、无争，以相逆也。"说的正是谦虚的人往往虚怀若谷、淡泊名利，时刻都能为别人着想，这样的人自然处处都能受到他人的欢迎。

谦虚能够极好地展示出一个人的风范，让人感觉到这个人的和蔼可亲，容易接近，从而让人在人际交往当中取得主动。当别人对你产生好感之时，也会尽量为你创造各种各样的机会，让你发挥自身的潜能。只有这样，身边人才会愿意与我们贴近，才会让我们在治世中取得一番成绩。

在争执面前，大度是一种风范

人无常势，水无常形。有些时候，我们和人交往，会发生争执，有些是因为大事，而有些则是因为一些鸡毛蒜皮的小事。争执是不可避免的，但是我们可以选择处理争执时的态度，我们可以选择不去计较，让这件事自然而然地消失，这样，我们的气度、胸襟才能展现出来。

在争执面前，大度是一种风范。我们没有必要为了一些小事吹毛求疵，非要争个面红耳赤才肯罢休。我们要做的就是学会大度，不去计较，这样，我们才能挣脱争执的囚笼，找到自己的新天地。

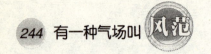

不争也许获得更多

　　有人和佛道中人探讨:何以息谤?他们的回答是:无辩;当问道:何以止怨?他们的回答是:不争。这番对答颇有禅意,如果我们刻意去争执,只会展现出自己小肚鸡肠的心理,更会让自己的风范消失。我们总是停留在争与不争的艰难抉择中,更多的时候,我们会选择去争,因为我们认为,只有去争,才能得到自己想要的。

　　人生过于执著,只会丧失掉自己的本心,当我们过于追求一件东西的时候,就会忽略掉身边很多美好的事物,更多时候,我们需要做的就是放松自己,不要过分追求,这样,我们才能看到影响自己的诸多因素。当我们眼睛只盯着一个点,或者一个目标的时候,我们是会很容易疲劳的。不争是为了更好地争,这话虽然拗口,却把人性中的那种大度风范展现得淋漓尽致。

　　越战时期,有一名士兵给家里打电话说:"我要回来了,但是我有一个请求,我想带一位朋友和我一起回去。"

　　父亲说:"那当然好了,你们快点回来吧!我们非常想你!"

　　士兵继续说:"不幸的是,我的这个朋友在战争时负了伤,丢了一条胳膊和一只脚,他现在无处可去,想来到咱们家里一起生活。"

　　父亲说:"孩子,我可以为你的朋友找到一个安身的地方,但是我们不能和他一起生活,像这样的残疾人会给我们带来很大的麻烦。我们的生活还要继续,不能因为他的到来而改变,我想请你先忘了你的这个朋友,他肯定能找到自己的位置,继续生活下去的。"

　　接下来,士兵就是一阵的沉默,挂上了电话,从此,他的父母就没有了士兵的消息。

没过多久，士兵的父母就得到了儿子自杀的消息，本来这只是一起单纯的自杀案件。士兵的父母飞到了旧金山，辨认孩子的尸体。他们惊讶地发现，自己的儿子只有一条胳膊和一只脚。

父母的不包容造成了士兵自杀的惨剧，如果父母能更大度一点，能够不去争论战士的好坏，能够听出士兵的弦外之音，他们就不会拒绝士兵的请求了。士兵的惨剧就是因为父母的不包容，让他感觉到，天大地大，却没有他的容身之地，就连生他养他的父母都无法包容残疾的自己，无奈之下，心灰意冷的士兵只能用自杀来解脱自己。

与其争执，不如放手不争。不争体现的是宽容大度，是我们的气度胸襟。不争是为自己留下余地，认真思考，等到自己准备充分了，再去做自己想做的事，我们才能完成人生质的飞跃。太过于拘泥一件事，只会束缚住我们的思维，就会让我们很难从死胡同中摆脱出来。

如果我们想要让自己的风范占据主导位置，就应该先给自己的心情放个假，这样，我们才能调整好自己，摆脱争执的束缚。人生中有很多美好的风景，太过于执著只会让我们错过，等到最后，我们才会后悔不及。

老王最近心里非常郁闷，工作繁重，不仅休息时间少，而且薪水也没见提高，忍耐了好久，最后还是没有忍耐住，就去找总经理发牢骚去了。

找总经理之前，老王碰到了同事，非常生气地说："我们虽然是员工，但我们也是人啊，谁愿意每天都要加班啊，不仅加班没休息时间，而且连奖金也没有，你说这算什么事啊？不行，这口气我实在咽不下去，我一定要去找总经理理论理论！"

刚走到总经理办公室门前，老王就对总经理秘书说："我是老王，和总经理约好了的。"

秘书说："我知道，但是您来得真是不巧，刚才有个同事进去送快件了，您先等一下吧！"

于是，秘书就把老王带进了会客室，让老王坐下等会儿："您是喝茶还是喝饮料？"

老王还是很气愤："我什么都不喝！"

秘书说："总经理交代了，如果您要喝茶，就会为你准备一壶上好的龙井。"

老王不厌其烦："那就来杯茶吧！"

过了一会儿，秘书就把茶端了过来，还送上了一盘小点心："您慢用，总经理马上就出来了。"

老板接过茶，愣了一会儿："我是老王，只是一名工友，你没记错吧？"老王不敢相信，总经理竟然会让他喝龙井，吃点心。

"当然没弄错，您是公司的元老，总经理说，你们最近非常忙，每天加班都要到10点，心里非常不是滋味，希望您能够好好歇歇！"

秘书的话音未落，总经理就走了出来，和老王握了握手："听说您找我，有什么事吗？"

老王一时语塞："没……没什么事，就是来看看您！"不知道怎么回事，老王的怨气当时就消失了，临走的时候还不忘和总经理聊起了家常。

与其去争，不如静下心来，喝口茶，随着时间的流逝，我们就会发现，自己的争念减弱，取而代之的则是一种宽容大度，就像老王一样。如果总经理刚开始就见他，那么肯定会起争执，正因为这样，我们才越需要调整好自己的情绪，把情绪调到最低点，然后再去与人交流。

过于争执，只会把自己放到极端，我们要做的就是把自己从风口浪尖上拉下来，这样，我们才能找到自己，才能把问题解决掉，更有可能会收到意外之喜。人生无常，我们无法预知未来的走向，当别人处在风口浪尖，正在争执的时候，我们要做的就是远离，把握好自己。

我们选择不争，为我们带来最好的结果就是，福虽未至，祸已远离。无心插柳柳成荫，很多时候，当我们不争的时候，幸运女神就会越加青睐我们，往往会给我们带来更大的惊喜。

人生有限，切莫在争执上浪费时间

电影中有一段经典的台词："人生就是一个过程，可悲的是它不能够重来，可喜的是它根本不需要重来。"人生就是这样一个过程，而且这个过程还极其有限，当我们把时间用在无所谓事情上的时候，就会发现，时间已经匆匆流逝了，再也找不回来了。

时间是一个没礼貌的家伙，匆匆而过，从来不打招呼。有本畅销书中说："管理时间难，长期坚持以重要的事情为中心来管理时间，进而管理自己的整个人生就更是难上加难。"更多时候，我们需要做的是管理好自己，不要让自己在无谓的事情上花费太多时间，我们要做的就是尽全力控制好自己，不要让争执占用我们太多的时间。

把最优的精力、最多的时间用在最重要的事情上，这无疑是在为达成目标铺上一条最简捷的成功之路。那么首先，我们就有必要区分一下重要和紧急的不同。等到我们把时间都安排妥当了，哪还有时间去争执呢？

法国思想家伏尔泰曾经问过他的学生这样一个问题："世界上什么东西既是最长的又是最短的，既是最快的又是最慢的，既能分割又不可分割；没有它，什么事情都做不成；它使一切渺小的东西归于消灭，使一切伟大的东西生命不绝。"大家众说纷纭，琢磨不透。

这时候一个叫查第格的学生站起来说："最长的莫过于时间，因为它是无穷无尽；最短的也莫过于时间，因为它也是转瞬即逝的；对于在等待的人，时间最慢；对于在享乐的人，时间最快；它可以无穷无尽地扩展，也可以无限地分割；没有时间，什么事情都做不成；时间可以将一切不值得后世纪念的人和事从人们的心中带走，时间也能让所有不平凡的人和事永留青史。"

生活中,我们常常能见到许多人把大部分的时间花费在急迫但不重要的事务上,对时间的严格限制让人们往往容易产生"紧迫等于重要"的错觉。事实上,紧急的事情大都是针对于他人而非我们自己。

当我们感觉到人生忙碌,时间不够用的时候,我们哪儿还会有时间去争执呢?正因为如此,我们的风范才会展现出来,我们才能把时间用在正确的事情上。争执只会让我们感觉到自己小心眼,把时间白白浪费掉了,我们何不大度一点,让自己快乐一些,把时间用在"刀刃"上?

世界上最宝贵的就是时间。鲁迅先生曾说:"生命是以时间为单位的。"无独有偶,拉美谚语中说:"丢失的牛羊可以找回,但是失去的时间却无法找回"。而时间对于天下任何一个人来说都是公平的,它的一视同仁就体现在:它遵循着一种恒定的规律,是不可逆转、不可替代、不可储存的,它不会因为任何原因,给任何一个人一天中额外的时间。

人生有限,切莫虚度,与其留给未来去后悔,不如我们现在去努力。大度一些,我们就会快乐一些,烦恼就会少一些。到那时,我们就能真正修炼出自己的强大风范,就可以真正做到行至水穷处,坐看云起时。

伯利恒钢铁公司总裁名叫理查斯·舒瓦普,一直以来,他总是为自己和公司的低效率而感到担忧。他掌管着一个拥有十几万员工的大型跨国公司,每天的各种事情就像雪片一样堆到他的案头上,对于这些工作,他越来越感到力不从心。于是,他决定不惜重金去找效率专家艾维·李寻求帮助,希望李可以教给他一套可以在单位时间内完成更多的工作的方法。

艾维·李果然不愧是效率专家,他对舒瓦普说:"好!我10分钟就可以教你一套至少可以把工作效率提高50%的最佳方法。这套方法你愿意试多久就试多久,然后给我寄张支票,并填上你认为合适的数字就可以了。"

艾维·李接着说:"你今晚需要做的事情是把你明天必须要做的最重要的工作记下来,按重要程度编上号码。最重要的排在首位,以此类推。早上一上班,马上从第一项工作做起,一直做到完成为止,这项工作没做完,你绝不可以碰其他的工作。然后你再用同样的方法对待第二项工作、第三项工作……直到你下班为止。即使你花了一整天的时间才完成了第一项工作，也没关系，只要你能保证它是最重要的工作就可以了。这个方法需要坚持不懈，你需要每天都要这样做，把它变成你做事情的习惯。如果你觉得你的工作效率确实得到了提高，并且对这种方法的价值深信不疑之后，你还可以教你公司里的员工也都这么做。"

一周之后，舒瓦普填了一张 25000 美元的支票寄给了艾维·李，因为他这一周的时间整整做了原来两周才能做完的工作。舒瓦普常对他的朋友们说："艾维·李让我学会了如何才能提高工作效率，我和整个团队坚持选择最重要的事情先做，我认为付给艾维·李的这 25000 美元是我经营这家公司多年来最有价值的一笔投资！"

在此后的事业发展上，穆尔也从未放弃这一原则，最终使他走上了成功之路。

世界上没有全能的天才，每一个成功的人背后都是分秒必争的。当有人问鲁迅怎么能够取得如此的成就时，鲁迅意味深长地说："我不过是把别人喝咖啡的时间都用在了学习和工作上。而且我每工作一小时，都要力争做出别人两小时才能做出的事来。"

在一定意义上，时间就是金钱，就是生命，浪费别人的时间就等于在谋财害命。当今社会，处处都在说安全至上，金钱至上……但是最终，仍然是时间至上。我们要少走弯路，多走捷径，这样，我们才能比别人多做事，做更多有意义的事。

修炼风范，我们最需要做的就是利用好时间。时间在不停地流逝，而我们风范的修炼也要跟时间赛跑。我们要与时间赛跑，才能达成所愿，才能让自己无愧于心，永不后悔。我们每个人的时间都是相同的，只有把时间利用好的人才能成就自己的一番伟业。

吃得起亏，走得正路

如果我们纵览历史，就会发现，很多人都吃过亏，而且吃亏之后还不在意，反而把自己的人生走得更加好了。吃亏是福，接受吃亏的现实，是一种大度的表现。当然小亏能吃，因为我们可以从中吸取教训，免得今后犯更大的错误；但是，大亏不能吃，吃了大亏之后，我们很有可能会一蹶不振，丧失掉走下去的决心。

对吃亏的事情一笑而过，体现的是一种襟怀，著名画家、书法家郑板桥就曾写过"吃亏是福"的四字条幅，其中之意也不难理解：做人要能吃得了亏；过于计较个人得失，反而会舍本逐末，丢掉应有的幸福。

人活着，就要坦荡，吃亏只是暂时的，学会接受，我们展现的是睿智、是风范。能够吃亏的人，往往内心是简单而淡然的。他们不沉陷于是非纷争中斤斤计较，不局限在狭隘的自我思维中。这体现的不仅是一种风度和品质，更是一种大智慧的超越。

被誉为"扬州八怪"之一的郑板桥，善于"养生"，即不以物喜，不以己悲。他的诗、书、画艺术精湛，号称三绝。由于他在创作过程中能把诗、书、画三者巧妙结合，独创一格，从而达到了一种全新的艺术境界。这使他精神上有所寄托，豁达而开朗。

但这一切，都是在他官场"吃亏"后的"福气"。年轻做官时，他爱护百姓，因为在灾荒之年为灾民请求赈济而触犯了上司，最后被罢官回乡。但是郑板桥并没有忧郁沮丧，也不为官场失意而郁闷不乐，而是骑着毛驴悠然回到故乡。从此专注于诗、书、画，安然幸福地过着晚年的生活。

郑板桥可谓是一生坎坷，但他始终以乐观的姿态去面对生活。他写过两条著名的字幅，就是流传至今的"难得糊涂"和"吃亏是福"，这两条字幅含有深刻的哲理。凭借这种达观大度的心态和大智若愚的智慧，郑板桥不但长寿，而且留下了万世美名。

"吃亏"与"不公平"经常会出现在我们的生活里。朋友之间有时会"吃亏"，同事之间有时会"不公平"。如果以一种达观的姿态去看待所谓的"吃亏"和"不公平"，那么就会保持一种良好的心态，这也是创造未来的一个重要保证。

美国前总统克林顿面对个人名誉的得失时，曾说过这样的话："如果我每读一遍对我的指责，就做出相应的辩解，那我还不如辞职算了。如果事实证明我是正确的，那些反对意见就会不攻自破；如果事实证明我是错误的，那么即使有十位天使说我是正确的也无济于事。"

吃亏，顾名思义，就是利益的损失。在生活和工作中，收获与付出相伴而行，却不可能次次相等。有得也有失，既不会有全得，也不会是全失，而是得中有失，失中有得。吃亏则是收获与付出之间的平衡，得与失中的理性。如何真正领会其中的含义，仁者见仁，智者见智，需要我们在生活中品味，在工作中体会。

很多人总是不愿意吃亏，总想着得到，但是如果没有付出，哪会有回报？人生就是一个不断吃亏的过程，我们要做的就是正视吃亏，只有这样，我们才能做好自己，展现出常人所不具有的大家风范。

一个主动承担了600元损失的生意人，没想到竟然获得了6万元的销售额。

他的公司主要经营家用、公用清洗设备，由于质量上乘、服务口碑一流，在业内创下了不小的名气。

一次，销售人员联系到了一笔业务：某市一家三星级的酒店要购买一套地毯清洗设备，价值6000元。各项手续办好后，他立即把设备寄往了该市。原本一桩不错的买卖就此功成。

但没想到的是，意外节生。酒店收到设备后，称设备在运输途中损坏了，要求退货。他派人查看后得知，设备是在酒店组装时，由于操作不当而损坏的，维修费用约需600多元，酒店不愿承担才要求退货。

按照常理而言，公司并没有任何责任，他完全可以置之不理。但他认为"吃点小亏"无所谓,维修费用他来承担。于是,他派人把设备修好,酒店异常满意。

一个多月后,该酒店要更新其他清洗设备,首先想到的就是甘愿"吃亏"的他,一次性就订了6万多元的货。

吃亏并非了无追求、碌碌无为,而是一种理性面对得失和追求的坦然,是面对索取和作为的豁然,是旁观于他人追名逐利而仍能保持宁静和明智的超然。若能在得失面前炼就一份淡泊的情怀和平和的心态,那么就会有一份清醒和思考,而由此达成的气质与境界,这才是我们风范本质中所需要的。

大千世界,芸芸众生,每个人有自己的生活方式,不想或不愿吃亏亦无可厚非。然而,吃亏不仅是一种品德和境界,更是一种关于心境的角度和高度。愿意吃亏、不怕吃苦的人,总是把别人往好处想,也愿意为他人多做一些,在其看似迂腐、软弱的背后,是一个宏大、宽容而纯净的世界。

正所谓"若欲取之,必先予之",不计较一时长短,不在乎个人得失,怀着简单而纯明的心,吃亏而后得福。过分斤斤计较,在貌似得到眼前小利的同时,繁杂了思想,负累了心灵,也许更重要的是,失去了长远的福报。风范需要有大智慧、有长远眼光的人修炼,驾此长风,适彼乐土,风范才能在我们心中生根发芽,最终长成参天大树。

在强者面前，自信是一种风范

中国人常说，强中自有强中手。在强者面前，我们要做的就是不要自我贬低，我们无法预知明天的变化，强者只是暂时的。面对强者，我们要做的就是展现出自己淡定自信的一面，只有这样，我们才不会迷失方向。

在强者面前，自信是一种风范。强者不是遥不可及的，当我们摆正心态，把目光放远，就一定能做出一番成绩。

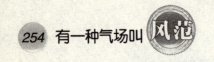

站在巨人的肩膀上眺望远方

中国有句俗话："背靠大树好乘凉。"这句话放到生活与工作中也同样适用，我们每天都处于高负荷工作中，难道我们就只能为人下吗?正因为此，我们才需要有这种风范，强者再强，他们也是人，我们不用畏惧他们，要表现得淡定从容一些，这样，终有一天，我们才能站在巨人的肩膀上眺望远方。

我们不能因为人生路走得长了，就把自己的雄心壮志磨没了。我们要一直保有激情，只有这样，我们才能在梦想道路上不断攀登，我们才能随时保持站在巨人肩膀上的勇气。我们常说，强中自有强中手，那么，为什么我们就不是比强人更强的人呢?在强人面前，表现得越从容，就证明我们心中的信念越坚定。这样一来，我们由内而外就会散发出一种无法匹敌的强者风范。

在一个伸手不见五指的夜晚，一个大师走到一个荒僻的村落。

他看到远处有一盏昏黄的灯正在向他这个方向亮过来，身边的一位村民说："提灯的人是个盲人。"大师百思不得其解，一个双目失明的人，挑一盏灯笼岂不可笑?

当盲人走到跟前的时候，大师于是问："敢问施主，既然你什么也看不见，为何还要挑一盏灯呢?"

盲人说："我从外面回来的时候，听我的朋友说，现在的夜晚漆黑一片，根本看不清楚前方的路，所以我就点了一盏灯，不然满世界的人都和我一样是盲人。"

大师若有所悟地说："原来你是为别人照明呀?"但那盲人却说："不，我正是为了自己!"

"为你自己?"大师又愣住了。

盲人说："如果不带一盏灯的话，我就可能在这样漆黑的夜晚，被行人碰撞。

但我挑了这盏灯笼，既为别人照亮了路，也让别人看到了我而不会碰撞我了。"

盲人的这盏灯笼会不会就是我们每天看着的强人呢？这是我们需要的光明，终有一天，我们要在这样的光亮中实现属于自己的价值。我们每个人都需要光亮，尤其是当我们迷茫，当人生黑暗的时候，我们就更需要光亮的指引。

不要被黑暗的现实吓倒，身边的强人就是光亮，我们要做的就是追寻光亮的脚步，做好自己，每天不断进步，当强人休息的时候，我们要奋斗；当强人奋斗的时候，我们要更加努力地奋斗。

春秋战国时期，赵国的赵武灵王经过一番考虑，打算进行军事改革，学习西北游牧和半游牧民族的服饰，并要求手下兵士学习骑马射箭，史称"胡服骑射"。通过大张旗鼓地进行"胡服骑射"改革，赵武灵王因此赢得了一代政治人杰的历史美誉。

我们应该可以想到，在几千年前的中国，这样大胆的革新是会遭到阻力的，但是赵武灵王顺应了历史发展的要求，发挥出吸引力的作用，达成了自己的目标。

在当时，赵武灵王一直想让自己的国家变得强大，就对谋士楼缓说："现在，我们赵国东面有齐国、中山国，西边有秦国、韩国和楼烦部族，北边有燕国、林胡。如果我们不发愤图强，不加强训练军队，等到邻国强大了，他们肯定会偷袭过来。想要强大国家，就要从根本做起。我觉得咱们穿的服装，长袍大褂宽袖口，干活打仗都非常不方便，不如胡人的短衣窄袖。如果我们把衣服改成胡人的样式，就会方便很多，干活打仗也就更加顺手；如果脚上也穿皮靴子，行动起来就将更加方便灵活。你觉得怎么样呢？"

谋士楼缓听了赵武灵王的话非常赞成，他说："咱们换成胡人的服饰，不仅有利于作战，更能学习他们的作战本领。"

赵武灵王说："你说得很对。咱们打仗全靠步兵，非常单一。而且进攻速度缓慢，就算打败了胡人，乘胜追击的时候，也很难追上他们的骑兵，只因为我们不会骑马打仗。所以说，要想学习胡人的作战本领，首先就要学习他们的骑马射箭。"

赵武灵王的改革理论不胫而走，没想到却遭到了很多大臣的反对。他们认为服饰是祖先遗传下来的，不能轻易废止，坚决不同意赵武灵王的革新。但赵武灵王却认为，服饰和装备的改革关系到国家的安危，要办大事就不能犹豫。既然知道自己做得对，就必须专一地贯彻到底。

于是，在第二天上朝的时候，赵武灵王带头穿上胡人的服装出现在文武百官面前。大臣们见到他短衣窄袖地穿着胡服，都非常惊讶。赵武灵王把改穿胡服的理论和设想做了进一步阐释，朝野一片议论。有的说不好看，有的说不习惯，有的说不穿本民族的服装岂不是让国家蒙羞。

有一个名叫赵成的顽固派老臣，是赵武灵王的叔父，带头反对服装改革。他是赵国一位重臣，因循守旧，十分保守。他不但语言上直接提出反对，而且还在家装病不上朝了。

赵武灵王深知，要推行军事改革，首先要通过的就是叔父赵成这关。于是，赵武灵王就亲自上门找赵成，对他反复地讲解改穿胡服骑射的好处。功夫不负有心人，赵成终于被说服了。赵武灵王趁热打铁，立即赐给他了一套新式胡服。

第二天朝会上，文官武将看见老将赵成都穿起胡服来了，一个个顿时都没有话说，只好认同了赵武灵王的改革建议。

接着，赵武灵王训练士兵学习骑马射箭，不到一年，就训练出了一支强大的骑兵队。第二年春天，赵武灵王便开始向邻国发起了进攻，连战连捷，开拓了大片疆土，疆界几乎扩大了一倍。

赵武灵王的"胡服骑射"改革终于取得了空前的成功，在历史上留下了浓墨重彩的一笔！

在赵武灵王之前，已经有很多前人做了改进，但是都不尽如人意，但是赵武灵王敢于站在强人的肩膀上看待问题、解决问题，当他遭受质疑时，表现出了淡定从容的风范，并且坚持己见，最终走出了一条革新的道路，达到了前所未有的新高度。

不破不立，如果我们没有站在强人肩膀上的梦想，就不可能达到人生的新高度。强人只是我们的目标，我们要做的就是淡定从容，展现出自己超强的风范气场,超越他们,让他们取得的成就为我们提供借鉴。

　　强人是我们前进的动力,但是并不是我们的终点,我们要做的就是淡然处之,这样,我们才能做到从容不迫地超越他们,练就真正属于自己的风范。

肯定自己,化蛹成蝶

　　强者有着自己无形的风范气场, 他们的气场会在无形中给我们一种压力,让我们自惭形秽,然后开始否定自己,认为强者是不可逾越的大山。这样一来,我们不仅会否定自己,还会让自己的风范瞬间消散于无形。

　　心理学家通过研究发现,我们在日常生活中遇到的各种困难,最根本的原因就在于我们无法合理有效地分析它,而我们自己也在不断怀疑自己,这样造成的结果,就是失败不断地在向我们逼近。

　　由此可见,自我认识,是我们修炼风范的一个必要前提。提高自我认识,我们才能分辨出自己的优点和缺点,才能扬长避短,激发自信。人贵有自知之明,这就是说要我们先认清自己,只有通过认清自己,才能找到修炼风范的方法,才能重拾战胜强者的信心。

　　1960 年,美国加州哈佛大学的博士罗森塔尔做过这样一个著名的实验:

　　新学期伊始,罗森塔尔将 3 名老师叫进了自己的办公室,对他们说:"经过我们对你们一年工作的评定,我们发现,你们 3 位是我们学校最优秀的老师。所以,我们特意挑选了 100 名学生,这 100 名学生是全校最聪明的学生,他们的智商都非常高。我把这 100 名学生分到你们所教的三个班里,希望你们能好好教导他们,争取让他们取得更大的成绩。"

　　3 位老师听了非常高兴。最后,罗森塔尔还特意叮嘱这 3 位老师:"教导这些孩子就像普通孩子一样, 不要让他们知道自己是被挑选出来的高智商学生。"3

位老师欣然答允了。

一年之后,这100名学生所在的3个班果然名列全校之首。这时,罗森塔尔和3位教师说出了真相:其实,这100名学生都是随机挑选出来的普通学生,并不是特意挑选出来的高智商学生。

3位老师听完,纷纷愕然,随即想到,那我们3个人的教学水平真是太高了,无愧于"全校最优秀的教师"称号。

接下来,罗森塔尔又说出了另一个真相:其实,这3位老师的教学水平并不高,他们也只是被随机抽调出来的老师而已。

罗森塔尔博士的实验表明,一个人能够自信是何等的重要。我们不管做什么事情,第一步就是要学会自我肯定,要对自己有信心,不要轻易否定自己的能力。这种自我肯定会不断产生风范,不断强大我们的信心,只有这样,我们才会燃起战胜强者的勇气。

世界上的多数人之所以都是平庸者,最根本原因就是他们不能正视自己,如果不能正视自己,那还谈什么自我肯定,谈什么自信心呢?人生需要自信的魅力,只有自信的人生才是有吸引力的人生。未来是遥远的,人生是漫长的,如果想要走得长远,自信就是人生最宝贵的品质。

很多人在遇到挫折时,往往不能正视自己,破罐子破摔,每天只是得过且过,这样一来,吸引力就会完全失去作用。对自己没有自信心的人,怎么能得到吸引力的青睐呢?强者固然是强者,但是你要肯定自己一定比他们强。只有在风范上战胜他们,我们才能成为真正的强者,才能从容面对这个竞争激烈的社会。

有一个刚刚大学毕业的年轻人,应聘了好几家公司,没想到最后都是被无情地拒绝,这让他非常苦恼。

正当年轻人沮丧万分的时候,他又来到一家公司应聘。在应聘之前,他收集了公司老板的相关资料,发现这位老板的经历和自己非常相似,于是感觉自己离梦想又近了一步。

面试的时候,年轻人就和老板谈起了自己的应聘经历,并且诉说了自己怀才不遇的愤慨，因为老板和他有相似的人生经历，对年轻人的遭遇感同身受，很自然地就录用了这个年轻人。

无独有偶。松下幸之助是日本松下电器的创始人，但是在他求职的时候由于出身贫寒，学历不高，所以屡屡碰壁。有一次，他去一家电器厂应聘，但是工厂的人力资源部经理看到他穿着破烂，觉得非常不好，就推辞说："我们现在不缺人，你过一个月再来吧！"

本来人力资源部经理只是随口说了这句话，松下幸之助却信以为真，过了一个月，他真的来了。人力资源部经理看他非常诚恳，就说："你的穿着非常不得体，是进不了我们公司的。"

听到这句话以后，松下幸之助就去买了一套新衣服换上，然后又来面试，人力资源部经理看他非常有毅力，就说："你来应聘我们公司，你要知道我们公司是做电器的，而你所了解的电器知识很少，我们就算把你留下，你也不知道怎么工作，所以，我们还是不能要你。"

又过了两个月，松下幸之助再次出现在了人力资源部经理面前："我利用这两个月时间，已经学会了不少和电器有关的知识，如果您还觉得我有不足，那么我就一项一项地来弥补。"

人力资源部经理笑了："我做人力资源部经理这么多年，第一次见到你这么执著的人，我非常欣赏你的耐心和坚持，好吧！我录用你了！"

松下幸之助的坚持在人力资源部经理心里形成了一张很好的"名片"，而这张名片发挥出了它的作用，使得人力资源部经理对松下幸之助产生了认同心理，进而录用了他。

中国有这样一句话，叫做"没有那金刚钻，就别揽瓷器活"。这就说明自我认识是何等重要。自信和自负仅是一线之隔，关键就在于我们对自己吸引力的把握，不能因为一时的成功，让自己迷失方向。为此，我们应该掌好人生这条大船的舵，不要让我们的人生偏离航线，这样，吸引力的光芒才会放射得更加精彩。

我们既然能来到这个世上，就证明我们有存在的价值，就一定会有在这个社会中属于我们的一席之地。只有不盲目，不浮夸，好好把握住自己，散发出自信的魅力，我们的人生才会更精彩。

著名哲学家亚里士多德说过："对自己的了解不仅是最困难的事情，而且也是最残酷的事情。"自我判断是一件非常困难的事情，因为它需要我们时时刻刻关注自己，不让自己被各种负面情绪所影响，只有这样，我们的风范才会展现出来。

强者的风范气场固然强大，但是我们又何尝没有强大的风范气场呢？只要我们有信心，在认识自己的前提上发挥出自己的能量，就一定能形成强大的风范，最终超越强者，实现自己的人生价值。

在弱者面前，谦卑是一种风范

　　人生无常，强弱自分。强者不可能永远都是强者，弱者也不可能永远都是弱者。当别人处于低谷，成为弱者时，我们要做的就是谦卑地对待弱者，帮助他们重塑信心，这样，他们才能从低谷中站起来，他们才能继续发挥自己的光和热。

　　在弱者面前，谦卑是一种风范。我们无法预知自己未来的走向，这就说明强或者弱都会横亘在我们面前，我们要做的就是从容对待强者，谦卑对待弱者，只有这样，我们才能在人生旅途中，做最好的自己。

为人谦卑，赢得尊重

　　谦卑是为人处世之道，尽量把自己的姿态放低，这样别人才会尊重你，才会对你心生好感。如果总是摆出一副高高在上、盛气凌人的姿态，很容易遭到别人的反感。风范最需要的就是那一低头的温柔，低头并不代表你懦弱无能，而是代表你接受时谦卑的态度。

　　孔子说："三人行，则必有我师焉。"我们每个人都不是完人，我们每时每刻都需要学习，只有不断学习，才会让我们变得更加完美。保持谦卑的态度才是学习的真正态度，如果我们总是摆出一副高人一等的姿态，我们不但交不到朋友，反而会遭到别人的反感嫉恨，甚至会变成敌人。低头接受，身边人才会感觉到我们谦卑时强大的力量。

　　从前有一位老人，拥有着大智慧，他总是带领他的弟子到全国各地去修行，有一名弟子经过一番修行后练成了在水上行走的绝技，非常高兴。

　　这名弟子骄傲自满，还做了示范，趾高气扬地跟其他弟子们炫耀，并且和老人说："老师，你觉得我水上行走的绝技怎么样？是不是你们每个人都该向我学习啊？"

　　老人默然不语，而是带领着所有弟子们来到河边，大家一起坐船去对岸。

　　众弟子都不知道老师的意思，等船到了对岸之后，老人问船家："这一次渡河要多少钱啊？"

　　船家说："两块钱。"

　　这时，老人就对那个趾高气扬的弟子说："孩子，你自豪的新本事不过只值两块钱，有什么可夸耀的。"

　　那弟子听完之后，羞愧地低下了头，从此之后，他开始注意自己的言行，终成一代大师。

　　我们如果总是锋芒太露，就会暴露出自己过多的缺点。更多的时候，我们要学会低下头，多听取别人的意见，这未尝不是一种完善自身的表现。我们要学会低姿态为人处世，尤其是在弱者面前，我们要把自己降到和对方一个水平线上，只有这样，我们才能和对方拉近心与心的距离。

　　如果我们每天都是抬头走路，目中无人的话，只会让别人感觉到你的自负，就会很难和你成为朋友。弱者并不是代表他们一直弱小，只是他们暂时软弱，我们应帮助他们重新找到自信，继续开始奋斗，进而取得成功。

　　东晋道教学者葛洪有言："劳谦虚己，则附之者众；骄慢倨傲，则去之者多。"越是谦卑的人，身边的朋友越多，反之，朋友就会越少。谦卑是一种非常好的为人处世方法，可以很好地拉近彼此之间的距离，消除隔阂。

　　霍宏宇在一家公司工作了两年，前不久，刚刚被提升为部门经理，这次升职让霍宏宇非常开心。但是没过多久，霍宏宇就发现，自己给下属布置的任务，他们总会敷衍了事，根本没有认真去做。霍宏宇非常生气，把这几名员工叫了过来，大声斥责了一番；但是下属依然我行我素，等到霍宏宇再找他们，他们就会说出很多借口。这让霍宏宇非常头疼，但是却又找不到原因，无可奈何。

　　有一次，霍宏宇在公司食堂吃饭，他无意中听到他部门的两名员工在聊天，听到了他们跟他做对的原因。

　　原来，霍宏宇在这个部门不是资历最老的，也不是年龄最大的，但是自从他升职之后，他的人也变了，动不动就会数落下属，自己总觉得比别的员工高了一大截，批评员工的时候，也丝毫不会顾及他们的面子，由此，疏远了和员工的距离。

　　知道原因之后，霍宏宇就开始适当地改变自己，尽量把自己的姿态放低，融入到员工中去。本来非常生硬的批评的话，换个说法就会显得更好，先表扬一下员工的工作成果，再说工作中的不足，这样往往更容易让员工所接受。

　　给人坏印象不难，树立好形象就会难上许多了，尤其是在职场这种竞争激烈的地方。虽然霍宏宇没有做错什么事，但是由于他的态度是居高临下的，就自然会被员工所排斥了。霍宏宇换了一种方式，尽量保持谦卑的态度，这样一来，就能和员工站到了一条线上，员工也不会再排斥他了，反而工作得更加努力了。

我们都喜欢谦卑的人，因为这样的人很好相处，他们不会动不动就对你颐指气使，摆出一副全世界只有我最大的样子。如果我们任由自满、自傲的人性弱点滋长的话，就会让别人觉得你全身都是刺，根本就没有人敢接近你了。

古人说："满招损，谦受益。"就是说一个人不应该太过自满，太过张扬了，这样往往会暴露出更多的缺点，也会让别人感到压迫。尤其是在生活中，我们工作忙碌了一天，谁不想卸下一天的疲惫，好好休息一下，听点好话。如果一个自满、自傲的人，整天对你趾高气扬，你就会非常反感，如果两人僵持不下，很有可能激化矛盾。

与人交往，我们就应该把自己的姿态放低，这样才能博得对方的好感，留下很好的第一印象。我们在生活中都想交到朋友，而不是想处处树敌，其实，我们身边的人都有自己的为人处世方式，你要做的就是尽量向他们靠拢，这样，对方才会以真心待你，和你成为朋友。

学会低头，和弱者站到一起，谦卑对人对事，我们才能展现出自己无可比拟的风范，才能赢得人心，收获成功。

言语谦卑，折服众人

我们总是误以为，掷地有声的话语才能折服众人，但是我们不要忘了，在弱者面前，谦卑的话语往往来得更有力量。三句两句普普通通的语言，虽然看起来很平淡，但是如果这些话是经过我们认真思考之后，谦卑地表述出来的，就必然会深入人心。

话语不一定要掷地有声才有分量，如果我们可以在弱者面前谦卑地表述，就能展现出一种关怀的力量，就能让他们感觉到自己人生再次得到了升华，进而摆脱厄运。我们要学会换位思考，如果我们处于弱小的位置，我们也需要有人和我们站到统一战线上，帮助我们渡过难关。学会谦卑说话，是对弱者的尊重，是对自己的一种反思，只有如此，我们才能让所有人心服口服。

有一位商人去和客户谈生意，期间，客户多次打断商人的谈话，接听自己的私人电话，商人有些不愉快，不过为了生意商人还是压制着自己的情绪，微笑面对客户。

中午商人应邀赴宴，客户几瓶啤酒下肚后，话语有些多了起来，渐渐地，随着酒性发作，客户的话语渐渐带了些脏字，商人在心中时刻告诫自己，要忍住，一定要忍住，这是一单让公司起死回生的生意，为了公司，一定要控制住自己的情绪。

两个小时后，客户说出了一名让商人实在忍无可忍的话："老弟，你说，如果我的这单生意不给你，你的公司会不会就此关门呢？"

商人感觉自己的人格受到了侮辱，他站了起来，对客户说："老哥，即使我的公司关门，也不会拿公司的声誉和人格在此被你侮辱。"说完商人到吧台付了这次吃饭的钱，开着车走了。

当天晚上，商人接到客户的电话，客户真诚地向商人道歉，希望商人原谅自己今天的莽撞。商人通过自己不卑微的谦卑，让客户折服。

谦和而不卑微，只有这样，我们才能在尊重的基础上打动别人，说服别人。晓之以理，动之以情，表现出谦和的态度，说出谦和的话语，我们才能让对方接受我们。

谦卑的话语是很容易走入人们内心的，人都会有一种同感，当自己处在危机，处在瓶颈时，他们往往会需要一个和自己一样的人来面对事实，这样，他们才能尽快从泥沼中抽身出来。遇到弱者，我们要冷静，谨言慎行，因为这时，正是他们心理脆弱的时候，如果我们不能用谦卑的话语打动他们，就会让他们继续沉沦，再也无法找回自信，重新起程了。

里奇常带着他的波斯狗到公园中散步，按当地的规定，狗是要戴上口笼的。

但里奇认为它是一只无害的小犬,所以总是不给它系上皮带或口笼。一天,里奇在公园中遇到了警察。警察对里奇说:"你不给那狗戴上口笼,也不用皮带系上,你不知道这是犯法的吗?"

"是的,我知道是犯法的,"里奇轻柔地回答说,"但我想它在这里不至于产生什么伤害。"

"法律可不管你怎么想。这次我可以放你过去,但如果我再在这里看见这狗不戴口笼,不系皮带,你就得去和法官讲话了。"里奇谦逊地应允了警察的命令。可没过几天,里奇就把警察的告诫忘掉了。然而要命的是,里奇和他没戴口笼和皮带的小狗再次遇到了那个警察。

这次,里奇没等警察开口,先主动承认了错误:"警官,你已当场把我抓住了,我没有托词、没有借口。你上星期警告我如果我再把没有戴口笼的狗带到这里,你就要罚我。"

警察见里奇这么说,口气就软了下来:"其实我知道,这样一只小狗是不会伤人的。"

"不,但它也许会伤害松鼠。"里奇说。

"哦,现在,我想你对这事太认真了,"警察说,"我告诉你怎样办,你只要使它跑过那土丘,使我看不见它——我们将这事忘却就算了。"

说话做事,我们更多的时候是要坦诚,是要展现出自己谦卑的一面。针尖对麦芒是非常不可取的,我们和身边人往日无怨,今日无仇,为何在说话的时候要锋芒毕露呢?在很多时候,我们不要摧垮弱者的最后一道防线,因为这样,我们的一时之举,很有可能会让他们掉落到深渊中无法自拔。

天有不测风云,人有旦夕祸福。我们无法保证我们每天都是强者,如果有这样的想法,我们就很有可能在一个不经意的瞬间失足深陷。古人常说:"思之不缜,行而失当。"我们要多去思考,这样,我们不管是对待人还是对待事,都会表达出谦卑的态度和说话方式了。

谦卑的风范,是一种尊重的风范,更是一种大度的风范,弱者虽然在现阶段是弱者，但是咸鱼也有翻身时，只要我们给他们一些阳光，他们就能继续拔节生长，而这时谦卑的支持是最伟大的，付出与回报成正比，认真去付出吧！我们才能迎接崭新的明天！

态度谦卑，获得友谊

印度著名诗人泰戈尔说："当我们最为谦卑的时候，是我们最接近伟大的时候。"谦卑可以让一个人获得很多，可以让一个人结识到更多真诚的朋友。有人说，谦卑就是放任自己，随波逐流，这么说就偏离谦卑的正确方向了。谦卑就是站在别人的角度去考虑自己，不仅让自己满意，更要让别人满意，这样才能做好我们最受欢迎的自己。

朋友之间就需要知音，但是知音难觅，越是如此，我们就越需要谦卑。知心朋友最是难求，并不是随便一个人都能成为我们相交一生的朋友，我们要学会谦卑地对待身边每一个人，只有这样，我们才能展现出自己的风范气场，把身边的朋友吸引过来。

陈继儒在《小窗幽记》中说："至音不合众听，故伯牙绝琴；至宝不同众好，故卞和泣玉。"这段话为我们讲述了两个故事：

第一个故事是：相传，最初的时候，俞伯牙在山上弹琴怡情，不管他弹奏什么样的曲子，钟子期都能心领神会，就这样，他们两个人成为了至交好友。两人相约，第二年此时，再在此相会。但是没曾想到，第二年，俞伯牙苦等钟子期不到，最后，才得知钟子期已然重病故去，无奈之下，悲痛万分的俞伯牙只好在钟子期墓前弹奏了一曲《高山流水》，然后断弦而去，自此言道，知音已殁，从此不再抚琴。

第二个故事说的是：最初的时候，卞和发现了一块璞玉，他把这块璞玉两次献给了楚王,但是楚王和他的臣子却说,此乃顽石,说卞和是来诓骗的。楚王一怒之下,就砍掉了卞和的双脚。后来,楚文王登基,卞和捧着玉石在楚山脚下放声大哭,楚文王听闻之后,找来工匠,反复打磨,最后,终于发现这块玉是稀世宝玉,也就是后来的"和氏璧"。

陈继儒的这番话道出了友谊中最真的声音,茫茫人海,我们不知道谁会成为我们的朋友,正是因为这样,我们才需要谦卑地对待每一个人,因为,我们不知道哪一个人会成为我们的朋友,会成为我们的知音。不要等到事后,才去追悔莫及。

人生何其短暂,能够在短暂一生中找到同行的朋友是一种幸福。有人说,人生很痛苦,那是因为你还没有找到人生中最至美的友谊。我们不需要自己的友谊可比伯牙子期,但是我们也要期待刘关张那样的友谊。谦卑地对待每一个人,我们才能收获到人生中最真的友情。千金易得,挚友难求。当我们每次出现危难的时候,是我们的朋友在不停地听我们诉苦,和我们站到一起面对失败,正是这样的朋友,才是我们未来所需要的。

春秋时期,齐国著名的宰相管仲,辅佐齐桓公,使齐国成为东方的霸主。管仲有一个从小就在一起的好朋友,叫鲍叔牙。由于两人亲密无间,后世将管仲和鲍叔牙合称为管鲍。

在管鲍年轻的时候,他们曾经合伙做生意。鲍叔牙生在一个富裕的家庭,而管仲则出身贫寒。于是在出本钱的时候,鲍叔牙出了一大半;而在分红利的时候,鲍叔牙又总是拿一小半。认识他们的人都觉得鲍叔牙糊涂,吃了大亏:"鲍叔牙你可真糊涂啊!你跟管仲两个人合作买卖,表面说是合作,其实本钱多数是你出的;那么,赚了钱,管仲凭什么多分呢?至少也应该一人得一半啊!"而鲍叔牙却回答说:"你们不明白,管仲的家境不好,他有老母亲要奉养,多拿一些是应该的。"这番话,让那些在两人背后说三道四的人再也无话可说。

管仲和鲍叔牙也曾经一同上过战场。在打仗的时候,管仲总是躲在最后面,表现得一点儿都不勇敢,人们都对管仲很不满。鲍叔牙知道这件事之后,就为管仲辩护道:"管仲之所以不肯拼命,是因为他的母亲年纪大了,他又是家里的独子。万一他有个三长两短，他的母亲可怎么办啊！"

后来管仲也曾经做过几次官，每次都因为表现不好而被免职，招来大家的耻笑。而鲍叔牙知道后，就对人们说："其实，管仲并不是不能干，只是运气不好，没有碰到能够赏识他的明主。这些小事不适合他来做，他可是一个做大事的人啊！"

再后来，管仲辅佐公子纠又失败了，而鲍叔牙辅佐的公子小白却接掌了齐国的政权，公子小白就是后来成为春秋五霸之一的齐桓公。齐桓公即位后，立刻请来鲍叔牙，想要任命他为丞相，但是鲍叔牙却拒绝了，并且推荐管仲为丞相。

经过鲍叔牙的一番游说，齐桓公接受了他的建议，以最隆重的礼仪请管仲来做宰相。管仲被齐桓公不计前嫌的诚意打动了，爽快地答应了他。果然，在管仲的辅佐下，齐桓公将齐国逐步治理成了富足强大的国家。

后来，管仲曾对人说："生我养我的是父母；可是了解我、帮助我的，却是鲍叔牙啊！"

孟子说："得道者多助，失道者寡助。"这里面的"道"也可以看做是一种谦虚的态度，你越谦卑，你身边的朋友就会越来越多，他们就会更愿意帮助你；相反地，你越高傲，你身边的朋友就会越来越少，甚至他们会背叛你。

管鲍之交自古相传，我们都向往有这样真心的朋友，如果全世界都背叛你，他就会站在你身后背叛全世界。古人有云："君子之交淡如水，小人之交甘若醴。"我们需要的朋友，就是在我们出现困难的时候，奋不顾身伸出援手的人。